じょっぱりの人

羽仁もと子とその時代

Mori Mayumi
森まゆみ

婦人之友社

羽仁もと子ゆかりの場所（青森県八戸市）

撮影／本橋成一

もと子が通った八戸小学講堂。1881（明治14）年に完成。洋風建築ながら教室は畳敷き。1962年に櫛引八幡宮境内に移築され、「明治記念館」となった。

松岡家のお墓のある南宗寺。長者山の中腹にあり、もと子の散歩コースだった。

八戸市街を見下ろす小高い丘にある「羽仁もと子記念館・八戸友の会」。全国友の会設立60年を記念して建てられた。もと子の写真や遺品などが展示され、一般公開されている。

対泉院にある「餓死萬霊等供養塔」。天明の大飢饉の実情が刻まれている。

目次

第1部

青森の少女、新聞記者になる

第2部

火の玉のように、教育者、事業家へ

凡例

- 年号は西暦を主に用いた。明治、大正、昭和については、必要と思われる箇所では元号を用いた。
- 引用は、これからの読者のために読みやすさを優先し、当用漢字・新仮名遣に置き換え、句読点の位置も変えた。カタカナを平仮名に変え、また難読の副詞などは平仮名にしたところがある。
- 『羽仁もと子著作集』は『著作集』と略記した。
- 『婦人之友』からの引用は誌名をあげず、発行年月のみを記した。

まえがき

羽仁もと子という明治、大正、昭和を生きた女性がいる。どんな人か。

第一に明治30年代、草創期の女性新聞記者となった。第二に夫羽仁吉一と協力して、今に続く雑誌『婦人之友』を創刊した。暮らしの近代化を重視しながら、いかに新時代の男女が対等な家庭を築くか、女性の人生を暮らしの上でも知的にも豊かにするか、をまじめに考える理想主義の雑誌だった。第三に家計簿を考案し、全国の家庭経営を合理化した。第四に1921（大正10）年、「生活即教育」をモットーとするユニークな自由学園を起こし、教育者となった。

以上が知られているところだろう。

近代女性史に大きな足跡を残した。7歳下の夫と添いとげ特段、恋愛遍歴もない。伝記を書くにはなかなか難しい。しかし調べ出すと、そんなことでは収まらなかった。それをこれから記していこう。いつも、彼女が時代の中で生きていたことを感じながら……。

第1部

青森の少女、新聞記者になる

高等女学校卒業時のもと子

1　八戸に生まれて

羽仁もと子は1873年、明治6年9月8日、今の青森県八戸藩士の家に生まれた。生家は松岡家。さして家格の高くない家であった。娘の説子によれば「足軽のまとめ役で、いつも殿様の行列の先頭に立っていた」という（『私の受けた家庭教育』）。江戸幕府が瓦解してから6年後である。1年早く東京に生まれたのが作家となる樋口一葉。

1873年はどういう年か。明治新政府が徴兵令を施行、また廃城令で、各地の城が壊された。もう徳川幕府に後戻りはできない。明治新政府は上からの近代化を急ぎ、殖産興業、富国強兵にやっきになった。この年、キリスト教が解禁。渋沢栄一が第一国立銀行を設立した。岩倉具視らが欧米を視察して帰ってきた。外国を見てきた岩倉らは西郷隆盛の征韓論と激突、西郷が下野するに至る。

まず私は、羽仁もと子の生誕の地、八戸に行こうと思った。2020年のいつもと様子の違う秋、私は上野駅から8時46分のはやぶさ7号に乗る。もと子が明治22年に上京した時には、逆方向で片道7日間かかっている。今は新幹線で3時間弱。前夜の疲れから車中ぐっすり寝て、気がつくと盛岡駅。やや、次で降りなければ。

八戸駅舎は新しく、きれいだった。駅中のホテルの二階、小さな料理屋でいか飯とせんべい汁のお昼ご飯。これが郷土料理らしい。いか飯にはもち米が詰められている。せんべい汁は大根、人参、しいたけ、ゴボウと鶏肉、そこに南部せんべいを割って煮たもので、汁でふやけて、でも歯ごたえがあっておいしい。

　コンコースで裂きイカの実演販売をしていたので、着いたばかりなのに、ついタコとイカを買う。「羽仁もと子を知ってますか」と売店のおばさんに聞いた。「知ってますとも。八戸の偉人です。私の親戚に千葉学園を出た子もいます」。千葉学園というのは、もと子の妹、千葉くらが現地に創立した学校である。この一族は教育に関心が深い。

　ユートリーという駅とつながった施設で、こぎん刺しの実演をしていた。このあたりの郷土の手工芸だ。女たちが長い冬の間、囲炉裏（いろり）端で布を繕い、それに刺し子をほどこし、布を強くして長く着たものなのだろう。夏祭りの三社大祭の山車の展示もあった。雪に閉ざされた冬が明け、ものみな芽吹く春、やがてつかの間の暑い夏が来る。どんなに人々は祭りに熱狂したことだろう。そんな北の土地にもと子は生まれた。

　予約したタクシーに乗って、南部藩総鎮守、櫛引（くしびき）八幡宮境内に移築された八戸小学講堂を目指す。もと子が通った旧八戸小学校の講堂で、明治14（１８８１）年に今の市庁舎の場所に建てられ、明治天皇が八戸に巡幸した時の行在所（あんざいしょ）になった。１９２９年に市制が敷かれ、同年、聖蹟保存された。その後、市立図書館としても使われ、現在地に移築されたのは１９６２年。明治記念館と呼ばれ、県の重宝になっている。内部は公開されていないが、ガラス戸から覗い

てみると中は畳敷きだった。こんな教室で、もと子は勉強したのか。

もと子の生家、松岡家はどうやって維新後を暮らしたのか。それを示す資料は今のところない。廃藩置県で藩からの給料は出なくなったはずだ。これを秩禄（ちつろく）処分という。償還金といって、いわば侍の退職金のようなものは出たらしい。それを元手に、元武士は傘張りや慣れぬ商売、撃剣、剣道の師範などでどうにか暮らしを支えた。これを「士族の商法」と呼ぶ。情況に不満を持って、西の方では、秋月・萩の乱、神風連（しんぷうれん）の乱、1877年、明治10年の西南戦争まで、不平士族による反乱が立て続けに起こった。

松岡家の人々

家の中心であった祖父を松岡忠隆といい、「朝野（ちょうや）新聞」を読むような知識人であった。朝野新聞は1874年に創刊、幕臣成島柳北が社長、末広鉄腸が主筆の自由民権派、ようするに反政府の硬派の新聞である。これが松岡家の情報源であったことの意味は大きい。忠隆と先妻千代との間に一人娘美和（みわ）がおり、先妻はすでに亡く、忠隆には幾代（きよ）という後妻がいた。そして娘の美和に、代言人の野崎登太郎を婿に迎えた。その夫婦に、長女として生まれたのがもと子である。その下に妹くら、弟正男と八郎が生まれる。

明治維新は西国雄藩による革命であり、これに対して幕府側についた北の各藩は仙台藩を盟主とする奥羽越列藩同盟を結び、最後まで抵抗した。1869年5月18日（旧暦）、箱館戦争で戦いに決着がついてのち、明治新政府内では勝ち組の長州、薩摩出身者が幅をきかせた。その政府はまつろわぬ東北を鎮撫するため、明治9年に続き、14年にもまだ若い明治天皇に東北を長旅してもらっている。鉄道開通以前、天皇もさぞ難儀な旅をしたことだろう。

タクシーの運転手さんは土地の歴史に詳しかった。「南部藩は10万石、南部氏は甲斐源氏がルーツと言われ、源頼朝の平泉藤原氏の討伐に参加し、陸奥国糠部（ぬかべ）五郡を与えられたんです。南部氏は2代目の藩主が後継を決めずに病没したために、幕府がその弟二人に盛岡8万石、八戸2万石で分けろと命令した。八戸藩を小（こ）南部藩と言います。寒冷地で作物が育ちにくく、天明の大飢饉（1783）などでは深刻な被害が出ました。そこで大商人を押さえ大豆を藩の専売にした。天保5（1834）年には久慈（くじ）の農民が一揆を起こし、2万人が八戸城下へ押し寄せました。これを稗（ひえ）三合一揆と言います」

生きていくだけでも大変な土地柄だった。八戸藩は戊辰戦争では奥羽越列藩同盟に参加はしたが、野辺地で少し戦ったくらい。それは最後の殿様、南部信順（のぶゆき）が島津家から養子に入ったからでもあるらしい。それほどの傷は受けず、明治4（1871）年に廃藩置県で八戸県となる。もと子がこの城下町に生まれたのは明治6年、廃藩置県の2年後である。

もと子の人生については、『羽仁もと子著作集』（以下、著作集）第14巻の『半生を語る』が詳しい。まずは、八戸の風土と病のことから。風土病として瘧（おこり）があった。悪寒と発熱に苦しむ。今でいうマラリアである。義祖母幾代はそれに悩まされた。明治30年代、日本にこの患者は

20万人もいたという。だが、もと子とその兄弟は患わずにすんだ。冬になるとしもやけができる。母美和は幼い時に疱瘡にかかり、顔に痘痕があった。もと子たちの頃は、すでに予防接種の種痘があった。

歯が痛んだり、頭痛、腹痛の時は古風な民間療法が行われた。もと子は12、3歳の時に瘰癧になった。これは結核のこと。結核菌の感染で首のリンパ節が腫れてグリグリができた。当時は死病であったが、どうにか克服した。青森の八戸は「気候の良いところではないのだろう」と書いている。その頃「7つ前は神のうち」といって、幼少時に亡くなる子供が多かったのだが、松岡家では4人の子供がともかくすくすく成長した。

午後、松岡家のあった場所を訪ねた。八戸市長横町6番地、当時は城まで歩いて登城できる侍町であったが、今は街なかの繁華街になっている。もと子が最後に訪ねたのは第二次世界大戦後の1952年だが、すでに映画館や喫茶店などがある歓楽街に化した、と言っている。少し前まで旧居の跡に双葉旅館があったというが廃業し、もう一つの寿司武という店はそのままあった。かなり奥行きのある大きな区画である。そこに「羽仁もと子生誕の地」のプレートが貼られていた。運転手さんは「八戸出身で有名なのは、羽仁もと子とレスリングの伊調馨選手です」と時代の異なる二人の女性を挙げた。

八戸小学校で

1 八戸に生まれて

明治12（1879）年の5月に、もと子は八戸小学校に上がった。雪国なので、入学も雪が溶けて遅い春だったのかもしれない。学校は楽しかった。しかし、もと子は「かわいがられるたちの子供ではなかった」と回想している。例えば学校の帰りに、洋傘を大きな家の板塀に立てかけ、おはじきをする石を拾いに行った。戻ると傘がない。大きな娘たちが、「傘なら男の人が警察に持って行った」と言った。もと子は驚き、すぐ目の前の警察署に行った。おまわりさんに「私の傘を返してください」と言うと、応答ののち、ニヤニヤして返してくれた。もと子は驚き、不平を感じた。「私は落としたのではない。ただそこに置いたのだ」と。それがわかってもらえないことに苛立った。

理詰めなのである。自分に理があると思うと、どこまでも納得しなかった。妥協や忖度（そんたく）、世渡りはこの人の頭にない。そして無口だった。この話も家族には訴えていない。「人には通じない、自分だけの思い」が常にあった。母親には子供の出合ったことをよく聞いて、道理よく悟らせてくれるような教育力はなかった。こうした自分の生育歴で起こったことを、彼女は一つ一つ覚えていて、のちに教育に生かしたように思われる。

学校でのもと子は、学科はよくできた。「非常に詳しく読んで、できるだけ考えていた」から、試験はすべて100点だった。彼女の中には競争心はなかった。「あらゆる学科を一心になって、どこからどこまでも明瞭にしていきたい」。ただ意味もわからずに覚えるのは嫌だ。わからないことの苦しさ、わかることのうれしさ。飽くなき探究心と湧き上がる興味。それが羽仁もと子という人の性質だった。

しかし眼高手低というのか、彼女の頭の命令するようには彼女の手は動かない。一言でいうと不器用だったのである。手毬はつけたが、お手玉もおはじきも苦労してもできない。ことに絵が下手で、苦しんだ。学校からコップの絵を描いてくるように宿題が出たが、これがどうしても描けなかった。一度寝ては、そっと起き出し、机の周りが失敗した紙で埋まるほど描いたが、どうやっても描けない。

「手は人並み以上におそくて不器用で、頭は人並み以上に綿密であった」。「そのやかましい頭が不器用な手を使っている。その苦しさはとうてい言い現わすことができなかった」。なかなか字の形も取れなかった。ある時、調子をつけて書いていくことを覚え、それから習字が愉快になった。裁縫も不得意だった。まっすぐに縫うだけの運針にも調子、リズムが必要、ということがずっと後にわかった。

算数でも、一たす一は二、と暗記すれば楽なのに、どうして、一に一を足すと二になるのか、そのわけが飲み込めないと口早には言えない。それで苦しんで「どうして出来ないの出来ないの」と泣き怒りながら、祖母の手を引っ張って、座敷から茶の間から家中を歩き回ったそうである。この「不器用さ」をしかし、彼女は武器として生涯、手放さなかった。

明治天皇の巡幸

1　八戸に生まれて

1881（明治14）年は、おそらくもと子が初等科3年のこと、明治天皇が巡幸するので、小学校の生徒が街道まで出迎えた。その時、初めて唱歌を習った。神官の先生が教える「仰ぎ来て、とつくにびーともすみつくや、我が日の本の光なるらん」という歌詞の意味がわからなかった。「とつくにびーと」とはなんだろう、まさか外国人のこととは思わなかった。「すみつく」は八戸では「凍みつく」のなまりである。まさか「住みつく」だとはわからなかった。

こういうことも、夕食を家族が共にすれば、祖父や父に聞けたのに。祖母や母は学校教育以前でいわゆる「目に一丁字もない」人々、字は読めず、書けなかった。当時、男女の知力と教養にはそれほどの差があったのである。唱歌も、もと子は不得意だった。『半生を語る』の前半には、もと子が決して理解できなかった平方根、立方根などのこと、利息と元利合計のことが延々書かれている。記憶力のよいことに驚くが、それだけ「わからない」という経験の苦しさを生涯引きずった。「表面上わかったことにして満足する」ことはできないたちであった。

その頃の小学校は、初等科4年、中等科2年、高等科2年の時代で、最初9級から始まり、半年ごとに8級、7級と級が進む。4年間で義務教育は終了だった。初等科は男女別学だったが、中等科へ進むと女生徒はわずか5、6人になり、男子と一緒のクラスに通うようになった。世界はより広がった。男子生徒はもと子を「松岡饅頭」などと韻を踏んでからかった。

ある時、もと子の後ろに座っていたよくできる女生徒が、おならの嫌疑をかけられた。男子生徒に「屁たれ屁たれ」とはやされ、顔色がさえなくなり、徐々に勉強もできなくなった。高

等科にもと子と二人だけ進んだのに、とうとう長い病気をして、亡くなってしまったという。大勢の異性の中で数少ない女性が生き延びるのは大変である。もと子は彼女をかばいきれなかった。その人に「いいえ私ではないと、我を忘れて立ち上がるような強さ率直さをほしかったと、どんなに残念に思ったか」と、もと子は書いている。

1885（明治18）年、内閣制度ができた年である。文部省で全国の学校の、特に優秀な子供や篤行の著しい生徒にご褒美をくれた。もと子は八戸で選ばれた三人の一人になった。

父の離縁

松岡家の中心は祖父忠隆だった。「私の血液の大部分は、そっくり祖父のものを受け継いでいるようである」「祖父の真っ正直なはっきりした頭が合理的に家を支配していた」。祖父と後妻の幾代とは仲睦まじかった。「祖母は祖父とは反対に、実に器用な円満な人で、理性的なところや数学的なところの全然なかった人のようである」。理詰めで人に敬遠されがちな祖父を、人にやさしい、さっぱりした祖母はバランスよく支えていた。その妹の夫は八戸初のギリシア正教徒となり、自由民権運動にも関わり、代議士になった源晟（みなもとあきら）である。

問題は父母。母美和は一人娘で婿を取った。「小糠三合あったら婿に入るな」ということわざがある。婿となった父野崎登太郎は、祖父忠隆にぎっちりと家を握られ、息抜きに料理屋で、東京から来た若い芸者と遊ぶようになった。その女性が家を覗（のぞ）きに来たことがある。その時、

11歳だったもと子は「人の家を覗くのは誰です」とするどくとがめた。料理屋に居つづける父を「用があるからお帰りなさい」と迎えに行ったこともある。小さな胸を痛めながらも、少女のもと子は引かなかった。

父の兄は野崎和治といって、八戸の第百五十国立銀行の支配人をしていたが、そのうち、金

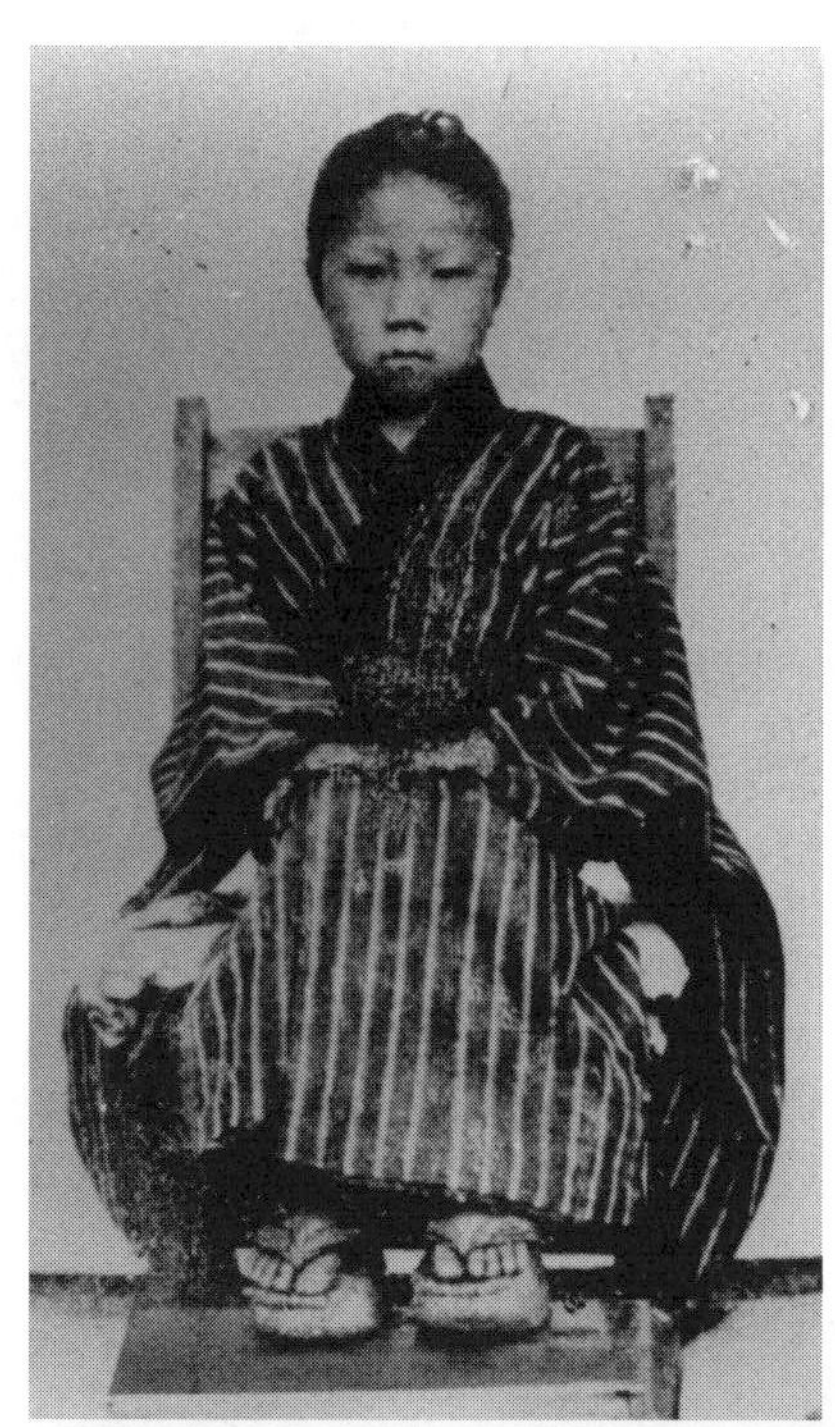

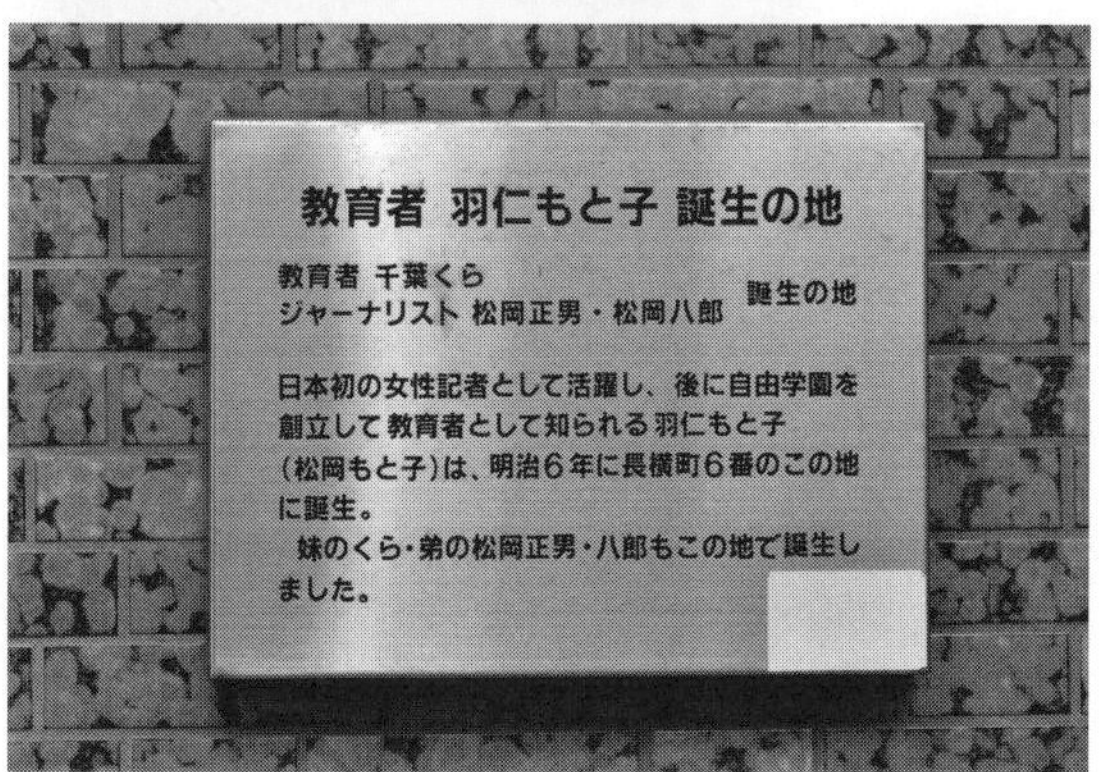

[上]8、9歳の頃のもと子(ガラス写真)
[下]八戸市長横町、生家跡のプレート

儲けに弟である登太郎を巻き込んだ。ついには、預金者に対する不誠実が明らかになり、訴えられて父も収監された。予審で免訴になった時には「登太郎は悪いことのできない人間だ」と祖父は喜んだが、結局、父は家を出されることになる。「残念なことだが、登太郎は離縁することにしました。家名に関わることのあるのは致し方のないことだ」と祖父は言った。祖父は清廉潔白な人だったし、武家では家の存続と体面こそが大事だった。これは祖母と母のほか、「姉」と言われる総領娘のもと子だけが聞かされた。

「申しわけもございません。私も心を決めております」と母美和は従った。夫と共に生きるとか支えるより、松岡家を選び、親に従順だったようである。結局、父親は野崎家に戻って再婚、42歳で亡くなる。「父は多くの人に優れて賢い人でもあり、器用な人で物の哀れも知る質（たち）の人であった」、しかし心が弱かった。一方で、祖父母のいいなりに4人もの子をなした夫と簡単に別れてしまう母にも、物足りなさを感じたであろう。「私の母はあまりにも人の好い世間見ずの婦人であった」

　両親の離婚はもと子の子供時代の最も大きな悲しみとなった。のちに実家に戻された父の墓が荒れていると聞かされた時、もと子は「松岡の家の人ではないから」とサッパリ言い切ったのを、娘の説子は聞いている。「家庭生活のすべてがガラス張りの、合理主義で悉（ことごと）く割り切られているのに、祖父をめぐる問題だけは立ち入り禁止の感じがありました」と説子は言う。

2 上京を追って

八戸には羽仁もと子記念館がある。訪ねると八戸友の会の方が待っていてくださった。「友の会」は『婦人之友』の読者の集いで、全国に現在、1６000人の会員がいる。「もと子の故郷ですから、八戸はさぞ会員が多いんでしょうね」と聞くと、「30人くらい。東京や大阪の方がずっと多いです」とのこと。しかし記念館があるのは全国でここだけだ。設計者は自由学園の設計者遠藤新の息子、遠藤楽。30年前とは思えない、モダンで簡素、心洗われるような品のよい建物。そこでビデオを見た。もと子が自由学園創立30周年に八戸弁でスピーチしている。

たくさんの写真や資料が展示してあったが、もと子の洋装姿は一枚もないのに気づいた。髪型もずっと同じで、長い髪を結い上げている。八戸にいた子供の頃の写真も何枚かあった。また、ここには秋篠宮妃紀子さまも訪ねておられ、高松宮や吉田茂などの写っている写真もあった。お茶受けに出された南部せんべいは滋味があって、妙に後を引きそうだった。

雨だったが、タクシーを頼んで、松岡家ゆかりの場所を巡る。この運転手さんも午前中の人に負けず劣らず、郷土史に詳しい。しかし話はやけに遡る。「この辺は、源義経が頼朝に追われた時、弁慶と一緒に逃げてきて、10日ぐらい滞在したあばら家を類家、家の類と言います。烏帽子という地名には義経が烏帽子をそこにかけて休んだという伝説があり、今も村井さんと

いうその時のご子孫の家があります」

そこまで覚えきれないワ、と思ったが、東京に帰って系図を見ると、松岡家の初代はもと子の曾祖父松岡八十七（やそきち）で、その妻まつはまさに類家の人のようである。

八戸の町

松岡家の墓に詣でた。南宗寺といって小南部藩の殿様、南部一族の墓もあるから、格の高い寺だろう。墓石の記載によれば、祖父忠隆は明治45年、祖母幾代は明治42年に亡くなっていた。母美和の墓もある。弟の正男は「時事新報」会長や「東京日日新聞」の取締役を務め、八郎は「デーリー東北」社長、二人ともジャーナリストとなった。その二人の墓もある。妹くらは八戸の医師、千葉太一郎と結婚し、ここに墓はない。

運転手さんが気を利かせ、「ここが妹さんが興した千葉学園ですよ」と前を通ってくれた。もと子の『半生を語る』によれば「寡婦になって、二人の子供を育て上げた妹は、早くから裁縫の塾を開いている。広い家をみな使って、その外に一むねの簡単な教場もつくって、今は130人の生徒がある。本当に献身の人である」。妹の忍耐と温和にはかなわない、ともと子は言っている。最初は八戸女塾、のちに私立千葉裁縫女塾と名を変え、今は調理科や看護科を持つ女子の千葉学園高等学校、系列の普通校・向陵高校もある。

子供の頃のもと子が勉強のあとの頭を休めるため歩き回った古刹（こさつ）、対泉院にも行く。起伏のある寺で、大賀一郎博士の発見した古代ハスの池があった。その門前には天明の大飢饉の実情を刻んだ戒壇石と餓死萬霊等供養塔がある。天明の大飢饉は、江戸の4大飢饉の一つでその中でも最大の飢饉。岩木山や浅間山の噴火で火山灰が降り、そのため日照が足りず、作物が実らなかった。八戸藩は実高から9割5分の収穫減となり、天明5（1785）年の調査では、藩の人口6万5千人のうち、3万人が餓死し、追い打ちをかけるように感染症の流行でさらに5千人が死んだという。とんでもない死亡率で、胸を衝かれた。そこから連なる長者山にも、もと子は散歩の足を伸ばしている。

八戸の中心市街地・荒町、ここももと子が幼い頃によく歩いた通り。運転手さんは「夏の八戸三社大祭の神輿の巡行する通りですが、ここは一方通行です。裏の道が反対方向。そして通りに沿って十一日町、七日町とついていて、表裏を足すと必ず9の倍数になっています。毎日違う場所で市を立てれば平均にみんな潤うという藩の政策なんですね」。

海は近いんですか。さぞお魚はおいしいんでしょう。「この辺の人は『夕方のイカなんか食えない』と、朝獲れのイカを一人一杯（ぱい）ずつ食べたそうです。透明でシコシコして甘いイカをね。なに、海はそのすぐ向こう。1キロも離れていないから、獲れたら大八車で持って来た」

海辺にも行ってみたいというと、金ヶ崎とか蕪島（かぶしま）の方へ連れて行ってくれた。陸奥湊（むつみなと）での恒例の朝市は風雨で、明日は中止だそうだ。市の日には行列ができるという揚げた塩手羽を少し買ってかじった。弾力があっておいしかった。蕪島は種差（たねさし）海岸の北の突端で、天然記念物ウミ

ネコの島として知られる。山頂の蕪嶋神社の鳥居まで上がってみたかったが、二、三歩歩くと強風で傘がおちょこになり、あきらめた。

「地名は大字鮫(さめ)町字鮫というのですが、この辺の人はクジラをよく食べます。あのギトギトした脂がうまいというので……」

館鼻(たてはな)公園の展望台にエレベーターで昇り、港を見下ろす。「あっちが漁業、こっちが工業です」。漁港が三つあり、缶詰工場などもある。この30年で24万人の人口が23万人に減ったというが、他の地方都市と比べても減少率は低く、産業がしっかり根付いているように感じた。朝、海から上がった漁師たちが入る銭湯もある。

八戸総鎮守の法霊山龗(おがみ)神社、平安時代の武将、新羅(しんら)三郎源義光を祀った長者山新羅神社、天照大御神を祀った神明宮、この三つの神社から山車が出て街を巡行する夏祭り（三社大祭）はユネスコの無形文化遺産にも選定され、20万人もの人が出る。

「冬のえんぶりと言って、新羅神社の五穀豊穣を祈念する2月のお祭りも味がありますよ」。

運転手さんはそういって、私をホテルまで送ってくれた。町中の宿でよかった。荷物を置き、雨と風で冷えた体をまず天然温泉で温め、さて何を食べに行こう。屋台村もいいなと「みろく横丁」を歩くと、ここは地元の若者の聖地のようである。海が近い土地のものを食べたいな。角の「あきちゃん」という居酒屋に入る。運よくカウンターが空いていて、馬肉のユッケ、イカの肝和え、イワシの梅しそサンドでビール。ほかにも、うに鍋とか、貝焼きとか、おいしそうな郷土料理がボードに手書きされていた。客はどんどん増え、年配の仲居さんたちもてんてこ舞い。階段をトントン上がり下りする。なんて活気のある街だろう。

帰りに、れんさ街、たぬき小路、昭和通りなどを散歩すると、ふいに昼間に確かめた長横町6番地、羽仁もと子の生家跡に出た。ネオンがつくと、ほんとこの辺は歓楽街だわ。

八戸で会った人たちは一人残らずやさしかった。翌日、私は本八戸から8時台の早めの電車で、久慈まで行く。楽しみにしていた八戸線、種差海岸などの景色も雨で煙りさびしい。波が高く、渦巻いて、まるで横山大観の描いたような海である。いや、有名になる前の東山魁夷(かいい)がこの辺でスケッチをしていたそうだ。駅と駅との間が短い。そして途中の駅名が珍しい。大蛇でおおじゃ、階上ではしかみ。久慈まで1時間半あまりの列車の旅だった。

久慈に盛岡の友人、有坂民夫さんが車で来てくれた。有坂さんは東京在住だったが、3・11以降、岩手沿岸の支援に来てそのまま盛岡に住み着いてしまった。駅前に眠ったような古いデパートがある。NHK朝の連ドラ「あまちゃん」で人気を博し、地元のおじさんの溜まり場になっているそうな。町中で朝市をやっているが、特産のニンニクが並んでいる。道の駅に行くと、このあたりは琥珀の産地で、ネックレスをたくさん売っていた。その反対側で昆布を削っているおじさん、「昆布は絶対いいものを買った方がいい」と言う。「この辺の人はひじきは生しか食べないよ」とも。

久慈で訪ねたかったのは、ウィリアム・メレル・ヴォーリズの設計した宣教師館。時代はも

と子よりずっと後、1931年、アメリカのインディアナ州フランクリン市からここまで伝道に来たタマシン・アレンという女性がいた。建物は修復され、近く公開もされるという。かつては社会館久慈幼稚園から、アレン短期大学（2007年に閉校）まであったという。

高台の教会に行くと、牧師さんと信者さんがようこそ、と歓迎して資料までくださった。建築家ヴォーリズも、エドウィン・ライシャワー駐日大使も彼女を応援していたとか。私はタマシン・アレンさんのお墓にぬかづいた。「あなたは、八戸から東京に出て学校を開いた羽仁もと子と逆に、アメリカから久慈に来て、日本の子供たちを教えてくださったのですね」と心の中でつぶやいた。

祖父と上京

明治22（1889）年2月はじめ、もと子は祖父忠隆と上京する。祖父はこの利発な孫を愛し、期待していた。忠隆は幕末に江戸勤番だったことがあり、もう一度、文明開化の東京を見たいと思ったらしい。まさに、大日本帝国憲法発布の年だった。政治向きに詳しい朝野新聞を愛読していた彼は、2月11日の紀元節に行われる憲法発布もこの目で見たいとも思った。

この忠隆が晩年、三度目の上京をしたのを孫の説子が見ている。おじいさんは「東京中、どこの曲がり角も知らないところはないよ」と言っていたそうだ。それは小南部藩は小さい殿様なので、もし大きい殿様の行列と出会うと駕籠を出なくてはならない。そうなっては大変だから、行列がぶつかりそうになると横道に曲がった。だから道を覚えたのだ、という。

2 上京を追って

高等小学校を出た頃、八戸は時ならぬ英語ブームだった。もと子も英語を教える先生のもとに通い、『パーレーの万国史』をほとんど終わりまで英語で読んだという。この本は世界史の本であるとともに、英語の教材としても一世を風靡した。実際に書いたのは無名時代のナサニエル・ホーソーン、『緋文字』で有名な作家である。明治16、7年に上京した正岡子規も予備校でこれを勉強した。

そして毎日のように、もと子は「どうにか東京に出していただきたい」と祖父に懇願した。祖父は新しく東京に府立の女学校ができることを新聞で知り、その入学試験に間に合うようにと、極寒の2月初め、出発することにした。

「橇(そり)に乗って上京したというと、サンタクロースのようである」と、もと子は書いている。「汽車はまだ通じていなかった」(以下、引用は『半生を語る』より)。八戸駅の開業は１８９１年、２年後なら上京はもっと楽だったのに。上京の際に祖父と写した写真が残されている。松岡忠隆も若くて渋い。大変かっこいいおじいさん。おそらくこの時まだ50代であろう。もと子は16歳。「八戸は船付だから、大概は海を行く」。しかし、どういうわけか陸路を選んだ。同行者は浄土宗の僧侶だった。

「上り街道を車に乗って出た」。八戸から旧東北本線に沿ったルートで、二戸に出た。有坂さんの運転で、私も久慈から二戸へ向かう。途中、私は瀬戸内寂聴さんが住職を務めた天台寺を見学したり、浄法寺塗という漆器を見たり、一戸では一守書店に寄り、店主の一守大潤さんに萬代舘という登録有形文化財の映画館を案内してもらったり、寄り道した。それは初めて通る岩手の内陸で、文化が豊かなのに驚いた。

「二日目には雪が降って、中山峠を橇で越えた」ともと子は言っている。

　中山峠は北海道の同名の峠が有名だ。あれこれ調べ、私は第三セクター化した「いわて銀河鉄道」の奥中山高原駅のあたりだと気づいた。ここが東北本線を敷く時も最高の海抜４６６メートル、難所だったらしく、敷設した後も機関車を3台連結しないと登れなかった。今は十三本木峠と呼び、もと子たちが橇で越えたのは2月の雪の日だ。

「とっぷり暮れて宿屋についた。あの時の、実は薄暗かったであろうところのランプの火ほど、明るく見えたことはなく、あの時の囲炉裏の火ほど、暖かに幸福に見えたことはなかった」

　私たちは、早池峰の森の中にある民宿「フィールドノート」に泊まった。同行の有坂さんが予約してくれたのだが、宿を営む山代陽子さんはなんと自由学園の卒業生だった。「実家は島根で、母が『婦人之友』を読んでいました。それが面白くて、この雑誌の編集者になりたいと一人で上京、卒業してから数年、編集部にいました」

　夫の奥畑充幸さんは定住するところを求めて日本中を探し、たまたまタイマグラという山中の集落で、戦後開拓者が住まなくなった空家を見つけた。民宿に泊まりに来た山代陽子さんと結婚。菜園を作り、薪を割り、ストーブで調理し、陽子さんは男の子三人をここで産んだ。電気は来ているが、水は沢の水、ガスはプロパン、トイレはバイオ。テレビもない。しかし薪ストーブや薪のお風呂が楽しい。

盛岡では旧知の菊池信太郎さんに会った。宮古市の蔵元の出身で、実家の蔵を使って時々仲間たちと「シネマデアエル」という地域映画館を催している。その縁で知り合った。「羽仁もと子を追っかけています」と言うと「うちの母も『婦人之友』を読んで、家計簿をつけています。親戚には自由学園で学んだ人もいます」と即座に返ってきて驚いた。東京大学大学院で大正期の自由主義教育をテーマに論文を書いたという。ここにも羽仁もと子を知る人がいた。

菊池さんは「盛岡にも自由学園で学び、羽仁もと子に『あなたは盛岡に帰ってこの思想を広めなさい』と言われた卒業生が、建てた学校がありますよ」とも教えてくれた。このことはずっと先に、もっとよく知ることになる。

少女のもと子はさらに、盛岡、花巻、北上、一関、古川と南に下っていく。

「石巻からであったか、塩釜までは小さい蒸気船に乗った」

私は「海沿いの八戸から、ずっと内陸を来たのに、また東へ行って海に出るんでしょうか」と土地の人に聞いた。「いや、それは当時、通常のルートですね」と言うのだった。雨と雪との松島は、もと子にそれほど感銘を与えなかったらしい。隠居と孫はようやく仙台に到着。ここまで八戸から5日間かかっている。ここからは汽車が開通していた。

「早朝仙台のステーション、初めて汽車という物を見た時の不思議な気持」。

「汽車というものの話は聞いていましたが、目に見るのはこの時が始めてなので、もし乗らないうちに動き出したらどうしようなどと、前の日から心配していたものです」（「当時の印象」府立第一高女「鷗友」1938）。汽車に乗ってしまえば東京まで1日。現代では八戸から上野はたった3時間弱だが、当時は一週間かかったことになる。

「上野に着いた時、あの広小路の広々と見えたこと、本当に東京に来たのだと思った」。上野広小路は寛永寺の入口の火除け地で、そこでは21年前、彰義隊の上野戦争があった。少女のもと子は東京で勉学することに夢中で、そんな歴史は知らなかったであろう。

隅田川あたり、浜町の「杉嘉」という宿に泊まった。毎日、祖父と東京見物をした。お昼は蕎麦屋で、もりかけは一銭、おかめや卵とじは6銭したという。

東京府高等女学校に入学

もと子がまず学ぼうと目指した学校は東京府高等女学校、今の都立白鷗高校。公立では日比谷、戸山の次に古い。1888（明治21）年12月28日創立の、女子のための最初の高等女学校である。もと子は入学試験に合格し、最初から2年前期に入れられた。

のちに府立第一高等女学校と名前を変え、東京屈指の女子の名門校だった。卒業生には作家・田村俊子、声楽家・柳兼子、「九条の会」発起人・三木睦子、俳優・沢村貞子、作家・芝木好子、ピアニストで国会図書館主事・藤田晴子、下っては漫画家の池田理代子などがいる。

現在は台東区元浅草1―6―22にあるが、当時は京橋区南小田原町4丁目8番地にあった。西本願寺別院の裏手で、小田原橋を渡ったあたりだが、当時の地図を見ても、工手学校（現在の工学院大学）や造兵廠は見えるが、府立高女は見えない。現在の築地6丁目、前の築地市場のあたりである。この辺には海軍大学校、軍医学校、経理学校など教育機関が集積していた。

もと子は隅田川にかかる永代橋に近い北新堀町に、八戸からの女学生と一緒に下宿した。まだ市電もない頃、川沿いを歩いて通ったのだろうか。もと子が驚いたのは下宿先の一家、東京下町の「生活上の常識」と八戸の暮らしが大きく違うことだった。祖父の読んでいた朝野新聞

1889年、祖父と上京、16歳の時

以外にも、小新聞の朝日新聞があって、半井桃水（なからいとうすい）の小説を皆が話題にしていた。桃水は当時20代だが新聞に載る大衆小説作家として人気があった。樋口一葉の小説の師であり、思慕の人である。下宿の娘たちは新富座、中村座などへ芝居を観に行き、人気役者の話も出た。

1889年2月11日、大日本帝国憲法公布、この時に万歳三唱が始まったという。おそらく祖父はこの日までは東京にいたと思われる。お雇い外国人医師ベルツの「日記」には憲法発布の言語に絶するお祭り騒ぎの様子が書かれ、「だが滑稽なことに誰もその内容をご存じないのだ」とあきれている。

同日、森有礼文部大臣が西野文太郎という国粋主義者に刺殺された。薩摩出身の森有礼は教育分野で活躍したが、英語を国語にすると主張したり、自ら広瀬常と平等の契約結婚をしたり、急進的な近代主義者として知られた。嘘かまことか、伊勢神宮内宮参拝の折に、拝殿に土足で上がり、社殿の御簾をステッキで持ち上げて中を覗いたと報じられ、不敬として西野の憤激を買ったものである。

5月1日、東京15区で市政を施行、東京市が誕生した。7月1日には東海道本線が新橋〜神戸間で開通。8月26日には江戸開府300年祭が行われた。10月18日、大隈重信外務大臣が、外国人司法官任用に抵抗する右翼結社玄洋社の来島（くるしま）恒喜に爆裂弾で襲撃され、片足を失った。

東京はあらゆる事件の現場だった。新しい見聞と情報が怒濤のように押し寄せ、もと子は勉強よりも東京という社会、文明開化の近代都市が知りたくてたまらなかった。

3 自由民権とキリスト教

羽仁もと子が、東京府高等女学校を卒業したのは1891年、同校の最初の卒業生である。都立白鷗高校に電話をしていろいろ伺うと、同窓会担当の鹿目(かのめ)憲文先生は「百年史や写真、校舎の模型もありますので、ぜひ一度おいでください」とおっしゃった。家からは春日乗り換え、蔵前まで地下鉄で4駅なのでさっそく訪問した。事務局の石井さかえさんが資料を見せてくださった。

「最初は工手学校が夜間だったので、昼間に空き教室を使わせてもらったようです。羽仁もと子さんが1891年、明治24年、第一回卒業生15人の一人であることは間違いなく、卒業生名簿にも載っていますし、鷗友会の昔の冊子にも談話が載っています」とコピーをくださる。これが実に宝物のような記録であった。

明治時代の女学校生活

明治政府がどのように女子を教育しようとしたか、教育者、羽仁もと子の伝記であるからきちんと書いておきたい。「白鷗高校百年史」とあわせ読むと、大変に興味深い。江戸時代、教育機関としては武士は藩校、町人は寺子屋。ほかに緒方洪庵の適塾(てき)や吉田松陰の松下村塾のよ

うに優れた師を慕って集まる家塾もあったが、寺子屋を除けば女性は家庭外の教育、勉強からは排除されていた。もと子の母や祖母が字の読み書きができなかったことは前に見た通りである。

1871（明治4）年、岩倉使節団が、山川捨松、津田梅子、永井繁子ら5人の少女をアメリカに留学させたのは画期的である。津田梅子は女子英学塾（現・津田塾大学）の創始者として知られている。山川捨松は大山巌大将の妻、公爵夫人となって、盟友津田梅子を支え、たくさんの慈善事業に関わった。永井繁子は海軍士官（のち大将）の瓜生外吉と恋愛結婚し、東京音楽学校や東京女子高等師範でピアノと英語を教えた。吉益亮子と上田悌子は短期で帰国。

1872年、竹橋に官立の東京女学校ができた。しかし西南戦争の戦費が多くかかり、女学校にはお金が回らず、数年で廃校になっている。1875年に東京女子高等師範学校（今のお茶の水女子大学の前身）が創立、東京女学校からこちらへ転学するものが多かった。ほかに11ほどのミッション系を含む私立女学校があった。

1888（明治21）年に東京府知事、高崎五六は文部大臣森有礼に、東京府として最初の女学校を設立する伺い案を提出、許可された。先に見たように森有礼は薩摩出身、啓蒙団体明六社に参加し、近代化を推し進めた人物で、女性の地位向上のため「妻妾論」を書いた。

この「伺い」という文言も官尊民卑の明治らしいが、「経費は生徒の教授料で賄い、不足は府の学資金で賄い、地方税をつぎ込まない」と独立採算をうたっている。目的は「小学校教員志望の女子を育成する」こと。東京府に校舎の建設資金がなく、当時、南小田原町にあった工手学校が夜間だったので、昼間はあいている校舎を月35円で借りた。

生徒は15、16歳から20歳以上と年齢もバラバラ、学力もバラバラなので、学力に応じて1年前期、後期、2年前期とクラスを振り分けた。もと子がいきなり2年前期に入ったとすると、成績が上位3分の1以上だったと考えられる。また学期の途中でも、成績優秀のものには抜擢進級があった。

月謝は月に1円50銭、それは当時の東京専門学校（今の早稲田大学）の月1円より高い。それでも経費が足りず、西本願寺の門主から毎月50円の援助を得ていた。西本願寺は明治政府の国家神道推進政策による廃仏毀釈、解禁以後のキリスト教宣教の勢いに危機感を感じ、さまざまな教育事業に乗り出し、女子教育にも拠金することにしたらしい。もと子と同級で『半生を語る』にも登場する西巻都児（みつ）は当時の様子をこう述べている。

「バラック建築の二階建、それはお粗末なもので節穴から隣のお教室が見え、お昼には裏通りを通る豆腐屋さんのチリンチリンが、手にとるように聞こえました」。教室は二階に3つ、一階に3つ、裁縫室、割烹室、体操場もなく、音楽は普通の教室で小型のオルガンで、ドレミではなく、「ひーふーみーよー」と音階を習った。工手学校仕様なので、畳一枚くらいの大きな机がいくつかあって、引き出しもなく、ベンチに3人ずつ並んでかけて授業を受けた。西巻は正直言って、前に通っていた大阪府の女学校の方がよほど設備がよく、「運動場もあり、音楽

にはピアノを使い、体操、作法の授業もありました。又ダンスを習いたい者は申し出ると、知事の官舎で教えてくれたくらいです」とも述べている（「創立当初」「鷗友」1938年）。

　科目は国語・国文、英語、数学、地理・歴史、理科、家事・手芸・図画、習字、音楽・体操、教育学など。西巻都児の回想はつづく。

「理科の実験などもちろんできませんし、機械も、標本もないのです。割烹の時間なども、先生が机の上に七輪を置き、実際に料理なさるのを、生徒は見学し、筆記し、最後に試食しました。裁縫は二尺の日盛りを三分の一の七寸の長さに縮めた物差を用い、三分の一の雛型で、夏、冬のひよく（筆者注・比翼仕立）まで作りました。科目は作法、体操を除いては今と同じです。英会話・リーディングはアメリカ人に教えられました。教科書のあったのは国・漢・英位で他はみな先生の口授を鉛筆で筆記し、帰宅後毛筆で清書しますので、たいそう時間がかかりました。おやすみ時間にも運動場はなし、遊ぶ所もないので、教室でお手玉をとったり、編み物をしたり、冬は大火鉢をとりまいておしゃべりに時を過ごしました」

　大束重善校長が修身を教え、国語が小田、杉谷、英語が訳読は田中、大江、リーディングと会話はウッドマン、ワッテル、教科書はアメリカのナショナルではなく、イギリスのチェンバーだった。数学は境野、理科は今泉、音楽は牧野、裁縫は服部という先生がいた。

　寮はなく、みな本所、深川、芝など、遠くの自宅や下宿から歩いて通った。西巻都児は大阪府女学校からの転校生だったが、五反田から毎日往復4時間歩いたという。「夏は七時始業な

ので、五時に家を出ますし、帰りはどうしても夕方になります。お湯に入り、夜食を済ませて一息つくと、昼間の筆記の整理にかかるので、遊ぶ暇などあったものではありません」

男性の教員は洋服、女学生は和服、髪は束髪か日本髪。図画の結城正明は東京美術学校（今の東京藝術大学）と兼務だったので、「あそこの制服を召しておられました」というのは、27歳で初代校長となった岡倉天心考案の天平風の不思議な制服のことである。

「生徒の服装もそれは質素で、大抵は一反七、八十銭の二子縞（ふたこじま）の着物でした」。髪は束髪、唐人髷、桃割れ、銀杏返しなどに結った。通学は雨に強いひよりばき。永井荷風が、東京中を歩き回るために履いていた日和下駄と同じだ。

お弁当は竹の子弁当という三つ重ね、食べ終わると入れ子状に重ねられるものを、毛糸で編んだ袋に入れるのがハイカラとされた。雨に備えて、黒毛繻子の大きなアムブレラ（蝙蝠傘）を杖代わりにして歩いたという。西巻都児はのちに府立第二高女（今の竹早高校）の教師になった。これだけ細密で具体的な記録を残してくれてありがたい。

これに対し、羽仁もと子は自分のことを回想している。「第一に当惑したのは私の東北弁でした。お友達の話はわからないし、私の話はお友達には通じません」。東京は派手だと聞いて、パッとした桃色の半襟をつけて級友に大笑いもされた。「思ったことはそのまま言ったり、行ったりする性格なので、ずいぶん変人に思われていたようです」。しかし、もと子は自分の東北弁のため、いろんな疑問を感じても、学校に反抗したり、先生に質問することができな

かった。「もし反抗することに喜びを見いだせるようだったら、求めるものと、与えられるものの相克にあんなに悩んだり、苦しんだりしなかったでしょう」

「当時の先生方が実にご熱心で、お一人お一人から良い影響を受けたことを今に感謝しております。そして、一人の人間の進歩ということと、教育ということについても深く考えるようになりました」「なんといっても第一高女は私の心の故郷です」。そう、もと子は談話を結んでいる（「鷗友」１９３５年）。


１８９１年の卒業式では、羽仁もと子は同窓生代表として式辞を述べている。宗教的な学校、職業的な学校、貴族のための女学校はある。「しかし中流の一般的の婦人を教育しようとして現れたる有力なる学校は、二十五年前においては、まれに母校があったばかりでありました」（「鷗友」19号）

もと子の卒業後、工手学校が昼間の学校になり、しかも火災で焼けたので、１８９６（明治29）年、東京府高等女学校は神田橋に移っている。今の千代田区神田錦町1丁目である。さらに１９０３年に現在地、台東区元浅草1丁目に移るが、当時は浅草七軒町といった。戦後は男女共学となり、現在は中高一貫校として広く東京中から生徒が来ている。鹿目先生の話。

「よく白鷗魂と言い、特に戦前の卒業生は、府立第一高女を出たということを誇りにしていますのそのモットーは開拓精神、中高一貫校になってからもいろんな取り組みをしています」

開拓精神は、羽仁もと子の生涯を表す言葉でもある。

自由民権の風

一方『半生を語る』では、「私はその頃もよくできる生徒ではあったけれど、学科の勉強はちっともしなくなってしまった」と述べている。時あたかも、国会開設、憲法発布の時代で、首都東京にいればその風はより強く吹いてきた。明治維新によって文明開化、近代化が進められるが、政府、官僚による上からの近代化であり、本当の市民の自発的自由や行動はなかった。そこで自由民権運動が起こり、憲法による統治、国会の開設を熱望し、すでに1874（明治7）年には板垣退助、副島種臣らによって「民撰議院設立建白書」が出された。テレビやネットどころか、新聞すら普及していない時代、人々に直接訴える演説会の効果は計り知れなかった。もと子は「木挽町の厚生館――今の歌舞伎座のところだったかもしれない――というところには、たびたび政談演説があった。女の弁士も二、三ある。私も誘われて聞きに行った」という。これは福澤諭吉らが1881（明治14）年に建設した明治會堂のこと。1882年、大隈重信、犬養毅、尾崎行雄の屋敷跡に作られ、一時は政談の中心地であった。由利公正の洋館風ら立憲改進党の結党式もここで行われた。しかし、弁士と警官隊の衝突もしばしば起こり、1882年には農商務省に売却、厚生館と名を変えたが、1923年、関東大震災で焼失した。自由民権運動の女性弁士として、それより時代は前になるが岸田俊子、福田英子が知られている。岸田俊子（1864～1901）は京都の呉服商に生まれ、神童と謳われ、山岡鉄舟の推挙で明治天皇の皇后（昭憲皇太后）に漢学を進講した。自由民権運動の女性演説家としても人気を博した。政治家中島信行（男爵）と結婚。中島湘烟（しょうえん）の筆名で『女学雑誌』に随筆を書き、のちに羽仁もと子と接点を持つ。イタリア公使となった夫と共にローマへ。しかし翌年夫妻とも体調を崩して帰国、1901年に肺結核で亡くなる。37歳。

もう一人の景山（福田）英子（1865〜1927）は岡山生まれ、岸田俊子の演説に触発されて自由党へ近づき、爆発物運搬のかどで大阪事件でとらわれ、「東洋のジャンヌ・ダルク」と謳（うた）われた。大井憲太郎との間に子供をもうけ、大井がジャーナリスト清水紫琴との間にも子供を持ったことに衝撃を受けたことは、自伝『妾（わらわ）の半生涯』（岩波文庫）に語られている。のちに萬朝報の記者、福田友作と結婚して、3人の子供をもうけるが、死別後、ずっと年下のアナキスト石川三四郎とも恋愛した。

若き人よ恋は御身等の専有ならじ五十路の恋の深さを知らずや

自分でも女子のための学校を開き、平民社に参加して『世界婦人』を発刊した。その頃は古着の行商などで生計を立てていた。

政府は運動の高まりに恐れをなし、明治8（1875）年の讒謗律（ざんぼうりつ）、新聞紙条例と弾圧法規を乱発、とりわけ女性は「集会乃政社法」によって「集会結社に参加すること」すら許されなかった。すなわち、羽仁もと子が政談演説会を聞きに行ったとしたら、そのこと自体、違法だったことになる。この撤廃に成功したのは、大正期に結成された「新婦人協会」の活動による。これも幹事の平塚らいてうと市川房枝の離反から、二人が抜けた後、奥むめお、坂本真琴らの尽力で勝ち取った。

また、国会開設が実現しても、その議員を選ぶ権利は、男性の、一部の高額納税者に限られていた。これを制限選挙と呼ぶ。男子の普通選挙が実現したのは1925（大正14）年、女性の参政権が認められたのは実に1945（昭和20）年、第二次世界大戦後のことである。

羽仁もと子は当時、「政談演説をする婦人たち」は「あまり興味ある印象ではなかった」と述べている。女性は自分たちの性差別を打破し、男と同じ権利を勝ち取ろうとして、男のように振る舞う傾向があった。福田英子も断髪・男装していたという。

キリスト教との出会い

もと子には新しい興味の対象が現れた。「お弁当の時間に、いつもかしらを下げてお祈りをする」級友に感心して、自分も学校に近い築地明石町（あかしちょう）の教会に日曜日に通うことになった。東北弁を笑われたもと子は、お祈りを笑われてもいっこう平気で続けている堂々たる態度に感心した。この人は長谷部せんといって東京府高等女学校の第一回卒業名簿にある。もと子は以前から教会で催される講演会のビラに惹かれたり、巌本善治の『女学雑誌』を読んだりしていた。「長谷部さんは築地の教会へ説教を聞きに行くというのです。さあ、今度はその教会という所へ行きたくてたまらなく、とうとうお願いして連れて行っていただきました」（「当時の印象」「鷗友」1938年）

「そこはまたその頃の私にとって、驚くべき新世界であった。男女の西洋人がいく人もいて、その人たちが、丁寧な日本語で説教したり、初めて行った私たちにも親切であった。そこにいる大勢の日本人は、たいがい英語がよくできるようである。日本婦人の中に二人ほど洋服を着ている人があった」

これがカルチャーショックでなくて何だろう。八戸から出てきて築地明石町の近くの学校に通ったことは一つの事件である。ここはまさに西洋の窓であった。幕末の日米修好通商条約により開市場に指定されたので、10ヘクタールあまりを外国人の居留地にしたのである。しかし輸出入の会社は港のある横浜から動かず、築地にはカトリックの教会とメソジスト派の教会、また青山学院、立教大学、明治学院、女子学院、女子聖学院、雙葉学園などの前身となる学校が創設された。

築地美以(みい)教会は1875（明治8）年に、ジュリアス・ソーパー宣教師により、築地明石町に創立。この人は青山学院の母体、耕教学舎を設立した人でもある。翌年には最初の会堂を献堂するが、3年後には会堂と牧師館は火事で焼けてしまう。5年後、明石町11番地に新会堂を建設、もと子が通ったのはここ。1902（明治35）年、銀座の美以教会と築地の美以教会は合併して、現在は銀座4丁目に銀座教会として現存する。

当時の日曜学校の先生は、「思いもかけず有名な潮田千勢子氏」だった。潮田千勢子（1844〜1903）も地味だが、女性史の上では大事な人だろう。長野県飯田藩の藩医の家に

生まれ、21歳で潮田健次郎と結婚、5人の子をもうける。38歳の時キリスト教会で受洗、翌年夫に死別して上京、桜井女学校や横浜聖純女学校で学び直し、幼児保育、伝道に活躍した。自立したシングルマザーのさきがけだった。この人はのちに日本キリスト教婦人矯風会幹部とし

東京府高等女学校第1回卒業生。1891(明治24)年3月卒業。
前列中央が、松岡もと子。後列、男性教師の中央が、天平服を着た結城正明

もと子の通った頃の築地美以教会
(1880年9月献堂)

て、公娼制度の廃止、女子授産所の開設に尽力し、足尾銅山鉱毒問題が起こると鉱毒地救済婦人会を組織した。

牧師は小方（おがた）仙之助（1854〜1942）。アメリカのデポー大学を卒業し、東京英和学校の校主、のちに青山学院の院長ともなった。「温厚、和平、才学を衒（てら）わず君子の風あり」と評されている。もと子は言う。

「初めて聞くキリスト教は一々驚かれつつも実によく分かると思った」

この築地美以教会はプロテスタントのメソジスト派に属した。18世紀にイギリスのジョン・ウェスレーによって起こされた。「メソッド（規則正しい生活方式）を重んじる人々」の意味である。漢字では美以と書く。形式化した英国国教会から離脱して、信仰を問い直し、新大陸経由で日本に伝道に来た。この教会で、もと子は潮田千勢子から「日本キリスト教婦人矯風会」に近い教えを受けたと考えられる。矯風会の目標は次のようである。

1　キリスト教信仰による世界の平和

2　男女の性と人権の尊厳を守ること

3　未成年の禁酒・禁煙

もと子は府立高女時代に受洗した。八戸の家族に相談もせず、自分の判断である。「信仰に基づく一夫一婦の平和な家庭を作る」のがその理想となった。これはもと子の生涯の考えのバックボーンである。

4 明治女学校へ

羽仁もと子は1891(明治24)年、東京府高等女学校(以下、府立高女、府立第一高女と略)を卒業、次なる目標は女高師。1890年できたばかりの東京女子高等師範学校で、今のお茶の水女子大学。当時は文字通り、お茶の水にあった。今の東京医科歯科大学のあたり。のちに関東大震災で焼け、小石川区大塚の武器庫跡に移った。

ある日、その学校から数人が洋装姿で府立高女に授業参観に来た。「その態度の重々しく立派に見えたこと」ともと子は書いている。しかもその中の一人は新学期から府立高女に赴任して家事を教えてくれると。

片岡常子のことである。片岡は高知県の士族に生まれ、谷干城(たてき)子爵夫人に気に入られ、その子女の家庭教師をしながら府立高女でも教えることになった。「いつも清楚な和服をきちんと着ている美しい方であった。その態度や言葉のはっきりしていることがまた私たちを捉(とら)えた」ともと子は評している。他の生徒も一番人気の教師だったと述べている。

片岡常子はのちに宮城出身の代議士星松三郎夫人となりながら教職を続け、天長節の夜会に夫妻で参加した時に、夫が妻のために飲み物や食べ物を運んでいる姿が報じられている。夫の死後、子供数人を育ててよく働いたという。1903年『家事教程』を出版した。

ところが憧れの東京女子高等師範を同級生3人が受けて、もと子だけが試験に落ちた。大変なショックだったに違いないが、それは「社会の動きに気を取られてまじめに勉強しなかったから」と率直に納得している。女高師にその時点で入れば、初めから教育者として、同じくクリスチャンの安井てつ（後の東京女子大学学長）や野口幽香（ゆか）（細民街の二葉幼稚園創立者）のような人生になっていたのかもしれない。

もと子は大胆に舵を切った。「明治女学校」高等科に入りたい。試験の失敗ののち、洗礼を受けたことにより、もと子は国立の女子の最高学府にいくというのが目標ではなくなったのではないか。もっとキリスト教的な生活を究めたい、と。

明治女学校は1885（明治18）年、木村熊二（1845〜1927）と妻の鐙子（とうこ）（1848〜1886）が創立した。木村熊二は出石（いずし）の仙石家の家臣。今の兵庫県の内陸である。幕末に儒者佐藤一斎の曾孫の鐙子と結婚、戊辰戦争では23歳で彰義隊に加わり、上野の山で敗北。1870年、森有礼に従って渡米、牧師の資格を得て12年ののちに帰国した。その長い勉強の間、鐙子は息子を育てながら、夫を待ち続けた。熊二の帰国後、夫妻は下谷教会婦人部を下谷区谷中初音町で開き、これが九段下牛ヶ淵（今の千代田区飯田橋一丁目七番地）に開校した明治女学校の始まりである。

しかし精神的支柱だった妻の鐙子は翌年亡くなり、木村は再婚相手の評判が悪く、1888年、校長の座を退いた。明治女学校が最盛期を迎えるのは、色白で美髯、情熱的な目を持つ巌本善治(よしはる)が、2代目の校長になった後だろう。彼も木村と同じ出石藩の出身で、中村正直の同人社、津田仙の学農社に学んだ。1885年『女学雑誌』を創刊して急逝した近藤賢三を引き継ぎ、日本女性の暮らしの近代化に乗り出した。

私は若い頃、書庫の中で、この雑誌に興味を惹かれて読みふけったが、日本髪を洋髪に、着物を洋装に、いろはをアルファベットに、下駄でなく靴を履くなどといった急速な欧化主義に見えた。最初は啓蒙主義の雑誌だったが、巌本の妻若松賤子(しずこ)、田辺花圃(かほ)、中島湘烟、清水紫琴(しきん)ら女性執筆者も増え、だんだん文芸に傾いていく。もと子は府立高女時代からこの雑誌を読んでいた。

巌本善治の厚意

もと子が明治女学校の門を叩いたのは1891(明治24)年の春。事実上の校長だった巌本善治に入学を乞う手紙を書いたが、返事がないので、また手紙を出した。それでも返事がないので、下六番町にあった女学雑誌社に直談判(じかだんぱん)に行った。「これ以上は八戸の貧乏な実家に頼ることはできない」。その事情を話すと、巌本は高等科の学費をタダにしてくれたばかりか、『女学雑誌』のふり仮名をつける仕事をくれた。明治時代の雑誌は総ルビといって、漢字にはすべてふり仮名がついていた。この仕事の収入を、もと子は寄宿代に充(あ)てた。

もちろん、巌本は熱心な生徒を見込んで助力を惜しまなかった。同時に、これはもと子が編

集の仕事に手を染めるきっかけになった。その頃、学校全体で300人、寄宿舎には100人以上の生徒がいた。夕食の後、7時から夜の礼拝があり、9時までは復習の時間だった。その時間にもと子は勉強を諦めてルビを振った。

巌本善治夫人は翻訳家、若松賤子。戊辰戦争で最も悲惨な鶴ヶ城落城を経験した会津若松の出身で、この筆名を用いた。横浜のフェリス・セミナリー（後のフェリス和英女学校）で学び、卒業と同時に教壇に立ち、やがて巌本と結婚した。バーネット夫人の『小公子』を日本で初訳したのは若松賤子で、もと子は『女学雑誌』連載中（1890・8〜1892・1）の一時期、それにルビを振った。原稿は達者な読みにくい字で書かれていたという。

寄宿生活の実態

府立高女についてはそれほど詳しい回想をしていないが、明治女学校についてはもと子の『半生を語る』に詳しく書かれている。それももと子らしく、まずは三度の食事から。「生まれて初めて規則正しい生活のどんなに自分の心身に快適なものであるかを知った。朝早く起きることも、大勢の洗面所できまりよく早く顔を洗うことも、食事も入浴ものろくさしている田舎ものには容易なことではなかった」。この清潔で規則正しい生活、時間を無駄に使わないことは、もと子の一生を貫くものとなった。

府立高女時代に、本を読み散らし、考え事で頭痛持ちになっていたが、2、3カ月でけろ

4 明治女学校へ

っと治ってしまった。

「間食というものはあの寄宿舎に全然なかった。それがまたどんなに良い習慣を私に与えてくれたろう。田舎は実に食べる所である」

ここを読んで笑ってしまった。私も東北の農村で数年、畑を耕したことがある。たしかに農村で驚くのは、のべつまくなし食べることだ。よく働くのだが、休憩時間には漬物やお菓子をどっさり卓に並べて、お茶を飲みながらおしゃべりが弾む。そしてみんな徐々に太っていく。

明治女学校は予算も少ない貧乏学校だったので、生徒も学校運営を手伝い、週に一回の献立会議に各部屋の代表が出た。「おさつのお味噌汁を注文したり、帰って来ての報告で今週はお萩があると聞いたりするのが楽しみだった」。お萩は餅にあずきあんをまぶしたもの。おさつはさつま芋。これは、後の自由学園での食事作り、掃除など暮らしの自治を思わせる。「舎監の一人で畔柳（くろやなぎ）先生という、京都方面の方だったけれども、江戸っ子のような利（き）かぬ気の美しい未亡人の先生」がいた。この人の寮の会計での経済的手腕は見事だった。

さらに、もと子は「お豊」という越後出身のがっしりした体格の台所頭が「日に三度炊く百人前のご飯の出来に決して出来損じのなかったこと、お料理の加減の良かったこと」に感嘆している。もう一人、「いせ」という名の仲働きがいて、朝の食堂ではみんなが味噌汁のお代わりをするのに「いせ！」と叫ぶ。

四民平等とはいえ、階級のはっきりした時代のことで、学ぶものと、そのために仕えるもの

はっきりしていた。この7、8年前、東京の第一高等中学校でも、寮生たちは三度のご飯に不満で、「賄い征伐」が行われた。料理人の中にも、仕入れた食料をピンハネしたり、納入商人からリベートをとるものがあり、寮費を払った学生はその貧弱な食事にストライキで抗議した。育ち盛りの十代の寮生は、夕方5時の夕飯を食べたあと、長い夜を過ごしかね、抜け出してうどんを食べ、おさつ（焼き芋）を買いに外出したことが、正岡子規の随筆に見えている。

明治女学校の寄宿舎では、三食の食事以外、土曜日一回だけ、おやつが出た。それも各自毎週一人三銭で、細かく注文を出し、それを部屋ごとに取りまとめ、舎監の呉（くれ）久美に提出すると、定という爺やの小使が買ってきて大きな風呂敷包を背負ったまま配って歩く。「焼き芋一銭、餅菓子一銭、お豆一銭という風に私たちが書いて出した。焼き芋は一銭に六つくらいあった。餅菓子が五厘のものなら二つある。他に紫蘇パン、堅パン、餡パンなどをよく頼んだ」

もと子は影の薄い先生より、はっきりとしたお手伝いの方を今でもよく覚えている。教科書よりも、「あの時のおさつや鹿の子の顔をよく覚えている」という。ちなみに、二学年あとの相馬黒光は、一部屋は10畳ぐらいで、4人の相部屋だったと証言している。

ここでもと子は授業の様子や教科の内容についてはほとんど述べていない。星野天知（てんち）が唐詩選や詩経の講義、鈴木弘恭や大和田建樹が枕草子、和歌を教えた。「会話は全然できず」というのは、英会話の授業がなかったのかもしれない。そして英書講読は『ラセラス』で「私の実力には過ぎて」いたという。これはその数年後に、夏目漱石が一高の学生相手に使った教科書である。

何よりも、生徒を感動させたのは、毎日、昼食のあとに講堂で行われる校長巖本善治の情熱的な講話だった。「時事問題あり文学あり宗教あり、その風采その能弁、才気と敬虔と、覇気と熱涙とを織り交ぜて、本当に華麗なものであった」

編集者として著名人と出会う

一方、『女学雑誌』の編集を手伝ったことで、その内容を深く理解せざるを得ず、また執筆する多くの名士を見た。「巖本先生のおつかいで、色々な人を訪ねた。当時の碩学加藤弘之博士のところへも行った。夏の日のそれも非常に暑い日だった。老博士は白い帷衣の上に、ちゃんと羽織を着て出ていらしった」

府立高女時代、帝国大学総長だった加藤が学校に来て、短い講話のあと、誰も立ち上がらないので、もと子が立ち上がってお礼の挨拶をしたこともあった。加藤は1836年の生まれ、この頃55歳である。木村や巖本と同郷、出石（いずし）藩の家老の子であった。十代で佐久間象山（ぞうざん）に洋式兵学を、また大木仲益に蘭学を学んで、幕府の蕃書調所（ばんしょしらべしょ）や開成所で教え、維新後は新政府へ出仕。啓蒙団体明六社（めいろくしゃ）に参加し、帝国大学教授から総長まで上り詰めた。使いの用件は、同郷但馬出石会の日程相談だったらしい。

「若い一人の女の子にでも、ちゃんと羽織を着て会うような、ただの几帳面以上の敬虔さが、

すべての応対に現われていることを感じた」ともと子は言う。若い心のひだの柔らかいうちに大きな人に出会っておくのは大事なことである。残念ながら、加藤は初期の天賦人権論や自由民権への共感を捨てて、だんだん国権主義者になっていくが。

　もと子がのちに『家庭之友』を創刊して、弘之の長男の医学者、加藤照麿から育児の話を聞き、また照麿夫人から家政の話を聞くことになり、明治女学校時代にできたネットワークは長く続くことになる。照麿の息子が古川家の養子になったコメディアン古川緑波（ロッパ）である。「無宗教唯物主義のお家と、それとは全然反対の立場にある私たちだけれど、各自に信ずるところに忠実な、真面目な人間同士とは、心から親しみ合い尊敬し合うことが出来るものである」。加藤弘之が亡くなった時、葬式は無宗教で行われた。

　当時の名を知られた女性たちにも巌本の使いで出会った。女子学院の矢島楫子（かじ）、跡見女学校の跡見花蹊、当時の新知識小鹿島（おがしま）筆子、浅井作子、東洋英和女学校のミセス・ラージ、田辺花圃などの名前を挙げている。

　この中で、小鹿島筆子（1861〜1944）について一言。長崎に近い大村藩士渡辺清の娘で、渡辺は維新では官軍側の司令官で活躍した。その功績により、維新後は福岡県令などを歴任、優秀な娘の筆子を東京女学校に入学させ、ウィリアム・ホイットニーの英学塾にも通わせる。筆子は流暢な英語力を買われて、オランダ全権公使長岡護美（もりよし）夫妻に随行して欧州へ向かう。1884年にエンジニアの小鹿島果（はたす）と結婚、のちの貞明皇后にフランス語を教えた。

長女に障害があり、悩んだ筆子は夫の早世後、日本初の障害児のための施設、滝乃川学園に住み込む。石井亮一園長の仕事を助け、やがて6歳下の石井と再婚、彼の亡き後も園長として子供たちを守った。日本の障害者福祉史に刻まれるべき名前である。

もう一人、田辺花圃（かほ）（1869〜1943）は幕臣田辺太一の娘で、評論家三宅雪嶺（せつれい）（雄二郎）夫人になった人。中島歌子の歌塾「萩の舎」で樋口一葉と同門、『藪の鶯』の作者で、当時盛んに小説を書いた。花圃は24歳で死んだ萩の舎の同輩、樋口一葉のようには文学史に名前を刻まれなかったが、よき夫を得て、子や孫に恵まれ、長生きした。

「時代に光っている人物というものは、一見してもいろいろな特種の床しさを持っているものであった」と、もと子は回想している。

若い教師たち

同時にその時期は、明治女学校の若い教師たちも『女学雑誌』に筆をとっていた。「一番印象の鮮かだったのは藤村さんである。お店の番頭さんのようなその風采が、その詩から受ける気持ちとあまりに違っていたからであろう」

島崎藤村には若い颯爽とした写真も残ってはいるが、もと子にはそう見えたらしい。詩集『若菜集』（1897）は明治浪漫主義の華としてベストセラーになる。一方で『破戒』『夜明け前』などの長編小説は自然主義文学とされている。

麹町にある明治女学校の人々は、日曜には寮から近い一番町教会へ行った。植村正久が牧師を務め、後の富士見町教会となった。いったいにキリスト教に近づき、牧師になったのは田村直臣、戸川残花など幕臣系の人が多い。植村も1500石の旗本の子であった。どんなに優秀でやる気があっても、薩長藩閥政府の世で官僚や軍人として出世していくことはできにくい。彼らは英学を学び、「神のもとでの平等」を訴えるキリスト教に傾いていく。植村は長老派（プレスビテリアン）、もと子が最初に通った築地美以教会とは違う派である。もと子は熱心に一番町教会に通い、植村の説教に惹きつけられたが、教義については「あまりわかってはいなかったように思う」と言っている。

というのも、この頃、もと子は「なぜ神の世界に悪魔がいるのか」という疑問が心にきざして、それに夢中になっていたからである。また、「生まれなかったらこんな面倒はなかったのではないか」と、生まれたことに感謝の念も持てなくなっていた（『半生を語る』）。

一時は日曜の午後、近くにあった島地黙雷（もくらい）の白蓮社に通って、説教を聞いたりした。島地は天保年間生まれの浄土真宗の僧侶で、ヨーロッパやインドを視察、エルサレムでは近郊のベツレヘムにキリスト生誕の地を訪ねた、視野の広い人であった。廃仏毀釈で衰退した仏教を立て直そうと新首都東京に進出、奮闘したが、この頃（1892年）、盛岡の願教寺の住職として赴任する。同じ頃、入学2年目の夏休みに羽仁もと子は故郷に帰り、再び学校には戻らなかった。

羽仁もと子といえば明治女学校出身のイメージが濃いが、だとすると1年3カ月しか在籍しなかったことになる。ほかに明治女学校で学んだ著名人として、自伝『黙移』を書いた新宿中村屋の創業者相馬黒光や作家野上弥生子が挙げられよう。それぞれ不屈の意志を持って長い一生を生きった。また美学者の夫大塚保治の留学中にここで勉強した大塚楠緒子もいた。『お百度詣』作者。早世したが、漱石の思慕の人としても知られる。

明治の日本では男は家の外に妾を置くことが民法で認められていた。これを権妻という。その時代に、明治女学校が男女平等、一夫一婦制を説き、女性の学力を上げるために奮闘したのは画期的なことである。明治女学校は女性の生き方を説いたが、女権を主張したわけではない。あくまで女性の本分は妻であり母であり、家庭こそがその主戦場であるとした。そして、妻は家庭という事業を夫と共に支える存在であった。羽仁もと子の女性観、家庭観にはこうした明治女学校の影響が大きいだろう。

明治女学校で学んだもの

１８９２年、学校は麹町区下六番町に移転。１８９４年、教師だった北村透谷が自殺。さらに１８９６年２月、失火により校舎、寄宿舎、教員住宅を失った。この直後、巌本夫人若松賤子は結核で亡くなっている。１８９６年、島崎藤村は仙台の東北学院に移る。１８９７年には、学校が市外北豊島郡巣鴨村に移転、１９０４年、巌本は校主に退き、舎監だった呉久美（統計学者呉文聰の妹、精神科医呉秀三の姉）が校長になったが、１９０８年に23年の短い歴史を閉じた。存続できなかったのはミッションスクールのように宣教師や教団の経済的支援がなかったことも一因だろう。もと子が在籍したのは1891年4月から、翌年の夏まで。

「明治女学校と巌本先生は私の恩人また恩のある学校である。また私の生涯に劃（かく）時代的な進歩を促してくれた学校である。また私はその短かった全盛時代に、そこに置かれたということも感謝すべきことである。私は今もすでに滅び去った明治女学校を忘れることができずにいる。あの爛漫（らんまん）たる才華の中に、理もあり情もありながら、生ける信仰を欠いていた。その聡明さはキリスト教思想を解していても、本気に神に仕えようとはしていなかったであろう。そのために美しい学校がとうとう魔の国へさらわれて行ってしまった」

　ここは、明治女学校を評価する際に、よく引用されるところである。後段は巌本善治への批判とみてよい。巌本は雄弁家としても教育者としても有能で、『海舟座談』の聞き書きでも知られるように、よい書き手でもあった。しかし妻の生きている頃から、女性関係の噂が絶えず、妻の死後は学園内でそうしたことが起こり、悲観して自殺した生徒もいたと、相馬黒光は『黙移』で実名を挙げている。巣鴨時代に通学した野上弥生子は自伝的小説『森』を残したが、人生の腐植土となった三大事件の一つは巌本の失脚だったと明言している。

　羽仁もと子は「思いの定まっていない私が、もしもその中にいたとしたら、その周囲の大勢から、一人でいるよりも一層困った影響を受けたかも知れない」と持って回ったいい方で結論づけている。それで、彼女は学校を去った。それでも、女性の能力を十全に伸ばす、自治的な

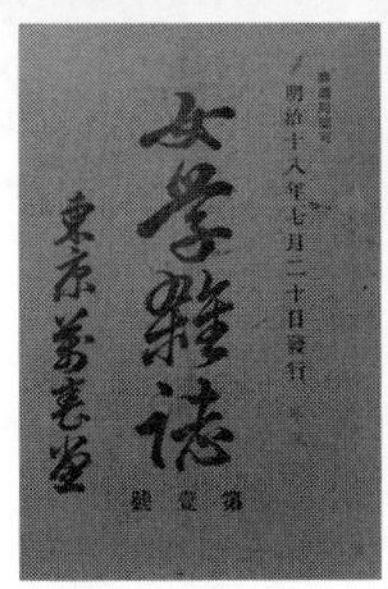

[上]麹町区下六番町時代の明治女学校、生徒と教員。左手が校舎、右奥は校長宅(青山なを著『明治女学校の研究』より)
[下左]巌本善治主宰の『女学雑誌』(1885〜1904)の創刊号。発行の趣旨は、「欧米の女権と吾国従来の女徳とを合わせて完全の模範を作り為さんとす」と書かれている
[下右]巌本善治(1863〜1942)

運営をする、という点で、もと子が明治女学校から学んだことは多かったに違いない。

現在、千代田区六番町三番地の学校跡地には「明治女学校」のプレートが設置され、「羽仁もと子、野上弥生子ら、先進的な女性を輩出した明治女学校（明治18年～41年）は、1892年（明治25年）から4年間ここにあった」と書かれている（原文のまま）。火事の後、移転先の豊島区西巣鴨2丁目14―11、高齢者施設「菊かおる園」の横にも「明治女学校跡地」の石碑が立っている。

5 最初の恋愛、結婚、離婚

羽仁もと子は、残念ながら文学的な文才の持ち主とは思えない。自伝『半生を語る』では、男女間のことも微細に書くことをせず、さっぱりしたものだ。

その点、新宿中村屋の創業者、相馬黒光の自伝『黙移』は精彩がある。1876年に格の高い仙台藩士、星家に生まれた良(りょう)というのが本名だが、祖父星雄記に可愛がられたところは、羽仁もと子とも似ている。もと子より3つ下で、宮城女学校、横浜のフェリス英和女学校を経て、1895年、下六番町時代の明治女学校に転校した。その頃、学校はもう最盛期を過ぎて、生徒は百人しかいなかったと証言している。

この自伝は、黒光の談話を詩人河井酔茗の妻、島本久恵が聞き書きしたもので、文学的な表現は島本によるものではないか。といっても島本の文章は華麗に過ぎて、やや回りくどく理解不可能なところがある。島本は『婦人之友』の初期の記者を務め、この『黙移』も1934年1月号から6月号まで、同誌に掲載されたものを元にしている。しかも、初版以来何度、版元を変えて出版されたことか。

明治女学校が「有島さんの邸の隣」というのは作家有島武郎のことだ。学校の建物はボロボロ、しかし生徒はよりぬきだったと黒光は言う。島崎藤村、北村透谷、星野天知、馬場孤蝶(こちょう)、

戸川秋骨（しゅうこつ）らが教えた。彼らは教室に入ってくると、短い祈りを捧げてから授業を始めたという。明治女学校の若き教師たちは、『女学雑誌』にも筆をとったが、校長・巌本善治のワンマン雑誌であることに不満が昂じて、1893年、独立して文芸誌『文学界』を出し、明治浪漫主義の中心になっていく。だが、これはもと子の去った後の話。

明治浪漫主義とは

明治浪漫主義とはいかなるものか。それについても、相馬黒光は書いている。

例えば『文学界』の表紙が今紫色（いまむらさき）だというので、女学生は今紫色の羽織とかリボンをつける。今紫とは、助六のはちまきのような鮮やかな紫だ。

「気障（きざ）といえば気障なようなはやりでしたが、いたって真面目な思いが若い女性にそこまでのことをさせるのでした。そういう装いをした人が立って縁の柱にもたれ、燃えるような瞳を上げて雲のひとところを見て、傍に人のいるのも忘れてオフェリアの歌を歌っているのでした」

うーむ、この少女趣味、私なら気持ち悪くてやってらんない。

この「オフェリアの歌」とは、シェイクスピアのハムレットに出てくるヒロインの歌。森鷗外の名訳で『於母影（おもかげ）』に収められた。ハムレットの愛を失ったと思ったオフェリアは精神を病み、入水して死ぬ。

　いづれを君が恋人と

わきて知るべきすべやある
貝の冠とつく杖と
はける靴とぞしるしなる

そんなだから教師と教え子の恋愛は多かった。星野天知は教え子の松井万と苦しい恋愛の末に結婚した。島崎藤村は佐藤輔（北大初代総長となった佐藤昌介の妹）を愛し、別の人に嫁がされた輔はつわりがひどくて死ぬ。黒光の頃、藤村の授業は退屈で「仕方ない、先生は燃え殻なのだもの」と言われた。藤村が最初に結婚した秦冬子も、明治女学校の卒業生だ。北村透谷には妻子があったが、斎藤冬（英文学者斎藤秀三郎の妹）は、透谷に熱中した。教室での二人の知的で緊迫したやり取りは他の介入を許さないほどだったが、皆そのことから学んだという。冬は結核を病み、1894年5月の透谷の自殺の1カ月後に故郷仙台で亡くなった。これは情熱あふれる知的葛藤とも言うべきプラトニックラブである。

そのほかにも、たくさんの才能のある女性に黒光は触れているが、時代は彼女たちに活躍の場を与えなかった。黒光は「自由学園長で婦人之友主幹の羽仁もと子先生は、この派の第一人者として、また卒業生中最も大を成した方であると思います」と記している。しかし、もと子に関する記述は『半生を語る』からの引用がほとんど、もと子が学校を去ってから黒光が転校してきたので、学校時代の姿を知らないから仕方がないのかもしれない。だが黒光はもと子に、同窓生としての共感、懐かしさは生涯持ち続けていたようである。

さて、千代田区六番町の明治女学校跡のプレートに、羽仁もと子と野上弥生子の名前はあるが、相馬黒光はない。黒光は今も盛業の「新宿中村屋」を夫の相馬愛蔵と対等平等の関係で創立し、掛け値なしの現金商売を貫いて成功、荻原碌山（ろくざん）、中村彝（つね）、中原悌二郎、柳敬助など大正期のアーティストを援助した「中村屋サロン」の女主人である。碌山の「女」のモデルであり、ウクライナの盲目の詩人エロシェンコや、インド独立の闘士ラス・ビハリ・ボースをかくまい、芸術、政治史上にも大きな仕事をしたことを書き添えておく。

この明治浪漫主義の波は、合理主義的ともいえる性格の羽仁もと子にも影響を与えずにはおかなかった。もと子は1892年の夏休みに帰郷して、そのまま明治女学校をやめた。「不思議に私はこの時のことを忘れている。どういう事情がそのまま私を郷里に引きとめたのか、どんなに考えても思い出せない」（『半生を語る』）という。帰郷してみると、下に妹、弟二人がおり、総領娘が東京にこれ以上、遊学している場合ではなかったのかもしれない。

それでもと子は正業につく道を選んだ。1893年1月、もと子は八戸尋常小学校に訓導（教員）として8月まで勤めた。ここは今の八戸市立吹上小学校である。

「私の小学校教師時代はだれた時代であった。身も心も打ち込んでするほどのこともなく、他の刺激や指導者なしに十分に考えるほどの材料を、一人ではつくり得ない時であった。私はやはり学校に帰るほうが良かったかと思われもする」

明治女学校のフレッシュで向上心の強い時代に比べれば、もと子も「燃え殻」状態だったの

かもしれない。この時、彼女はまだ20歳だ。

盛岡で教師となる

さらに同年秋に、府立高女時代の友人が結婚するので、盛岡女学校（現在の盛岡白百合学園）に後任として着任した。ここにも面白い話がある。その友だちとは野々宮きく子という人。私は樋口一葉に半井桃水を紹介した人として知っていた。きく子は桃水の妹と友人だった。一葉はすっかり様子のいい、やさしい桃水に夢中になるが、実はきく子もまた桃水を思慕し、一葉と桃水の関係をいたるところで邪魔する。じゃ、なんで紹介したの、という話だけど。府立高女を卒業した野々宮は盛岡女学校や宮城県女子師範などでも教えた。

私はある時、千葉の大多喜町を散歩していて、ばったり野々宮きく子の墓にでくわした。大正11（1922）年に亡くなっていた。「野々宮先生はお辞めになり、新(あらた)においでになったのは松岡もと子先生でした。松岡先生は野々宮先生に比して若いお嬢様風の美しい日本髪の先生でした」と盛岡白百合学園の校友会誌にあるという（斉藤道子著『羽仁もと子――生涯と思想』）。

プロテスタントの中で暮らしてきたもと子は、ここで初めて「天主教の尼さん」やカトリックの世界を知る。

「寄宿舎にいたので、尼さんの生活を見る事が出来た。尼さんたちに親切にしていただいた。かぜひきぐらいの病気でもおいしゃの尼さんが来て診てくれる。皆よい方である。しかしプロ

テスタントを信じていては天国がないから可愛そうだといわれた。学校のすぐ近くに教会があった。いろいろな時の御弥撒(ミサ)に私も度々つれて行ってもらった。夜中にはじまる天主教のクリスマス礼拝のことを、今も忘れることが出来ない」

1894年の盛岡に、修道女(スール)の医師がいたとしたら、ずいぶん早い。外国人かもしれない。盛岡は今も清々しい、こぢんまりして美しい町である。岩手県は石川啄木、宮沢賢治という偉大で薄命な詩人を生んだ。国際連盟で活躍した新渡戸稲造、爵位を受けず平民宰相として人気があったが、1921年、東京駅頭で暗殺された原敬も盛岡の出身である。

盛岡で、もと子はカトリックとプロテスタントの教義の違い、生活習慣の違いにもずいぶん考えるところがあっただろう。授業の後も寮でさまざまな話題が話し合われた「実に社会的」な明治女学校に比べ、盛岡の女学校では2時頃に生徒が帰ると、あとはまったく社会と没交渉だった。「あのように消極的に日を暮らしたことは、それ以来私の生涯にないことであった」

二階の天井の高い狭い部屋。畳敷きの壁際に寝台、北側の窓の下に大きな机。ただしこの時期、一人になって考えることができたのはよかったかもしれない。博文館の『日本文学全書』をひたすら読んだ。いつもエネルギー全開だったもと子の、唯一の静かな雌伏(しふく)の時代であった。

最初の結婚

この頃、20歳を過ぎたもと子の恋愛時代が始まり、最初の結婚をしている。当時、日本女性の結婚年齢は早く、農村では小学校を出た10代半ば、口減らしと称して結婚させられたし、嫁は農作業の労働力と見なされた。また都市の中流家庭では女学校に通わせても、卒業前に結婚が決まらないと引け目を感じ、決まらない人を「卒業顔」と呼びさえした。さらに師範学校などに行くものは、嫁の貰い手がないものと揶揄（やゆ）され、「学校顔」「師範面」などと呼ばれたと、これは大正時代から戦前に活躍したアナキスト望月百合子からじかに聞いた話である。だからこの時、すでにもと子は「適齢期」を過ぎていたことになる。当時の寿命の短さを思えば、前倒しに生きざるを得なかったこともあろう。

「その頃私の心の中に、本気に熱心に働いていたものは恋愛であった」。最初の結婚の相手は謎である。彼は「遠方の人」であった。遠く離れて住んでいても互いの思いがいよいよ熱してきて、相手は、敬愛する先輩を通して家に結婚を申し込んだが、祖父は「あの子は養子をして家に置きたい考えです」と断ったという。長女説子は、その青年とはもと子の最初に就職した八戸の小学校の同僚だというが、やや根拠が薄い。（『私の受けた家庭教育』）。たまたま東北に出張中の京都出身の鉄道関係者という説もある。よくわからない。やがて相手は京都に移転。距離の自覚が恋をますます燃え盛らせる。

しかし、そこは明敏に人を見抜くもと子である。「先方の趣味や思想が、その勤めとその住む所を移して以来、段々変わっていくことに気がついたことである。淡白なピュウリタニカルな考えから、著（いちじる）しく卑俗になって行くことである」

なのに結婚を諦めなかった。自分がそういう彼を更生させようと思ったのだろうか。一方、男の方は「長い間熱心であった結婚に、その頃になってにわかに冷淡になり、躊躇（ちゅうちょ）していることを、飾ろうとすればするほど見えすいて来るのであった」。両方の熱度の違い、タイムラグ。祖父を説得して断行した結婚は、わずか半年しか続かなかった。

もと子が著名になってから、姑と合わなかったのだ、と書かれたこともある。しかし、「私は姑と同居していなかったのだから、そういうことのありようはなかった」と本人は否定している。要するに「東北生まれの女学生は、先方のかぶれ始めている関西趣味に合わなかったのである」。

新婚の地は京都の郊外ではなかったか。「田舎関西の低級わいざつな周囲」と書いているのは、嫌なことばかりだった半年への、もと子の率直な感想だろう。当時、旧藩ごとの文化がまだ生きていた。言葉、食べ物、着るもの、住むところ、そして風習は大きく違っていた。階層によっても大きく違った。そして夫は酒を飲むようになった。それは「清らかな水の中に棲みたい小さな魚」であるクリスチャンのもと子には、理解できない世界であった。

もと子は離婚を決める。「私は死んだ気になって私の心の中にある愛を捨てることを決心した」。ここを読むと、もと子の中で、一度は愛した人への想いは一生消えなかったように思える。その人は、京都駅まで彼女を送ってきた。そして「これからあなたは世の中の多くの人に知られる人になるだろう」と窓の外から繰り返し言った。

まさにその通りになるのだが、離婚する相手にこのような言葉をかけられる人だとすれば、もと子が言うように「底のきれいな人」であったには違いない。「私はこの苦しい事件について、その当時も今も多くの恥を感じ」たと述べているが、その後の数行は持って回ったいい方でよくわからない。「相手の虫の良い手前勝手な愛情の冒涜」とはなんだろうか。もと子は最初の短い結婚についてこれしか書いていない。相手のその後への配慮もあっただろう。また結婚期間の短さと、もと子の精神の強さから、この結婚はそれほどその後の人生に影を落とさなかったのかもしれない。

これについて、唯一、語ってくれたのはもと子の孫の羽仁進さん（1928年生まれ）だった。「おばあちゃんは僕が30くらいの時に亡くなったのかな。僕はおばあちゃんに似てたんですよ。だからとても可愛がってもらって、よく話もしたし、一緒に八戸にも何回も行きました。おばあちゃんは前に1回結婚しているんですよ。でも今思えばその人がとても立派な人だった。おばあちゃんは1年もしないでご主人に『申し訳ないけど別れていただけないでしょうか。私は仕事をしていきたいんです』と言ったの。そうしたら、旦那さんも『あなたは一生仕事をしていきたい人なんですね』と納得して円満に別れてくれた。見る目が鋭かったってことだね。明治時代の男の人でそんなことを言う人はまずいませんよ」

羽仁家にそのように伝わっているとすれば、もと子の最初の結婚は円満に終わりを告げたと見てよい。

吉岡弥生の家で働く

しかし実家に帰るわけにもいかない。前の夫が東京の「自分の友人の家に、私の落ち着き場をきめてくれたのは本当の親切だった」。しかしそれは心苦しくもあり、潔くもない。自活の気持ちを固めて、もと子は1896年の暮れ、桂庵の門を叩く。桂庵とは職業斡旋所のようなもので、女性の場合、紹介先の多くは女中奉公であった。もと子がたまたま行った先が、日本の女性医師のさきがけと言うべき吉岡弥生の家である。これまた不思議な偶然だろう。

吉岡弥生は1871（明治4）年の生まれ、もと子より2つ年上。静岡県の今の掛川の漢方医鷲山家に生まれ、もと子と同じ1889年に上京し、女学生を唯一受け入れていた済生学舎（今の日本医科大学）で学び、医術開業試験に合格して日本で27番目の女性医師となった。女性医師第一号の荻野吟子は数知れぬ苦難を自力で突破して、湯島で開業。明治女学校の校医を務め、『女学雑誌』にも執筆している。荻野が年下の牧師と結婚して北海道に渡り、伝道の道を選んだことは、もと子も知っていたであろう。一方、弥生は1895年にドイツ語学校東京至誠学院を開く吉岡荒太と結婚した。どんどん人生の駒を進めてゆく。

「私のつれて行かれた所は、その頃九段下から江戸川（現・神田川）に行くあの通りの町にあった」。荒太の至誠学院と、弥生の至誠医院は道を挟んでいた。

一方、『吉岡弥生伝』（日本図書センター、1998）には「その時酒屋だとか魚屋だとか、大晦日の掛け取りが多勢押しかけてきていましたから、そういう苦しい内幕を見せてすぐ逃げ出

されてはたいへんだと思い、羽仁さんに悟られないよう早く寝かそうとして苦心惨憺したことを覚えております」とある。つまり吉岡夫妻もその時は大家でなく、事業を起こしたばかりの若く不安定な夫婦だった。

無口で働き者の台所頭がおり、ほかに黒紋付の羽織を着ていた車夫、黒目のキビキビした薬局の女性、会計もこなす女医の今村さん、吉岡家には事業の草創期の明るさと勢いがあった。「不思議なご縁とはよく人のいうことであるが、吉岡さんと私とのご縁も本当にその中の一つである」ともと子も書く。吉岡夫妻は、この新しい女中をただものではない、と即座に見抜いた。もと子は結婚と離婚の事情も話した。同情を寄せてもらい、「もっとよい仕事につくように、また世に出るようにと始終励ましていただいた」。

反対に吉岡弥生はこう見た。「女中でもなんでもして働いて身を立てて行こうとしたところに、羽仁さんの新しい人生の出発があったといえるでしょう」。しかし、女中としてはあまり役に立たなかった。食後の洗い物が山のようにたまると、それを見ただけで呑まれるのか、「仕事の方には一向手をつけず、台所の隅へはいって新聞ばかり読んでいました」「あまり仕事が捗(はかど)らないので、洗濯や雑巾がけができるかといって聞いたりしたことがあったほどでした」。吉岡がどこかで目玉焼きを覚えて教えると、それは上手にこしらえてくれた。自伝で吉岡は自分のことを「不器用」と言っているが、もと子はそれに輪を掛けて不器用だった。

もと子によれば、女中というより、書生のように扱われ、「火鉢のまわりの楽しい賑やかな

団欒(だんらん)の中に入れていただいて、お医者の世界や男の学校の世界や、また先生たちの将来の大きな希望の世界のお話などを聞いて」いた。なんと違う世界があるのだろう。北国の故郷と、関西の町と、東京のこの陽気で幸福な世界と……。

吉岡は「羽仁さんは少しも不平をいわないで、黙ってよく働いておられました。その代わり普通の家の女中にくらべてずっと自由でしたから、気の向いた時に「ちょっと鎌倉までやってくれ」と言って、円覚寺かどこかのお寺の偉い坊さんにあいに出かけたりするようなこともできたのでした」。もと子の知的探究心は継続した。

１９００年、済生学舎が方針を変え、女性の入学を拒んだので、吉岡弥生はその年のうちに東京女医学校を創立。１９１２年、それが東京女子医学専門学校になった。今の東京女子医科大学で、長らく女性の医師を輩出している。私事で恐縮だが、我が母に「私が女子医大を受けた時は、面接に吉岡弥生先生が出ていらしたのよ」と聞いた。吉岡弥生は戦争をくぐり抜けて１９５９年88歳で亡くなっているので、１９４８年頃に受験した母はこの歴史上の人物を見ていることになる。

女性医師を育てた吉岡弥生、自由学園を創立した羽仁もと子、まさにこの先駆的な二人の女性がこんな風に出会っているのが面白い。なお、吉岡は、もと子が桂庵に連れられて自家の女中になったことはその後、誰にも話さなかったという。

明治女学校は1896(明治29)年に麹町区の校舎が焼失。翌年、巣鴨村大字巣鴨660番地(現・豊島区西巣鴨2丁目14・29～31番)に移転。現在、石碑が残る

6　女性記者となる

いよいよ羽ばたく日がきた。1896（明治29）年、もと子はまだ23歳。

一足先に女性医師となり、そして女性医師養成学校を作ろうとしていた吉岡弥生はもと子への応援を惜しまなかった。女中奉公のかたわら、もと子は夫の吉岡荒太の「東京至誠学院」の看板なども書いたという。看板を任されるくらいだから達筆だったのだろう。

ある時、明治女学校の畔柳てい子先生のお嬢さん、もと子より2級下の友人に九段の中坂でばったり出会い、隣の坂に住んでいるとわかった。そのつてをたどって、女子の築地語学校（現在の雙葉学園）が小学校の先生を探していると知り、応募して採用された。吉岡家でもこれを喜んでくれ、もと子は女中の暮らしを終えて、一つ隣の冬青木坂（もちのき）にある畔柳家に下宿し、そこから築地の居留地まで通うことになった。まだ市中に市電は通っていない。市電が通るのは1903年、もと子は九段から海岸べりの居留地まで、徒歩で往復することになった。おそらく片道5キロはあり、1時間半近くかかっただろう。

だがもと子の望みは、教師ではなくジャーナリストだった。書くことだった。目指すものは、同じ頃24歳で亡くなった樋口一葉のような小説でも、若松賤子のような翻訳でもない。社会の不条理や問題点を見つけ、改良する。そうした評論や報道がしたい。雑誌なら、すでに『女学雑誌』に荻野吟子や清水紫琴が筆をとっていた。いやもっと広く、男性にも自分の書いたものが読まれ、社会に影響を与えられないものだろうか。新聞社に入り、記者になりたい。

その頃、報知新聞社は京橋区三十間堀にあった。今の銀座6丁目で、裏が広い堀だった(この堀は戦後、1948年頃、東京大空襲の焼け跡の残土処理で埋められた)。学校に通う道すがら、新聞社の前で「職業案内」をよく見た。これは報知が初めて考案した新聞募集広告である。先にやまと新聞に、校正係の募集の貼札(はりふだ)が出ていた。もと子は九段の家に帰り、大急ぎで履歴書と手紙を書き、また意気込んでやまと新聞に向かった。しかし受付係は「女はお呼びでない」というような顔つきで、「すでに決まりました」と言うのだった。もと子は悟った。今の社会では、応募するのは男に決まっていると思っている。なぜ、女が校正係になりたいのか、それをきちんと書いて持っていかなければ。

大新聞、小新聞

現在、テレビ、ラジオ、写真、映画、インターネット、SNSなどが発達して情報を得る、知らせるメディアはたくさんある。しかし、明治のその頃は新聞と雑誌という紙媒体しかなかった。江戸の頃も社会に起きた事件などを知らせる木版刷りの一枚ものの「瓦版」という新聞があった。私は40年ほど前、大坂夏の陣の際に出た大判の現物を東京大学で見たことがある。戊辰戦争の時も、速報のビラが出た。

アルファベットはたった26文字、15世紀にグーテンベルクが活版印刷機を発明し、金属活字の組み合わせでビラやパンフレット、本の印刷を始めた。42行聖書が有名だが、印刷ができるまでは聖書なども手書きの写本で、高価かつまれなものだった。開国後、横浜で居留地の外国人のためにオランダ語の新聞が出ている。日本ではアルファベットに比べ、漢字の数が多いことが印刷を困難にする原因だった。江戸時代の印刷は木版である。字も絵も職人が彫った。明治になって本木昌造が活版を開発、金属活字は社会を変える発明だった。

日本語の日刊新聞で一番早いのは、1870（明治3）年の「横浜毎日新聞」。そして1872年の2月に「東京日日新聞」（今の毎日新聞の前身）、6月に、郵便制度を作った前島密（ひそか）が「郵便報知新聞」を創刊する。これが「報知新聞」の前身だ。1874年、もと子の祖父が愛読した「朝野新聞」、1875年に「東京曙新聞」が創刊された。これら文語体で漢字が多く、天下国家を論ずる政論新聞を「大新聞（おおしんぶん）」と呼ぶ。新聞は大判で高価なものであり、政府は文明開化を進め、識字率を上げるために町なかに新聞縦覧所を設け、そこで読ませたり、時にはそれを読み聞かせる会も開かれた。

郵便報知の初期の書き手は旧幕臣の栗本鋤雲（じょうん）、古沢滋（うるう）、福澤門下の若き俊英、箕浦勝人、藤田茂吉、牛場卓蔵など。これらの多くは幕臣系の人々で、薩長藩閥政府を批判し、憲法発布、国会開設を訴え、自由民権運動に向かっていった。政府は新聞の反政府的な役割に気づき、1875年6月28日に新聞紙条例、讒謗律を制定、ジャーナリズムを弾圧し始める。

報知新聞では、創刊直後の8月30日に社説と雑報が元で、発行人岡敬孝が禁獄1カ月、罰金10円。その年暮れの28日には、主筆の藤田茂吉が禁獄1カ月、罰金200円を食らった。転んでもただでは起きない。藤田は出獄後、社説で「出獄記」を書いている。主筆が獄に入るとダメージが大きいので、いざ筆禍で捕まった時に備えて仮編集人を置くことが多かった。

1877年には矢野龍渓（りゅうけい）が入社、西南戦争が起こると犬養毅による従軍ルポ「戦地直報」を載せた。のちに首相となる原敬も入社。1878年には、大隈重信が報知新聞と提携する。

1880年には、国会開設に備え、選挙に出馬のため犬養、牛場が退社、代わって1881年には尾崎行雄が入社。こう見ると政治の世界でも大変なビッグネームばかりである。ジャーナリストから国会議員になる人は、今は少ないが当時は多かった。

報知新聞の改革

大隈重信が1881年の政変で下野し立憲改進党結成後、報知新聞はその機関紙のようになっていく。やがて政論新聞、政党機関紙では新聞が保たなくなる。その頃、大（おお）新聞とは別種の小（こ）新聞というのができた。1879年に大阪で創刊された「朝日新聞」もその一つ。これは政論よりも、もっと庶民の暮らしによりそい、総ルビ付きのやさしい文章で、巷の事件や娯楽を扱って好奇心を煽り、部数を伸ばしていた。

1880年代になると、報知新聞は政治上の事件取材のために、清国に記者を派遣する一方、

社長の矢野龍渓は2年にわたりヨーロッパを視察、かの地の新聞事業に多くを学んで帰ってきた。新聞の大衆化、経営の合理化、事業化を図らねばならない。そこで一部4銭、月極め83銭だった購読料を、一部1銭5厘、月極め30銭まで下げてしまった。

１８８６年に三木善八が、販売担当として入社、ブランケット判と呼ばれる大きな新聞を、手ごろなタブロイド判（２７３×４０６㎜）に縮小した。さらに、記事には見出しをつける、漢字は減らす、ふり仮名を振る、やさしい文章にする、小説、紀行文、和歌や俳句も載せる。以上の工夫と経営改革をして、報知新聞は部数を伸ばしていく。

１８９４年に日清戦争が始まると戦時記事が多くなった。毎日の新聞は6ページになった。この頃、村井弦斎、松居松葉の小説がヒットし、篠田鑛造が入社して探偵記者を名乗り、いわゆる社会面の記事を書く。このように、さまざまな改革を打ち出して、報知新聞は生き延びるのだが、１８９８年に、新聞に「職業案内」と称して、人材募集広告を出したのは画期的だった（年代は「報知新聞社史」による）。それを見て、松岡もと子は応募したのである。

もと子、校正係となる

やまと新聞の校正係応募に失敗した後、「それから一週間も経たないうちに報知新聞の職業欄に、同社で校正係の入用なことが出ていた。私は夢のようにとび上がって、すぐと報知新聞社の中にはいって行った」と『半生を語る』にある。朝のうちでまだ受付もいなくて、男が出てきた。「あんたですか。校正は男ですよ」と言われ、「頼まれて来たのです。係りの方に上げて下さい」ともと子は一世一代の嘘をついた。これが正直者の江戸っ子の小使頭、文さんとの出会いだった。最初に会ったのは、『幕末百話』『明治百話』などの聞き書きで知られる篠田鑛造という説もある。

翌日、報知新聞からハガキがついた。午前、何時までに来いという。「私は嬉しかった」。少なくとも門前払いではない。行ってみると汚い二階の応接間には数人の男が待っていた。競争相手である。面接が終わって一人一人帰っていく。もと子は最後だった。「何を聞かれたか、ちっとも今は覚えていない。ただ私の履歴書も手紙もよく読まれて、十分の同情をもって考えられていることを直感した」。求めよ、さらば与えられん。意思のあるところに道は開ける。そこに至るにはいろんな方法がある。もと子は諦めないことを覚えた。

新聞社は記者だけでできてはいない。その書く記事を待ち構えて、原稿整理をしたり、見出しを付けたり、入稿したり、印刷したり、配達したり。たくさんの仕事がある。ほかに総務部、事業部などもある。

もと子の場合。「とにかく今日一日校正でもやってごらんなさいと、すぐと直(じ)きその隣になっている編集局の一部の、校正の机の所に連れて行かれた」

そこには無愛想な責任者がいた。津田さんというその人が、ゲラ刷りをもと子の前に押しやった。もと子はそれを一心に校正した。校正は『女学雑誌』で慣れている。「新聞に出る前

の記事を読むのも面白かった」。１８９７年、明治30年のこと、なんと落ち着いた24歳だろう。夕方になると「今日はもうお帰りなさい。明日十時頃においでなさい。あなたを頼むことになるでしょう」とその無愛想な人が、ちょっとにっこりして言った。

翌日、10時に社に行って仕事をしていると、応接間に呼ばれた。そこにいたのは例の三木善八。「長い間報知社の社主であった新聞界の名将」ともと子は書いているが、先に見た通り、報知で思いつく限り、あらゆる改革をして、部数を押し上げた功労者である。

「あなたはえらい。津田さんは、男にもはじめからあんなに確かに校正の出来るものはないといった。それできょうからあなたを採用します。編集局に婦人は一人もいないのだから、気をつけてしっかりしなくてはならない」。その三木の言葉をもと子は生涯忘れなかった。主筆は田川大吉郎で、「初対面であるのに本当に頼もしいお父様のよう」だった。

最初に面接したのは、頼母木（たのもぎ）桂吉で、おそらく「小使頭の文さん」にもと子が渡した応募の手紙を読んで、「これは面白いと興味を持ってくれた」人。頼母木はのちに代議士や東京市長を務める。夫人駒子は東京音楽学校でヴァイオリンを教えている職業婦人だった。

「ちゃんとやれるなら婦人でも差し支えないはず」と支持したのは田川大吉郎、三木は彼を「若いけれども立派な人物だ」と評した。さらに、校正担当の無愛想な津田が、社主に聞かれて、「感情をさしはさまずに本当によく私を紹介して下さった」。

つまり当時の報知には、女性が応募してきたのにはびっくりしたものの、「仕事ができるなら女性で構わない」と判断できる差別心のない男性たちが揃っていたということだ。彼らの方でもまた、もと子の媚びも雑念もない、知的好奇心の強い姿に、同僚とするに足る資質を認めたのであろう。もと子はまだ小学校の教員であり、代わりが見つかるまで、午前中は下の組を教え、午後から報知新聞社に通うようになった。築地の小学校から三十間堀の新聞社まで、近かったのが幸いだった。

その頃の新聞社は今のように巨大でなく、編集局の隣が金網で仕切られて、すぐ印刷工場だった。職工たちが「動物園に女が来た」と言っているのが聞こえる。向こうから見れば編集局が檻の中だ。女性社員は物珍しく、興味と揶揄の対象になったが、もと子の仕事に励む姿を見、編集局内の男性たちの彼女への紳士的な態度に感化され、職工たちもそれを見習うようになった。

記者への転身

報知新聞は三木善八が、マリノニ式輪転機を導入してから、効率的に印刷できるようになった。しかし隣が工場では、どんなにうるさい中で校正の仕事をしたのか想像にあまりある。それでも、あこがれの新聞社に入社できて、有頂天なもと子はそんなことは気にならなかった。

ちなみに、羽仁もと子を日本初の女性新聞記者としている資料が多いが、そうではない。国民新聞に竹越竹代がインタビュー記事などを書いたのは1890年で、もと子より7年早い。

1870年に岡山に生まれたクリスチャンで、年齢は3歳上。竹越与三郎と結婚して、夫婦で徳富蘇峰の民友社に招かれ、「国民新聞」の創刊に関わった。ある意味、夫が招かれたのでそのつてで記者となったという特殊性がある。竹越竹代は2年ほど記者を務めたのち、日本キリスト教婦人矯風会の幹部に転じた。が、夫が国会議員、枢密顧問官などの要職にあったため、その内助に終わって、文筆家としては名をなしていない。羽仁もと子は公募で入社した初の女性であり、そのジャーナリストとしての活動期間は長かった。

その頃、「夫人の素顔」という読み物が連載されて評判になっていた。名流夫人（という言葉は嫌だが、いわゆる知名人士の妻）の逸話や日常生活の特色が書いてあった。今のようにアイドルとかタレントがいない時代、名の知れた人の妻や、あるいは芸者などがスターとして新聞雑誌に登場し、女性のライフスタイルのモデルを作った。

1904年、もと子の退社後だが、報知新聞は、元芸者で、のちに女優になった川上貞奴の写真を掲載、これが最初の新聞写真だった。その前は画家に絵を描かせ、それを石版にして刷っていたのである。

もと子も「私もどうかしてあいうものを書いてみたい」と思った。そこで東京府高等女学校の教師星常子（旧姓片岡）が谷干城家の家庭教師をしていたのを思い出し、星先生の紹介状をもらって訪ねた。行動的である。谷干城は土佐藩士で、幕末は勤王の志士として動き、坂本龍馬の暗殺現場へも駆けつけた。維新後、兵略の巧みな陸軍軍人として西南戦争の熊本籠城で功を挙げた。有名な硬骨漢で、軍人でありながら軍拡には反対だった。政治家となってからは、開拓使官有物払下げ事件などで薩長藩閥政府と対立し、足尾銅山鉱毒事件の被害者救済にも動いた。妻の玖満子（くまこ）はこれまた質素で、自分で機織りまでするよく働く人だった。このインタビューを記事にまとめて、担当の増田に見せたところ採用され、もと子は校正係から念願の記者になった。

国会図書館で複写した古いこの記事「谷子爵夫人の養蚕談」は、１８９７年７月４日と６日の一面を飾った。日清戦争で戦時経済が勃興し、戦争成金も出て、暮らしは奢侈に流れる傾向にあった。「顕貴（けんき）の身（み）を以（も）って粗衣粗食（そいそしょく）に甘（あま）んじひたすら勤倹（きんけん）これ努（つと）むるものを谷子爵夫人玖満子（くまこ）とす」。以下、記事が文語文なので口語で大略を記す。

谷夫人の特技は養蚕（ようさん）である。養蚕は日本古来の産業で、外貨獲得の源泉でもある。英照皇太后（孝明天皇の急逝により皇后を経ず皇太后に）が青山御所で養蚕を率先垂範する中、谷子爵夫人の養蚕も世に伝える価値があると前置きする。そのあとの訪問記事は大変具体的で、資料性がある。

邸は牛込区市ヶ谷町二丁目。記者（もと子）が８畳の応接間に通されると、一方の壁には洋書が並び、もう一方には第四回内国勧業博覧会に夫人が出品した小石丸という繭糸の褒状など、また楠木正成の「桜井の別れ」の石版画がかかっている。庭はとみれば、小さな池を隔てて老松と百日紅（さるすべり）の木。月見草や白百合などが植えられている。

現れた夫人、年は54歳、綿服で、髪は引っ詰め。「この頃は孫が四人ほど麻疹で臥せって居りますのでコナイに髪を束ねて失礼しております」という。養蚕について尋ねると「繭を飼うとは子供の時から好きでありまして、国の母が致します側に居て七ツ八ツ位の折から機を織らせと云ってせがみますので……十一の時から稽古しました」との答え。

以前、夫が大臣をしていた頃は人手もあったが、「浪人を致しましてからは娘と私ばかりで致しちょるので、今ではホンの僅かばかり飼って居ります」と土佐弁を交える。生産量3石、種紙（蚕の種を産みつけた台紙、農家ではこれを買って蚕を育てた）3枚分という。夫は蚕の餌となる桑より他の木を植えたがる。娘も習い事があり、今は工女を雇って養蚕室で糸を採らせている、とのこと。

品種は「小石丸が一番飼いよい」が、土佐の鬼絞りという品種も種を取り寄せて一時は「谷の鬼絞り」といって名高かった。ほかにも西ヶ原の養蚕所から白玉、又昔、青熟、山梨の小石丸と計6種飼っている。その光沢のある繭を全種類見せてくれた。さらに養蚕室に誘う。養蚕室は間口五間半、奥行き四間半、三層で明治19年の建築という。前には桑畑があり、背後は崖で三階からの眺めはすばらしい。3人の少女が糸を無心に採る。ほとんどを京都の西陣に送り、余った節糸で谷夫人は自ら夫と家族の衣服を織るとのことである。

記者であるもと子は感心して、朝に化粧をし、夕べに贅沢をする華族夫人が多いなか、「谷夫人を見るに純然土佐気質を脱せず」「令孫と合わせて八人の児女を教育愛撫し家政を執る」

うえに養蚕までするのは実に偉いものだ、と結んでいる。

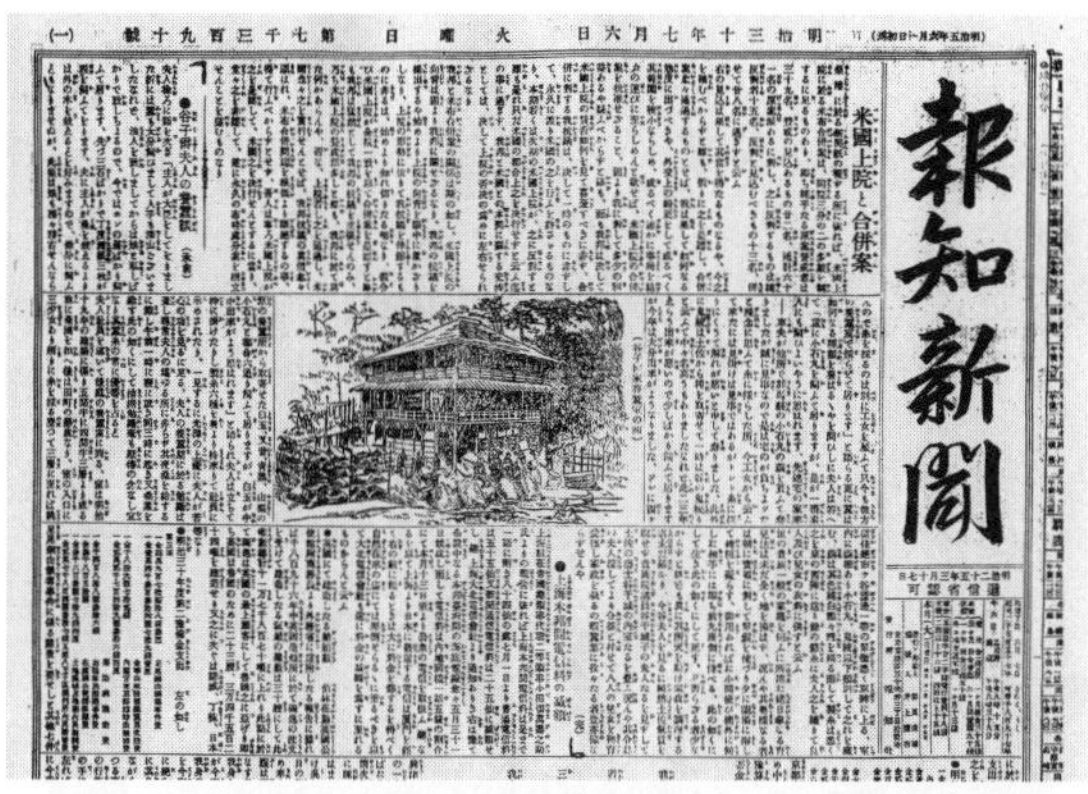

報知新聞

［上］明治30年7月6日、もと子の記事の載った報知新聞一面。「谷子爵夫人の養蚕談」後編、谷子爵家の養蚕室の図入り
［下］京橋区三十間堀にあった報知新聞社　『日本之名勝』1900年発行より／ndijp

7　岡山孤児院と西有穆山、そして再婚

この頃の記者生活を、もと子は「苦労が私を囚(とら)えるよりも、いつでも希望が近くに私を待っていた」と書いている。彼女は校正係から正式に記者になった。もと子の活躍は報知新聞の開明性、進歩性をうかがわせ、炯眼(けいがん)の三木社主は女性記者の持つ話題性も狙ったのだろう。この頃、報知は、職業案内以外にも、囲碁や将棋欄の充実、シベリア単騎横断の福島安正中佐を迎えに行き独占インタビュー、講道館を開いた柔道の嘉納治五郎の講演速記の掲載、不忍池周辺20時間競走など、ユニークな企画を次々と打っていた。

岡山孤児院を訪ねて

1899年4月16日からの「岡山孤児院」も、もと子の筆だ。岡山に孤児院を作ったのは、日向(ひゅうが)高鍋の人、石井十次である。記事は文語体で難しいので、その大概を述べよう。「4月14日に岡山から音楽隊が新橋に到着。年齢もバラバラで、服装も粗末だが、大日本婦人教育会は昨日、華族学校で音楽会を催した」

石井は「慶応元年生まれ、曲折の末、医学を志したが、困窮した巡礼の女性から二人の子供を預かったのを機に、イギリスのブリストルに孤児院を開いたジョージ・ミュラーにならい、

孤児院を岡山に開いた。現在、全国からの四百七十五人の子供がいる」。障害があったり、ハンセン病に罹っている孤児も多く、当時、救済の場は少なかった。キリスト教に基づく活動で、もと子も親近感を持ったのであろう。

石井の事業を助けたのは、倉敷紡績の大原孫三郎、またのちのライオン油脂の小林富次郎だった。彼らは会社創業者や二代目であるが、その利潤を貧しい人々、恵まれない人々に還元した。小林は弓町本郷教会の海老名弾正（だんじょう）を支えた人で、熱心なクリスチャン。大原孫三郎は、倉敷紡績の労働者が文化に触れられるよう児島虎次郎に依頼して洋画を集め、それが今の大原美術館となっている。彼らのほかにも、外国人、日本人の多くの人がそれぞれ孤児院のために貧者の一灯を捧げた。

しかし石井は「寄付に頼ることなく、孤児の自立を目指し、印刷部、理髪部、機織部、農業部、精米所などを立ち上げて働く場所を作った」と記事に言う。ただ、食べるために働くのではない。生活力をつけるのだ。「敷地内に、小学校を作り10から15歳のものを教え、それ以上の年齢のものには夜学校がある。毎朝集会を行って、礼拝、説教、報告などをなし、家族的親交を温める。毎土曜日に会堂で演説会か音楽会を催す。学才のあるものには高等学校に進ませる。現在6人いる」

もと子の筆は具体的で、孤児院への入り方、寄付の仕方まで記している。「あはれ記事を読む者の中に一人にても賛助者の起らんことは報知記者の願いとする所なり」と結んでいる。石

井十次は1914年に48歳で亡くなったが、岡山孤児院は彼の生誕地の宮崎高鍋で石井記念友愛社として受け継がれ、現在も存続する。大阪では、大原孫三郎が尽力して作った石井記念愛染園（あいぜん）が今も保育園、病院、特別養護老人ホームなどを経営している。

さらに報知新聞5月13日から、川端しげの、山本まつ、藤木重樹、矢野岸代という4人の「哀れなる孤児の身の上」が連載される。やや美文調だが、捨て子を拾った人が岡山孤児院までその子を届けた話、ゴロツキの男との間に子供を産んで困っているところを石井に助けられた話など、悲惨な来歴が語られる。当時、日本は今よりはるかに貧しく、産児調節の方法もなく中絶も認められていない。生まれた子を養子や里子に出す、捨てる、もらい子を花街や遊郭に売ることは多かった。

この取材も、もと子にとっては、健全な家庭、夫婦関係、親子関係とは何かを考えるきっかけになっただろう。この頃、貴族院議長官舎に近衛篤麿を訪ねた時、「あなたですか、岡山孤児院を書いているのは。今までの新聞に珍しいああいう記事を女性の筆で書くことは良いことだ」と評価された。五摂家の一つ近衛家に生まれた篤麿はドイツの大学で学び、藩閥政治に抵抗したが、42歳で没。近衛文麿、秀麿の父である。ノブレス・オブリージュを自覚した開明的な華族であった。

同郷の西有穆山に癒される

１８９９年の8月25日から、もと子は郷里、八戸湊村出身の西有穆山についての訪問記事を書いている。本名を笹本万吉といい、１８２１年生まれ、もと子よりも50歳以上年長である。「徳行と逸事に富んだ方であった」と『半生を語る』に言う。もと子は子供の頃、八戸に帰った穆山を、群衆の中で伸び上がって見たこともあった。今、老師がどこにいるのかを探し歩き、静岡の島田の奥の静かなお寺に病後の体を養っていると知った。社主の三木に取材を願い出て許された。しかし、社のパスを持っていくにも、女性であれば偽物と思われるので、わざわざ「本当の記者である」という証明まで書いてもらった。記事によれば、「穆山は血色も良く、歯も自前で耳もよく聞こえ、目もよく、品位と慈愛に満ち溢れた様子であった」。

その生い立ちを聞く。貧しい豆腐屋の長男に生まれ、父は仏の長次郎といわれるほど情け深く、寒い中、体を温めるように乞食に酒を恵むような人だった。母は信心深く、息子を菩提寺に連れて行き、万吉は子供心に天国と地獄や、仏の心に関心を持った。数え13歳で故郷八戸の長流寺で得度、金英（のちに瑾英）という名をもらう。天保の飢饉（１８３３〜１８３６）でひもじさを経験し、空腹に耐えられるようになった。

19歳の時、都に上って勉強がしたい一心で、帆船に乗せてもらって仙台へ、また1年後、10日歩いて当時の江戸は駒込の栴檀林（吉祥寺）の学寮に入った。衣すら買えず、托鉢でしのぐ。近くに竹菴という儒者がいて、暑い盛りは裸で講義をしたが、袷しかない金英は汗びっしょりであった。袷を洗濯して干す間、着る物がなく大きな風呂敷を羽織っていたという。

さらに小田原の、辛辣・狷介で聞こえた月潭（げったん）という高僧のもとで12年間、辛酸を嘗（な）め尽くした。こうして北海道で教誨師、旃檀林の副校長、権大僧正にまで上る。引退して島田の伝心寺に静かに暮らしていた。「人は命が第一だから常に慎んで体を濫（みだ）りに扱ってはならぬ、四十迄学問すると分別も出来てくるから人の為めになることができる、六十を超えるとまた信用が身についてくるからのう」（9月7日付）と穆山は言った。これも、もと子の心に響く言葉であった。

インタビューの1回ごとの字数はそう多くはなく、9回断続的に連載され、通しのタイトルもない。全体に美文調の文語の地の文に、たまに穆山の言葉が引用されるというもので、事実確認、いわゆる「裏取り」をしたかどうかは確かではない。同じページには「横浜三人殺しのミラーの護送」とか、「千住女房殺しの詳報」なども載っており、まさにこれは社会面の「三面記事」の中の一つで、恐怖を煽る陰惨な事件ものよりは、人の心を落ち着かせただろう。

10日付「穆山和尚の行状」で興味深いのは、「穆山和尚は今でこそ円満無限の境地にあるが、若い頃はなかなかの負けず嫌いのわんぱくだった。しかし、「孝は百行のもと」と心得ていた。病気になったら親が心配するだろう、過ちがあったら親に難儀をかけるだろうと、常に親というものを忘れなければ人間にたいした過ちが起こるものではない」。これも、もと子が深く心に留めた一言だった。

「また穆山は十三歳で出家してから七十九の今まで一度も肉を口にしたことはない。病気をして医者に勧められ、牛乳を飲んだら嘔吐を催したくらいである」ともと子は書く。「英国には

ヴェジテリアンソサイヤテーと言って、肉類を絶ち、もっぱら穀物野菜菓物等のみ食する会ありと聞く」。これは菜食主義の初期の紹介として興味深い。貪らない。殺生をしない。それを貫いた穆山の清らかな生涯をたたえている。

連載の最後では「仕事に取りつく前に何か心にかかる事でもあったら、頭の中に兼ねてこしらえて置く広い野原に追いやって、心を清涼（さっぱり）と掃除して偖（さて）その仕事をはじめるのだ。一心に勉（つと）めて疲れたら止すがいい。こういう心掛けでたゆまずに年月を重ねる間にいつか立派なものになる」という穆山の言葉を引いている。

取材の背景が、もと子の『半生を語る』にある。静岡に手紙を出して穆山を訪ねた折、「その方が手紙を見て待っていたといって、唯（ただ）のおじいさんのように打ちとけて、本当に行届いた親切をもって話したり尋ねたりして下さった時、どんなに嬉しかったか」と、もと子は書いている。

希望が叶って婦人記者になれたものの、この頃、もと子には先の離婚が心に引っかかっていた。今でこそ結婚の3分の1以上が離婚に至り、バツイチと表現も軽くなったが、当時、離婚者は人生の敗残者のように見られた。「三年子なきは去る」というように、男の側から離縁されることが多く、もと子のように女の側から自立を願っての離婚は珍しい。もと子は表面上、悩みがない風に装って、報知新聞という男社会の中で働き、闘っていたが、心の奥深くで離婚の傷は癒えてはいなかった。

もと子は静岡で檀家の家に泊めてもらい、3日間、寺に通って老師の話を聞いた。日が暮れて帰る時には、お坊さんが提灯をともして送ってくれた。穆山のへだてのない応対、ありのままの述懐、寺という清浄な環境は、もと子に本当の休息を与えた。

そして、西有穆山が大勢の子供を育てた母に対して変わらぬ思慕と同情を持っていることに、もと子は感じ入った。「女は大切なものだと何度もいわれた」。家庭を持たず、女性と交わらない高僧が、母という存在をこれほど大事にしていることに驚かされた。その2年後、老師は再び宗派に呼び戻され、曹洞宗(そうとう)の本山、鶴見総持寺の管長という最高位に就いた。

もと子はこの取材を通じて、自分の中に影を落とす離婚の一件を心の中から追いやることができ、気持ちが明るくなった。そして東京に戻ると、慶應義塾を志望して八戸から上京した弟松岡正男と、芝の静かな日当たりのよい二階に間借りし、姉弟で落ち着いて楽しく暮らすようになった。ちなみに松岡正男は慶應義塾の蹴球部（ラグビー）の草創期のメンバーである。

この頃、もと子の中には出家の望みもあったらしい。それは「一人暮らしの寂しさと功名心のなせる技ではなかったか」と回想している。穆山は故郷八戸に帰った時に、もと子の祖父に、孫の望みについて話したという。祖父は「今まで孫のやりたいようにさせてきたが、そればかりは考え直すように言ってください」と反対した。

穆山はもと子に期待し、講話や祈りの席に招き、いろんな人を紹介してくれた。その中の一人が倫理学者でリベラリストの宮田脩(しゅう)、もと子より1歳若く、1899（明治32）年に創立さ

れた成女高等女学校の三代目校長となった人物で、良妻賢母でなく、自立する女性を育てようとしていた。成女学園は、劇作家岡田八千代、評論家望月百合子、社会活動家近藤真柄などを輩出した。もと子は「私は宮田さんでどんなにお世話になったか知れない」と書いている。

以上の記事は星川清子のペンネームで書いたが、吉岡弥生や明治女学校の畔柳先生など、もと子の執筆だと知る人はみな喜んでくれた。また、警察からの事件報道にも携わったが、女性の立場から書くと全く別の様相を呈することがわかった。ほかに1902年3月からはもと子が提案した「不幸女会」という身の不幸を嘆く女性のミーティングも人気を集めた。自分の悩みをみんなに話すことで自己を立て直す解決方法を探り、心の安定を得る、「当事者研究」「セルフヘルプ活動」などに近いように思う。

羽仁吉一の入社

1900（明治33）年2月、羽仁吉一が報知新聞に入社した。羽仁吉一はもと子より7歳年下の満19歳、入社記念の写真を見ると、整った顔立ちで、大人びて見える。彼と会った人はその悠揚迫らざる態度から、実際より年上に感じたという。

彼は1880（明治13）年に山口県佐波郡三田尻村に生まれた。今の防府市のうちである。生涯、自分について多くを語らなかった羽仁吉一の家系や経歴については、笠原芳光氏の「羽仁吉一の先祖と郷里」（「キリスト教社会問題研究」1981）があり、自由学園前学園長高橋和

也氏の「羽仁吉一先生の若き日々」（2016年改訂版）がある。

笠原氏によれば、羽仁家は長州毛利家の下級武士といわれてきたが、直臣や陪臣の名簿にも出てこず、瀬戸内海の平郡島（今の柳井市）出身ではないかという。平郡島に笠原氏が赴くと羽仁という地名があり、羽仁保育園もあったが、寺の過去帳などに吉一の先祖らしい人は見当たらなかった。先祖が三田尻に出るにあたって、出身地の地名を姓にした可能性がある。笠原氏は戸籍を当たって吉一の父は鶴助、母はイヨ、祖父は柳助、祖母は夕子、曽祖父は政六、ということをつきとめ、それぞれの生没年も確かめている。三田尻は関ヶ原の戦い以降、港が開け海上交易で栄えた。

一方、自由学園の高橋氏は三田尻（羽仁吉一が生まれたのは現在の一丁目10番地）を、「毛利水軍御船手組の本拠地、御舟倉の周囲に作られた町」としている。どういう経緯でか、瀬戸内の島から出てきた羽仁家の先祖が、毛利の家臣になったのらしい。吉一が7歳になるまで生きていた祖父の柳助は漢学に優れ、父の鶴助は維新後、防府にあった藩主の隠居所、三田尻御茶屋の中の茶室花月楼で、毛利家の人々にお茶やお花を教えたと伝わる。

吉一は藩の三田尻講習堂から発展した村立華浦尋常小学校で4年間学び、明治22年に卒業。1年のブランクの後、10歳で私立周陽学舎（現在の山口県立防府高校）に入学、今川岳南に学ぶ。今川は大分日田の広瀬淡窓の咸宜園の流れをくむ漢学者だった。咸宜園は高野長英や大村益次郎を出した私塾で、緒方洪庵の適塾や吉田松陰の松下村塾とともに知られている。実力主義、

7 岡山孤児院と西有穆山、そして再婚

塾主との共同生活、生活力の鍛錬など、後の自由学園の経営に影響を与えたのではないかと、高橋氏は言う。吉一は娘の説子に「小さい時は四書五経を読んだ。読むものがないと襖の下張りを読んだ」と言っている。当時、書物もなかなか手に入らず、吉一の漢学の素養は祖父と師から受け継いだものらしい。のちに自由学園で、彼は漢詩を教えた。吉一はクリスチャンであったが同時に漢学や儒教に関する素養が豊かであった。

明治26年、3年学んだ周陽学舎を中退。理由ははっきりしない。島本久恵は「政治論文を書いたために退学になった」という。故郷では、経済的理由とも伝わっている。その後、学友たちと同人誌『学華雑誌』を発行したり、地方新聞に寄稿したともあるが、はっきりしない。早くから文をもって身を立てたいと思っていたのは確かである。

明治29年には15歳で、柏木幸助を社主とする「防長実業新聞」の創刊に携わり編集に従事した。この社主は面白い人で、1856（安政3）年生まれ、科学に興味を持ち、19歳で赤燐を木の軸につけた安全マッチを発明、その後も体温計の商品化、消化酵素ジアスターゼの一種を発見したりした。

とはいえ羽仁吉一が在籍したのは1年そこそこで、明治31年頃に上京。この時、梶山升二郎という運送業と米問屋を営む人が、「若い将来性のある青年を集めて勉強会やキリスト教の伝道集会も行っていた。上京に当たっても経済的な支援をした」（高橋和也氏による遺族聞き取り）とのこと。「若さを隠すためにいつも少し眉にしわを寄せ、もったいぶっているところにも、

あの時代の気取りを見せる写真がうちにもいくつかあります」と説子は言う。

矢野龍渓の書生となり、矢野が報知新聞の元社長であったことから、「報知新聞」に入社してもと子の前に姿を現す。新聞は草創の激動期でもあり、新聞記者は学歴に関係なく、実力主義の時代だった。当時の社主は三木善八、社長は箕浦勝人、もと子は『半生を語る』に「羽仁は私より後に報知社に来た。そうしてやはり三木さんにほめられた」と書いている。島本久恵の『花と松柏』は記者としての吉一を「多くの文字を弄さないで、問題の中枢に触れ、的確に掴んで、しかもそれを簡潔に処理して出してくるところがある」と評価している。

独身時代の吉一は銀座の煙草屋の二階に下宿し、「店の婆さんに先渡しをして掃除や洗濯を頼んだ。あとのお金で、月の初めは寿司や天ぷらを食べ、酒も煙草も飲む。懐が寒くなってくると月末はそば一杯がやっとだった」と3時の茶飲み話に島本久恵に語ったそうである。

ここで社主矢野龍渓について一言述べておきたい。政治小説『経国美談』の著者として高校の教科書にも出てくる矢野龍渓は、大分佐伯藩士の息子で１８５１（嘉永4）年生まれ。佐伯藩は防府と同じく毛利家であり、矢野は広瀬淡窓の弟子の秋月橘門、帆足万里に学んだことからも、羽仁にとっては筋の近い、頼るべき人であったろう。

矢野の経歴も多彩だ。維新後、慶應義塾へ入り、卒業後講師を勤める。私擬憲法を起草、１８８１年「郵便報知新聞」を買収、社主となる。１８８０年代には新聞事業視察のため2年も欧米に行ったり、かと思うと一時期新聞から足を洗って、宮内省に入り、明治天皇の侍従、式部官になったり、日清戦争後は大隈重信に請われて清国特命公使になっている。

ちょうど羽仁吉一が報知新聞に入った頃、矢野龍渓は社会主義に興味を持ち、1901年には、「平民病院」の医師・加藤時次郎やクリスチャンの記者・田川大吉郎と「社会問題研究会」を組織、自ら社会主義者であることを標榜し、ユートピア小説『新社會』を書くに至る。これはまだ、ロシア革命が起こり、現実の社会主義国家というものを見る前の話だが、貧富の格差、資本家の搾取が問題だと矢野は考えていた。

さて、吉一自筆の履歴書によると、入社翌年の1901年、吉一は20歳で報知新聞編集長に

[上]1900(明治33)年頃の松岡もと子
[下]1900(明治33)年、報知新聞入社3カ月後、20歳の羽仁吉一

なった。当時は編集長の上に編集総理が置かれ、この時の総理は人気作家でもある村井弦斎（『食道楽』の著者）だった。編集長というのがどんな役職か、全体で何人記者がいたのかもわからない。河井酔茗、平福百穂、寒川鼠骨らが当時、吉一の同僚であったようだ。

その年の12月、吉一ともと子は結婚。社内恋愛はご法度という規則はなかっただろうが、当時の暗黙の規範だった。島本久恵は「女性記者は他にいなかったし、会社としては当事者を放置しておくわけにいかなかった」と言う。もと子は退社、吉一は同系列の越後「高田新聞」に左遷されることになる。もと子は「私の愛と志の同時に許される時が来た」と書いており、結婚について世話になった人として、三木善八夫人、北川幾之助、上島長久の3人を挙げている。処分はされたが、二人の結婚そのものは社の関係者にも祝福されたと言ってよいのだろう。もと子は報知新聞社に4年ほど在籍したことになる。

二人の恋愛は、もと子の方が熱を上げたという説が有力だが、吉一にとっても、もと子は瞠目すべき、自立したユニークな女性であったに違いない。彼らは真摯に慎重に生涯の伴侶を選び、結果としては全く違う資質を相補って生涯の協働事業を進めることになる。

当時、女性の方が7歳年長という夫婦は少なく、娘の説子は母に年を聞いた時、母はすまして、「猫の年だよ」と答えたという。大きくなって猫が十二支にないことを知り、母に一杯食わされたと悟った。二人は独立独歩であり、結婚やその後の生活についても遠い故郷の親たちが口をはさむ気遣いはなかった。

8『家庭之友』創刊

報知新聞を揺るがした、と同僚の篠田鑛造が表現した1901（明治34）年12月の結婚の結果、吉一は新潟県の「高田新聞」の主筆兼編集長に転勤させられた。高田新聞は1883年創刊、上越地方で最初の日刊紙であるが、赴任してみると、記者は吉一1人しかいなかった。もと子の方は退社したが、この時、上越まで同行していない。しかし「もと子」名で遠隔寄稿はした。「父さんは高田で雪に埋もれている正月を、こっちは山脇さんのカルタ会でよく夜が更けた。私でもなかなか上手に取ってたっけが」というもと子ののんきな言葉を、島本久恵は聞いている。山脇さんとは、山脇房子。のちの山脇高等女学校校長で、愛国婦人会の発起人で人脈の広い人であった。

もと子は結婚当初、芝区三田四国町に住んでいた。今の港区芝2〜5丁目あたり、増上寺の南側である。これはもと子が熱心に勧めて弟の松岡正男を慶應義塾に入れたため、その世話をする必要もあったのかもしれない。もと子の方は「大日本婦人教育会」に勤務、機関紙の編集に携わった。毛利公爵夫人を会頭とする貞操淑徳を啓蒙する団体だった。

翌年、羽仁吉一は半年で「高田新聞」を辞めて東京に戻り、一時期「読売新聞」に、さらに「電報新聞」（1903年創刊）に勤め、編集長となった。この新聞は1906年12月に「毎日

電報」と紙名を変えるが、翌年6月には、ここも退社している。二人とも再就職口があり、能力は買われていたようだが、結婚からの日々は、ジャーナリストとしての使命感を持ちながら、生活のための仕事に取り組む怒涛のような日々ではなかったか。

1903（明治36）年4月3日、羽仁夫妻は『家庭之友』を創刊、新しい仕事を作り出す。

『家庭之友』の時代

婦人之友社に残されている古いバックナンバーを読みに行く。池袋駅の雑踏を抜けて目白方面に歩くと、静かな住宅地に入る。社屋は1963（昭和38）年、フランク・ロイド・ライトの弟子、遠藤新の次男遠藤楽設計によるもので、工夫と品格のある建物だ。こんな環境で古い雑誌の調査ができる、なんとも至福の時である。ただし相当、私の目が悪くなり、昔のようにはかどらない。窓の外には、道を挟んで重要文化財・自由学園明日館。1日に何人もが、道ばたからその建築をスマホで写していた。こちらはライトの設計。

『家庭之友』はA5判、毎号40ページにも満たない。社で読んだのは、本文1年間分を合本にしたものだった。創刊号（1903年4月3日）だけ復刻版があり、それを見ると、抄色（すき）の紙に題字を横に書き、下半分が目次になっているシンプルなもの。扉を開けると、創刊の趣旨がある。間に1ページ大の書籍や雑誌の広告がピンクや黄色の紙で挟まっている。

雑誌の広告を読むのが好きだ。同時代にどんな本や雑誌が、どんな惹き文句で売られていたのかを見ると、時代性とその雑誌との関係がわかる。おそらく広告費が入ってくるようなものではなく、自社の出版物と、無料の交換広告がほとんどだったろう。

発行人は山縣悌三郎、神田区南甲賀町8番地の内外出版協会から発行された。この時点でこの社には電話がある。編輯発行人は木下祥真、印刷人は佐久間衡治。山縣は1859(安政5)年、滋賀県水口町に生まれ、東京師範学校を卒業、教職や文部省官僚を経て28歳で民間に移り、その後は社会教育を天職として仙郷学人を名乗った。同誌にたまに登場する山縣五十雄は弟にあたる。東京帝国大学を中退し、英文学者であった。

この雑誌の企画者が誰であったかは判然としない。山縣悌三郎の回想(『児孫の為めに余の生涯を語る』弘隆社)によれば、羽仁吉一が山縣を訪ねて、「妻のために仕事が欲しい」というので、山縣は家庭雑誌の発行を決め、月給30円を支払ったという。給料というか、編集費のようなものだろう。一方、第一号の吉一の筆による「余談」では「先日、山縣悌三郎君に会ったところ、家庭雑誌を出したいと思っているが、編集の方を引き受けてはくれまいかという話があり、余もかねてその志を持って居たので早速これを承諾することとした」となっている。もと子の弟の慶應義塾の松岡正男が山縣に姉のために持ち込んだ企画という説もある。誰が先に企画したのか、それぞれ経緯が違う。ともかく金主は山縣で、羽仁夫妻は雇われ編集人だったことは動かしようがない。

『家庭之友』の目指したもの

表紙の裏に創刊の辞がある。大略を述べれば、「いかにして円満なる家庭をつくるべきか」が『家庭之友』の創刊の目的。「家政、育児、庖厨（ほうちゅう）その他、家庭の実務に適切なる考案を紹介する」「今勉強している女性、すでに父、母となった人、これからなる人、家庭に関係あるすべての人に読んでほしい」「平明通俗を旨とし、総ルビを付し、読みやすく、内容は健全で、軽佻浮薄な文字は一つもない」

そして最終ページ、奥付には「既に家を成せる人々、これより家を成さんとする人々、その他家庭に関係あるすべての男女に向って、切に本誌の一読をもとめる。本誌はこれらの人々のために、親切なる相談相手となり、もっぱら家庭の実際問題を研究したい。まことに微力であるが、家庭改良の機運を導いて、その実効を収むる上に、多少の貢献をなすことを得ば本懐である」。この雑誌はもと子にとっても、家庭経営のオン・ザ・ジョブ・トレーニングだった。

１８９８（明治31）年に民法が施行され、表面上は一夫一婦制が制度化された。しかし権妻という妾や、結婚外で生まれた庶子の存在も認めていた。女子の教育水準は相変わらず低く、１８９８年でも県立の女学校はわずか7校に過ぎなかった。１９００年頃には女子英学塾（現在の津田塾大学）、東京女医学校（東京女子医大）、日本女子大学校（日本女子大学）、女子美術学校（女子美術大学）など、いくつかの女性のための高等教育機関が創立されている。

外で働く女性も電話交換手、銀行や郵便局の事務員、店員などが増えつつあった。その時代

に、新しい家庭像も求められているのは当然だった。

『家庭之友』という誌名は、徳富蘇峰が1887（明治20）年に出した雑誌『国民之友』の影響があるかもしれない。蘇峰は1863（文久3）年、熊本に生まれ水俣で育ち、自由民権の相愛社に加入し、87年に25歳で民友社を設立、国木田独歩、竹越与三郎などがここに結集した。若い頃は長髪で実に颯爽としている。その読者層は、華族や財閥など資本家階級でもなく、小作人、工員、行商などの労働者階級でもない。医師、弁護士、教員、ホワイトカラー、中小商工業者、自作農など知識の高い中産階級とその家族と考えられる。

家庭での交際のすすめ

巻頭は安井哲子（てつ）「英国の交際法」。読みごたえのある記事だ。安井哲子は古河藩士の子として本駒込に生まれ育ち、東京女子高等師範を卒業、オックスフォードやケンブリッジ大学で教育学を学び、のちに新渡戸稲造と東京女子大学を創立、2代目学長になった。大変なエリートだ。

「イギリスでは友人を家に招き、必ず妻を紹介する」「日本は真の奥様で、主人の朋友とは接近せぬことになっている」。それゆえ妻は、「生活が無変化で、興味は狭隘、従って度量も小さく同情心にも乏しくなります」。はっきりしたもの言いだ。

家庭への訪問は「3時から5時は茶菓を喫する習慣なので、その時間に行けば家に主人はい

る」。いわゆるアフタヌーン・ティーのことですね。「それに招待するのも簡便で良い」「食事に招待する場合もあるが、それもご馳走するのでなく、打ち解けて楽しく話をするのが目的」そして「夕食後は小説を読んだり、音楽を奏して楽しむ」。「朝食に呼ぶという手もある」、これは仕事前だから長居されなくていい。「テニス、ホッケー、自転車の遠乗り、ボート遊びなどに朋友が集まる時も家族ぐるみで、茶菓を出す」「舞踏会は主に独身者同士を出会わせるのが目的」「クリスマスにはみんなで集まって祝う」

安井哲子の得がたいイギリス体験と、おそらくインタビューした羽仁もと子の合理性がマッチして大変面白く、わかりやすい。もと子は、いちいちうなずきながら聞いたであろう。日本の家庭交際もこんな風にしたいと。

なぜこうした交際ができるか。イギリスでは「一家と社会の生活法が秩序立っている」「婦人の知識と興味が男子と差がない」「交際の方法が簡便」「互いの楽しみ、幸福が礼の基本」。これらはすべて日本で交際が難しいのと逆である。この後も雑誌で何度も繰り返されていく議論だが、日本では、第一に夫と妻の知識や活動性、興味の範囲に差がありすぎる。第二に招待しようとすると招く方は見栄を張って、やたらご馳走しよう、行く方はお土産を持っていかねばと、それでおっくうになる。現代でも、思い当たることばかりだ。

安井哲子は三号の「日本婦人と社交」でも、「イギリスには家庭婦人の興味を広げる図書館、美術館、博物館などが整備されている」「社交は食事が目的なのではなく、会話が目的」「土産には自分の庭に咲いた花や、成った果物を持っていく」「婦人の前で聞き苦しい話をする、無作法な男性がいない。男子の行儀がよくならねば愉快な家族の交際はできない」「妻は女中ではない。妻の尊重が大事」と、これまた胸のすく議論を展開している。

巻頭の問題提起を踏まえ、「如何（いか）にして家族的交際を盛んならしむるべき乎（か）」として、何人かが語っている。タイトルはいかにも明治の文語調である。「どうしたら家族での交際を盛んにできるか」。もと子の明治女学校の恩師、巌本善治が登場。「明治十八、十九年ごろ、家族会を作って毎月一回ずつ集まったが、いつの間にか消滅した」「同郷の出石会があるが、男が酒を飲む間、婦人は手持ち無沙汰なので、寿司を出すことにした。それでも婦人は話を聞いているだけのようだ」という。

久保無二雄（ぶじお）は「贈り物を排すること。土産（みやげ）に気を使い外出が億劫になる。家に招く時はいつも二品の料理を、三、四品にするくらいで十分」という。久保は早くドイツに留学、帰って学習院教授となったが、住友の監査役を務め、別子鉱山の排煙のコントロールに真摯に取り組んだ。工場法制定に尽力した桑田熊蔵らと「職工事情」の調査にも当たった。登場する一人一人を調べると、大きな仕事をした人ばかりだ。

日本キリスト教婦人矯風会会頭・潮田千勢子は、福澤（諭吉）先生が２００人を立食に招き、「今日はせっかく細君たちをよんでおいたが、どんなおまじないをしたら一同打ち解けて食べてくれるだろう」と挨拶したエピソードを紹介。教育者の山脇房子は「男には世間知らずの婦

人と交わっても面白くないというのがあり、それで女も臆してしまう」「子供の頃から男女を遠ざけずに育てるがよい」と意見を述べている。

小さな生活のすすめ

次に佐治實然（さじじつねん）（1856～1920）の「家事整理の要訣（ようけつ）」。いつも、もと子が感心する佐治の家を見に行く。佐治は真宗の寺の息子に生まれ、宗派の改革を図ったが挫折し、キリスト教に近づいた人である。その主張は、

・垣根より門内、外形より畳、夜具を清潔に、衣服も見栄より着心地。
・家の中に無用のものがない。家庭にあるもののうち半ば以上は不要。
・包装紙や紐の整理の仕方。
・切手、巻紙、封筒など、通信用のものを机上に整理。
・洋服21着を売ったら15円になったという人がいるが、寒くて震える人にあげてください。外出用衣服は自転車用と背広とフロックコート、一着ずつでじゅうぶん。
・何事もいっぱいが嫌い。どこへいくにも余裕を見ていく。
・小さい用事からさっさと片付け、最後に大切な用事を片付ける。

押入れから戸棚まで、清潔で規則正しいことに、記者もと子は驚いている。今でいう「ミニマリスト」で、親近感がわく。

山縣五十雄が「貯金経験談」を語る。「本郷に住んで、京橋の新聞社まで毎月15円の人力車代がかかっていたが、二年半前に自転車を買って、車代が浮いて貯蓄ができた。『江戸っ子は宵越しの金を持たねえ』はいいが、それは無計画な暮らしに過ぎない」。この人は次号で「雨の日は自転車に乗れないので、京橋まで一里の道を歩くようになり、健康増進、胃も快調」と言っている。「歩くようになって冬は一度も風邪を引かず、家に着くと体がほこほこして、こたつに入る必要がない」と書き、同好の士として内村鑑三、海老名弾正(だんじょう)、三宅雪嶺、薩摩治兵衛などの知名人を挙げている。当時、「日本歩行党」があったそうだ。

続けて、女高師出身で、文部省より米国留学を命じられた井口(いのくち)あくり(阿くり)が「家庭遊戯」という題で、ピアノを楽しむことを奨励。それが高価に過ぎるなら「ピンポン」というテーブルテニスはどうか、という。卓球という言葉はまだ広まっていなかったのか。カード(トランプ)、編み物をしながら朗読を聴く読書会などを提案している。卓球台を買うなら、「猿楽町2丁目4番地の角屋商店」で買えると具体的だ。これ以降も、必ず商品についてはどこに行けば手に入るかが添えられている。

「育児問答」の回答者、アグネス・ウィントミュート・コーツ夫人は、『家庭之友』でほぼ毎号活躍した人だ。本郷春木町にあったメソジスト派の本郷中央会堂牧師ハーパー・コーツの夫人であり、6人の子を持ち、婦人矯風会の活動の一部である「明治母の会」に属し、自宅で西洋料理や子供服の縫い方も教えていた。その会のお誘いや会費などについても案内がある(中央教会は建て替えて現存し、国の登録文化財）。

創刊号では「子供の小遣いの与え方、家の中での子供の役割分担」を述べている。「一週間に五銭を与える。一銭はお菓子やおもちゃに自由に使う。一銭は日曜学校にとっておく、三銭は将来西洋の学校に行く学資として貯金箱に入れる」「家庭では子供に役目を与える方がよい。五歳になったらトイレの紙を切らせる。次はテーブルの上にスプーンやフォークをおく」「十四、五歳までは男女区別せずに育てる。男も針を持ち、女も金槌が使えたほうがいい」と主張している。詰め込み式の勉強でなく、小さな時から勤勉節約、自主性と生活力をつけさせる。これは後の自由学園の教育にも通じていく。

このあとも育児はコーツ夫人、家政は山脇房子、嘉悦（かえつ）孝子が、記者の質問に答えている。嘉悦孝子は嘉悦学園の創始者。同性の執筆者に対してもと子のライバル心は感じられず、良いと思ったことは、一番知っていそうな人に訊ねるという実学的態度を貫いている。また堺利彦が『家庭雑誌』を出すとエールを送り、雑誌広告も載せる。とはいえ、社会主義者の堺利彦や安部磯雄と、良妻賢母教育を標榜する山脇、嘉悦では考えの開きは大きい。

創刊号には、巌本善治令嬢きよ子の「少女日記」がある。きよ子は若松賤子の遺児である。巣鴨に住み、学校から帰って弟妹やおばあさまと田せり、タニシ、つくしんぼうなどを摘みにいく随筆。当時、巣鴨あたりは近郊で、小川も流れ、つみ草ができた。その夜、父親（巌本善治）がウサギを持って帰る。そのウサギにプリンス（王子）とデューク（公爵）という名前をつけたという話。ほかに平木白星「桃将軍の歌」、稲澤ゑい子の「おとぎ嘶牧童」などの文芸作品も掲載されている。

ほぼ一人で編集

当時、吉一はまだ「電報新聞」に勤めており、『家庭之友』の記事のほぼ全部はもと子がインタビューするか、執筆したものと思われる。ところどころに「一口話」という、いわゆる「埋め草」がある。これは雑誌のレイアウト上、どうしても空きが出てしまうところに、編集者が短いコラムを書いて埋めるもの。正直なところ、ユーモア小咄のようなものはあまりセンスが感じられないが、三号にあるこんな問答は面白い。……社会主義者「実に今の社会の組織は根底から改めなければなりませぬ。貴嬢はそうお思いなさいませんか」。若き令嬢「そう思いますよ。何より富の分配がいけないと思います。若いいい男は皆貧乏で、お金のあるのはいけ好かないおじいさんばかりですもの」。これは吉一の筆によるものではないか。

目次構成には共感するところが多い。一方、どこで印刷し、何部刷って、配達はどうやって、何部売れたのか、は残念ながら記録がない。1年経った頃、「二万部の読者を持った」とある。大成功だろう。創刊号の羽仁の住所は、赤坂区新坂町28番地。一号の余談には「編輯を助けて居る余が妻は、あたかも妊娠中で、多分本誌の印刷を了えて発売せらるる頃には余が最初の小児は呱々の声をあげるであろう」とある。もと子は出産ギリギリまで働いた。

ほかに無署名の「化粧の話」。「アメリカのボストンでは、日本ほど風呂に入らぬが、朝には水か湯で全身を拭き、昼飯の前には顔を拭いて手を洗い、清潔である」とか、「パリでは目が窪んでいたり、鼻が高くてデコボコして、粉おしろいをつけるのも大変。爪は指ができるだけ長く見えるように切る」とある。今なら欧米の彫りの深い顔立ちに憧れる人が多く、それが美の基準にもなりがちだが、明治人は「白粉をつけるのが大変」と同情しているのがおかしい。

最後の「新聞の新聞」は短信欄のようなもので、動物虐待防止会について、山脇房子が牛込白銀町に創立する新しい学校について、岡山孤児院の経営状態、支那料理の講習会、藤村錦水堂から売り出される安全な無鉛白粉などたくさんの情報が並んでいる。以上、本文計34ページ。薄いものではあるが創刊の勢いが伝わってくる充実ぶりである。一部5銭、送料込みで5銭5厘だった。奥付には広告料や、予約購読の方法も載っている。

作家のすべては処女作に現れるというが、編集者の特質は創刊号に現れる。以上、丁寧に読んでみた。その執筆方法について、斉藤道子は「もと子はメモを取らずに話を聞き、納得行くまで自分で考えては記事にした」と書いている（『羽仁もと子――生涯と思想』）。インタビューでそんなことができるのか。してよいのか。私にはわからない。

所帯を持ったばかりの羽仁もと子は、「いかに理想の新家庭を建設すべきか」という切実な関心のままに、はりきって取材し執筆したのであろう。男女が対等の、尊敬と愛情を持ち、簡素で落ち着いた、純潔な一夫一婦の家庭を求めて。しかし、実際には多産多死で、三世代、四

（明治三十六年四月二日第三種郵便物認可）

家庭の友

第一巻
第一號

明治三十六年四月三日發兌

目次

［右］1903（明治36）年4月3日、若い羽仁夫妻の合作として創刊された『家庭之友』の表紙
［上］羽仁吉一（24歳）、もと子（31歳）夫妻と、長女説子（1歳）。説子は、『家庭之友』創刊の前日に誕生

世代同居の大家族も多い時代だった。まだ都市ガスや電化製品が入る前の家庭は、水汲み、掃除、洗濯、料理、暖房、風呂焚き、何をとっても重労働だった。それを細かく、具体的に、もと子は現場で試し続ける。まさに身の丈に合った雑誌である。

説子の誕生

1903（明治36）年4月2日に二人の最初の子供、女の子が生まれた。名前はもと子の恩師巌本善治に説（せつ）とつけてもらった。『家庭之友』は翌日、4月3日の創刊である。そして11日に婚姻届を、13日に説子の出生届を提出している。

その説子によると、「私の寝かされていた赤坂新町の借家は母の自慢のもので、周りの空き地にいつも花が絶えなかったとよく話してくれました」。もと子はおなかの中の子供にぜひ落ち着いた環境をと思って、徹底的に探し回ったとのことだ。「母は赤ん坊という新しいいのちにも限りない好奇心を燃やし、育児ということではみだしてしまいそうな激しい興味で私を育て始めてくれたようです」。もと子は自分の子と同時に、『家庭之友』というもう一つの分身を産んだのである。

9 中産階級の視点

古い雑誌をめくるのは楽しい。変色したページ、難しい漢字、総ルビ。あっという間に時間が経つ。『家庭之友』のバックナンバーが面白すぎて、「朝からこんな調子で読んでいたら日が暮れてしまう」と思ったら、創刊第五号目で本当に日が暮れた。メディアの研究は、送り手研究、内容研究、受け手研究に分けられるが、ほとんど丁寧に言及されていない内容について、もう少し詳しく見ておきたい。

幼稚園の是非など

二号（1903・5）の巻頭（特集）は「子供を幼稚園にいれていいものかどうか」。「英国などに行って見ましても日本のお茶の水や華族女学校の幼稚園ほどのものはほとんどない」という。なぜなら、私財のある家では家庭教師を雇うから。これはガヴァネスといって、『ジェーン・エア』の主人公もこうした専属家庭教師であった。何かにつけてイギリスが持ち出されるのは、日本が1902（明治35）年に先進国イギリスと日英同盟を結んだ誇らしさからかもしれない。

この特集で幼稚園の評判ははなはだ悪い。「衛生上問題がある」「下層貧民のためには利益が

ある」「行きたくないときはいつでも休むようにいっている」「結核性の病気がうつる可能性がある。愛児を何の考えもなく幼稚園に通わすのは無責任だ」。もと子自身も同じ意見だったのかどうか。そのような不評に対し、四谷鮫河橋で恵まれない家庭のための「二葉幼稚園」を創立した野口幽香が、「幼稚園に行くと間食をしない」「それで食事も進み便通もよくなる」と反論。「東京市内ですでに40以上の幼稚園がある」ことを挙げている。

少し前まで、保育園についてもこのような偏見があった。「3歳までは母の手で」「そうしないと親の愛情に飢える」「集団の中で画一的な子供が育つ」「人の顔色を窺うようになる」。時代とともに規範も変わるものだ。

武田貢子「巴里婦人の倹約」。土佐出身の海軍軍人で、1890～1894年にフランス留学した夫、武田秀雄に同行しての感想。「私がしばらく泊まっていたある貴族の家の夫人は、腕輪や首飾りをいっぱい持っているし、馬車や自動車も持っている。しかし、その実、意外に倹約で、ぜひ入用なもの以外は買わない。直せるものは直す。三枚服を作る余裕ができたら一枚作る。親譲りの身代を少しでも増やすように努力する」。海軍機関中将まで登った武田秀雄はのちに三菱造船会長、三菱電機会長も務めたが、一方で、石井筆子の日本初の知的障害児施設、滝乃川学園の理事として尽力した。

本田増次郎「子供のいたづら」。「子供はじっとしていられない。なんでも知りたがり、なんでもしてみたがる。それを禁止してはいけない。泥をこね、刃物をいじり、何にでもいたづら描きし、水があれば入る。それが、生活力をつける元になるのだ」

本田は岡山の農家に生まれ、嘉納治五郎の弟子で柔道三段。しかし聖公会で受洗したため、キリスト教嫌いの嘉納に破門される。だが関係は続き、共に熊本の第五高等学校に赴任、この時はラフカディオ・ハーンと同僚だった。熊本の宣教師ハンナ・リデルがハンセン病のための回春病院を創ろうとしてなかなか進まない時、本田は応援団として協力した。「オリエンタル・エコノミック・レビュー」「ジャパンタイムズ」などに関わり、英国皇太子（のちのエドワード8世）やノースクリフ卿の来日時には通訳も務めた。

田川大吉郎「子供と下女」は文語体なので読みにくいが、「下女が無学で礼儀作法や物の言いようを知らない」と批判する。一方、「子供が下女に対し、人と思わず奴隷と思っている」のも問題だと指摘する。

田川は大村藩士の子で東京育ち、童話作家、巖谷小波の同級生だった。報知新聞でもと子や吉一の先輩だったが、都新聞に移り日清・日露戦争に従軍し、代議士となり東京市の助役も務めた。山縣有朋の批判記事を書いて新聞紙法に触れ、禁錮2カ月の刑を受ける。、第二次世界大戦中は大政翼賛会非推薦で出馬するなど苦しい選挙を闘い抜いた。

こうして見てくると、執筆陣の多彩さと業績に驚くが、共通点としてクリスチャン、ユニテリアン、社会主義者、ジャーナリストという4つの線が浮かび上がる。ユニテリアンは、キリスト教の正式教義である三位一体（trinity= 父と子と聖霊）を否定し、神の唯一性（unity）をう

たう。権威によって宗教を押しつけられることを拒否する一派で、宗教的な多元性を認め、仏教からユダヤ教、アニミズムなど他の宗教にも寛容である。

アメリカから日本にユニテリアン運動が伝わったのは1890年代とされるが、羽仁吉一は独身時代、芝の惟一館というユニテリアンの本拠地の近くに住み、日曜集会で何度か講義した内容が『六合雑誌』に出ている。村井知至、安部磯雄、神田佐一郎、佐治實然はじめ、やや社会主義寄りのユニテリアンの指導者たちは『家庭之友』に多く登場する。また読者層としては中産階級、官吏、会社員、医師、大学教授、記者などの中産インテリ家庭をイメージしているように思われる。

住宅を住みやすく

三号へ進もう。特集は「家屋改良案」。良き家庭を作るためには住まいは大事である。下水、かまど、風呂、椅子、テーブル、ストーブなどについて。

赤坂離宮などの設計で知られる建築家片山東熊夫人照子（鑑子が正しい）は「開け放しの日本屋よりは西洋館が好ましい。関西の台所は土間で板敷より便利」という。彼女は琵琶湖疏水を開いた田辺朔郎の姉で、三宅雪嶺の妻、竜子（花圃）は義従姉妹にあたる。

井口あくりは「西洋館の方が姿勢に良い」という。

山根正次は「座っていると立ち上がるのが大変。畳の上に手をついて礼をして、その手で菓子をつまむのは不潔」。東京大学医学部を出て、衛生行政に携わった山根ならではの指摘といえよう。私立日本医学校（現在の日本医科大学）の初代校長を務めた。

夫に禁酒させる法

四号の特集は「禁酒美談」。ある夫人が夫に禁酒させるまでの苦心談で、この記事が評判となり、たちまち版を重ねたという。これはまさに、もと子自身の切実な体験だったようだ。羽仁吉一も若い頃は酒豪だった。新聞社では暖房のない冬の夜に、論議の弾む時にはお酒が入るのが常だった。もと子の中では、酒で身を誤った実家の父の姿も重なっていたにちがいない。

これがこの雑誌の最初のヒット記事だった。

「家族的旅行の工夫」では新渡戸稲造が「山奥の田舎屋を借りて二、三の家族でのんびり過ごすのがいい」と提案しているし、志賀重昂（しげたか）は「下女に至るまで、逗子などに行って、茄子のバタいためや、松笠をあつめてサザエを焼くのが楽しい」という。このように、明治にも家庭を大事にする父親が登場しているのが面白い。

五号の特集は「勤倹貯蓄の実験」。ここでは石黒忠悳（ただのり）（1845～1941）が「芝の紅葉館での会合から車で帰ると五十銭かかる、歩いて帰ると五十銭倹約になる。無理な金儲けが嫌いだから」こうして貯めた金を「年末に窮民のために用います」と相変わらず歩行のすすめ。石黒は福島梁川（やながわ）出身の陸軍軍医で、後藤新平を引き立て、森鷗外の上司だった。鷗外とは合わな

かったようである。軍医総監、子爵となり、『懐旧九十年』がある。

大下藤次郎「外遊雑感」は「デトロイトで出会った美術品を愛する紳士が、結婚はしない、妻という主人を戴くより独身の方が幸福、と言っていた」ということや、「ボストンでは動物の保護が盛んで、浮浪犬を殺さずに集めて養っている」という消息を寄せている。大下は本郷真砂(まさご)町に生まれ、20歳くらいから水彩画に目覚めた。1905年に水彩画の研究会「春鳥会」を作り、美術雑誌『みづゑ』を創刊して多くの画家を育てたが、41歳で急逝した。読んでみると意外に女性的な文章である。

動物虐待問題は現在でこそ、大きく取り上げられるようになったが、同じ号の巣鴨の「家庭学校生徒と動物保護」も画期的だ。もと子の孫の羽仁進氏はアフリカの野生の動物を追った映画で著名だが、「人間も動物も命あるものであり、尊重されなければならない」というもと子の考えは、孫の進氏に受け継がれたようである。

六号の特集は「新夫婦に対する希望」だが、やや弱い。そのあとの「新世帯懺悔(ざんげ)話」がもと子の執筆で本意だろう。「家庭は荘厳の道場なり」「夫も妻も各自の人格の向上と家庭の品位を高めることに注意する」。この理想を、もと子は生涯持ち続けた。マックス・ウェーバー『プロテスタンティズムの倫理と資本主義の精神』（1904〜5）は、健全な資本主義社会は、まさにも勤勉、質素、合理主義、禁欲的なプロテスタントによって支えられる、という論だが、まさにもと子の目指したものはそうした家庭だったのではないだろうか。

9　中産階級の視点

この号は、島地黙雷の息子黙爾（もくじ）の「ヒマラヤ山麓の自炊」や、村井知至の娘花子の「サンフランシスコより」が面白い。15歳でアメリカ留学した令嬢花子は、船旅の途中に立ち寄ったシアトルの避暑地の島で、知人の庭のさくらんぼを取って食べた楽しい体験を語る。

七号の特集は「嫁入支度の改良」。ここで、山脇房子は「身分不相応の出費をして、見えを飾るような風習は、ぜひ改めねばならぬもの」という。ミセス・コーツは「西洋では服の流行り廃り（すた）が早いので、日本のようにずっと先の衣裳を調える（こしら）わけにも行かない。夫は椅子やテーブルなど大きな家具、女はシーツやリネン、銀の匙やフォークなどを準備する習慣である」と紹介している。

一方、先の石黒忠悳は「夫の資格は妻に対する愛情、才気や地位に目がくらんで結婚すると、週のうち四、五日は妾宅まわりをするようになる。かといって、学者だから容貌などはどうでもよいなどと娘に勧めるのは双方に気の毒」と述べている。

安部磯雄は「質素の生活、高尚の思想」で、「私はボタンつけくらいは自分でできる。学校の行き帰りで買えるものは買う。旅行は家でのようにかしづかれないから嫌という人がいるが、自分は愉快」と言う。キリスト教的人道主義、社会主義者で、もと子の理想の家庭人だろう。早稲田大学教授、野球部顧問、社会大衆党幹部、国会議員などの激職にありながらも、妻駒尾と仲良く暮らし、中年になっても弁当を持って妻とハイキングに出かけた。6女2男に恵まれ、長男民雄はテニス・デビスカップの代表選手、早稲田大学教授、次男道雄は東京帝国大学で数

学を学び、自由学園で教えた。三女の静も東京女子大学を出てアメリカに留学後結婚したが、1942年4月から自由学園で教えている。

安部磯雄はフェミニストで、反戦主義者であり、1949年、新宿区の同潤会江戸川アパートで亡くなった。以前は早大キャンパスに安部球場があったが、壊されて図書館が建っている。アメリカに行って学問をしたいと言う学生に「日本に居って鈍い頭は、アメリカに行っても鈍い」「実力のない洋行帰りを歓迎した時代は過ぎ去っている」と痛烈なことを言っている。

八号の特集は「我家の楽事」、九号は「虚礼廃止の工夫」、十号は「中等生活の標準」、十一号は「小児教育の方針」、十二号「戦争と家庭」と続く。

十号は1904（明治37）年の新年号でもあって、口絵に「トルストイ家の会食」という大家族の団欒風景が載っている。トルストイといえば白い髭の老人の写真を思い出す。ヤースナヤ・ポリャーナという広大な土地を持つロシア帝国の伯爵だった。しかし農奴制を廃止しようとし、教育改革にも手を染めた改革派だった。森鷗外、有島武郎、徳富蘆花などにも影響を与えた。羽仁もと子も尊敬していたロシアの作家である。

「中等生活の標準」では横井時敬（ときよし）が「東西古今一国の元気は中等社会にある」と述べる。横井（1860〜1927）は熊本洋学校に学び、近代農学の祖といわれ、東京農業大学初代学長を務めた。「土に立つものは倒れず、土に活きるものは飢えず」との主張も大事である。ことに食料自給率がカロリーベースで38％に過ぎない今日の日本では聞くべき意見だろう。

不思議な料理と裁縫

以上、1年分を丹念に読んでみたが、ことに「家庭料理」の欄は興味深い。コーツ夫人や宇山禄子のレシピを紹介しているが、どれだけの家庭の食卓に上ったのだろうか。例えば一号の「家庭料理」には「炸丸子(ザワンツ)」という料理が紹介されている。おそらく揚げた肉団子だと思うが、「まづ十五人前に二百五十匁の割に豚肉を用意し、包丁でよくたゝき、五厘ほどのひね薑(しょうが)を微塵にきりてまぜ、更にうき粉二銭を水にとき、水をしためてその中にいれ、醤油三夕(せき)を加え充分こねまぜて、適宜の大きさに丸め、豚の油にてあげる」と、切れ目なく文が続く。当時は大家族であったにしても、なんと15人前とは。それにまだ、ひき肉は売っていなかったのか。うき粉とはなにか。小麦粉澱粉のことらしい。尺貫法では計量に厘、銭が使われるので、今読むとわかりにくい。

その次に紹介されているのは「ジャムオムレツ」。「をぐらたん」はグラタンのことか。メリケン粉を鍋で牛脂と練ってから、「別に肉屋にて骨つきのスープ肉を買い……」とあり、あらら、順序が違う。先に骨付き肉を用意しなければつくれないじゃないの？ ケン子油(ね)（すき焼き用の肉を買うとついてくる白い脂のこと）、セリ酒、西洋酢などと食材の名も現在とは違う。したためて（水けをきって）、ザットうで（茹で）、直ぐとおろして用います、といった表現は、もと子の癖なのだろうか。自身、料理に不慣れ、不得意であったこともあるかもしれない。草創期の料理記事の苦労を思わせる。

さて衣生活についてはどうか。二号の裁縫記事は、「子供の西洋服仕立方」。ドロワース、ウエーストなど、下着の紹介から始まる。明治の活版印刷では、石版画でおおよそのデザインを載せることぐらいしかできなかったのだろうが、子供に着せるビショップ（司教が着るような）ドレスやペザント（農民風の）ドレスは装飾的で実用的ではなさそうだ。

コーツ夫人主宰の「明治母の会」では料理教室、裁縫教室が開かれ、雑誌に掲載されたものを実際に作れる、との案内が繰り返し掲載されている。そして、「会員には雑誌『家庭之友』を無代価で配布します」とある。羽仁もと子自身が、この会の副会長を務めていた。

一方、塩やホウ酸、重曹などを使う掃除や家具の手入れ法は、化学洗剤全盛で、香害などが問題になっている現在、使いこなせたらどんなにいいかと思う。女医井上友子が、子供の体調、健康上の心配事について回答している。情報がない時代のことで役に立ったろう。

編集者は「中流」「中産階級」の定義として月給50円（今の50万円くらいか）を目安にしているようだが、実際の投書者、家計の相談者を見ると月収20円くらいの人も多い。

羽仁もと子は「健全で知的な中産階級」こそが国を支えると感じていた。戦後の高度成長期には、「一億総中流」という大宅壮一の標語がよく使われたが、日本人の所得はこのところどんどん下がり、これに反して消費税の導入以降、税率と物価は上がる一方だ。２０２０年代の日本では、ゆとりのある中流階級というものはほぼ消滅してしまったように見える。

ここでちょっと紹介しておきたいのは、パートナー羽仁吉一の作った詩である。

健康の歌

我等の家は貧しきも
憂うる勿(なか)れ健康の
恵み我家の上に在り
天に感謝す労働の
額の汗は我が家に
よき健康を与えたり
我等と共に健康を
求むる者よ野に出でて
先ず労作の人となれ
我妻我子わがやから
病まず憂えず安らかに
いそしむ今日の楽しき哉(かな)（１９０５年1月号）

羽仁吉一は妻に比べてあまり多くを書かず、まとまった本としては『我が愛する生活』と

『雑司ヶ谷短信』（『婦人之友』での連載「雑司ヶ谷短信」を収録したもの）くらいである。前者は『青年之友』に載せた論説や偶感がほとんどだが、ここで吉一が言いたかったことのすべてがこの「健康の歌」に凝縮されている。まさに説子が生まれた若々しい家庭の理想として、男女平等の、勤勉で健康な、簡易だけども楽しい平民的家庭を理想としていることがわかる。もと子の考えも同様だが、吉一の論には自然や農業への愛が濃い。

下婢問題

もう一つ、明治30年代はどれほど家事が手間を食う時代であったか、確認しておきたい。戦後、〝三種の神器〟と呼ばれ、主婦の労働を軽減した冷蔵庫も洗濯機も、また炊飯器や掃除機もない時代である。しかも隠居夫婦、主人夫婦に7人とか11人の子だくさん、そして書生までいる大家族が多かった。いきおい補助的家事従事者が必要とされ、彼らは「下婢（かひ）」「下女」「はした」「女中」なる名称で、下に見られている。

「下婢」問題はその後、何度も誌面を賑わせる。「五十円の月収がないうちは下女を雇わず、主婦が自分で家事をせよ」「主婦がしっかりしないと下女も育たない」「まずはやって見せて覚えさせよ」「正月とお盆だけしか休めないのは非人道的だから、毎月一日くらいは休暇を与えよ」「子供に下女を奴隷扱いさせるな」と。

例えば樋口一葉の小説『大つごもり』（『文学界』１８９４）は盗みの疑いをかけられる下女お

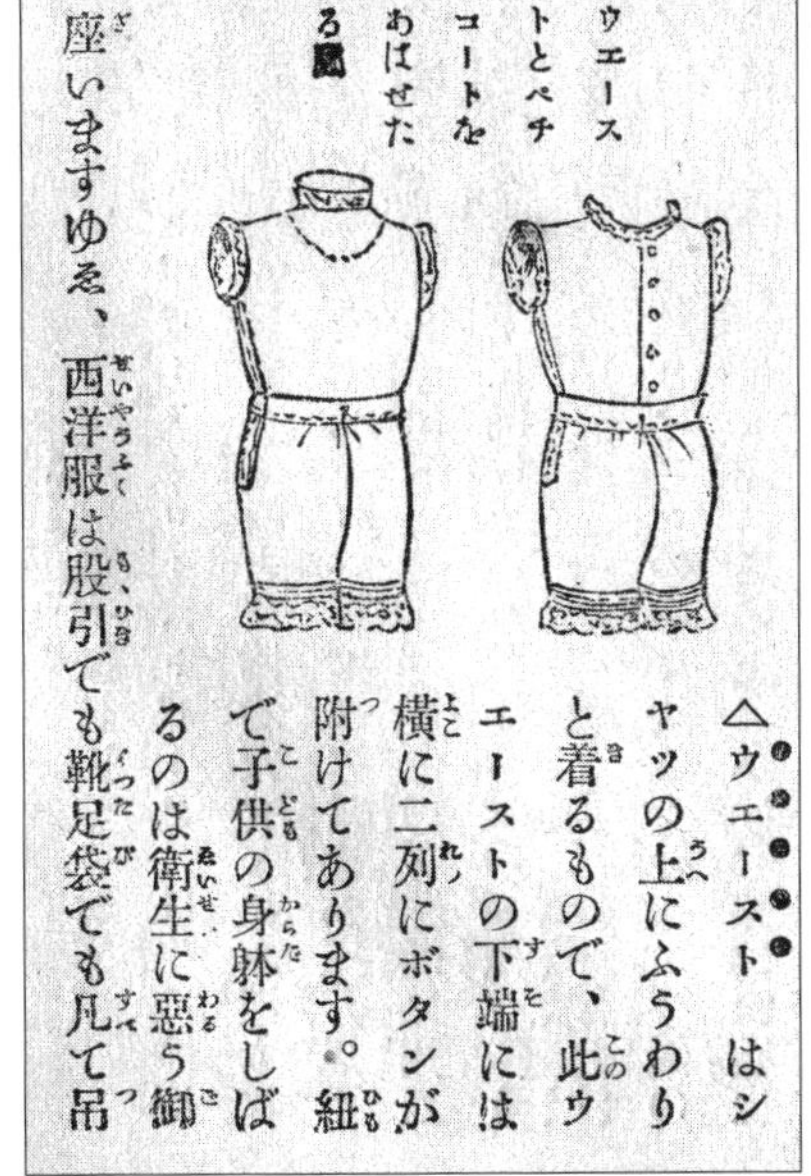

ウエーストとペチコートをあはせたる圖

△ウエースト はシャツの上にふうわりと着るもので、此ウエーストの下端には横に二列にボタンが附けてあります。紐で子供の身躰をしばるのは衛生に惡う御座いますゆゑ、西洋服は股引でも靴足袋でも凡て吊

［上］『家庭之友』第10号には初めて写真が入って、目を引いた。「トルストイ家の会食」

［左］『家庭之友』第2号。「子供の西洋服仕立方」ミセス・コーツ。下着のウエーストとペチコート。型紙も販売

峰の話である。「一盗二婢」とかいって、主人やその息子が下女に性的な搾取を行うことも後を絶たなかった。何度も首相を務めた西園寺公望は正式の結婚をせずに、何人もの妾がいたが、一人は家の女中頭だった。もと子は「賢い下女の使い方」を提唱するが、家庭を成り立たせるために、薄給の同性のシャドウワークがあることに、この時点ではまだ疑問を持ってはいない。

　また、家庭内での呼称についても論議されている。夫を「主人」「宿」、あるいは姓で呼ぶのか。妻はなんと呼ばれるのか。これはいまだに話題になる。執筆者の女性のフルネームを記さず、コーツ夫人、宇山夫人と目次に書かれているのは時代ゆえなのか。21歳の新妻を「夫人」と呼ぶなどは、なんだかしっくりしないが、それでも明治の人々は今より成熟が早く、ずっと大人びていたのかもしれない。

10 日露戦争と家計簿

1904（明治37）年2月10日、日露戦争が始まった。どちらも朝鮮半島と満州を植民地化しようとし、その権益をめぐり、極東で南進したいロシアとそれを防ぎたい日本、皇帝（ツァーリ）と天皇を戴く帝国主義国同士の戦いである。

その10年前の日清戦争では、日本が勝利して伊藤博文、李鴻章らの日清講和条約で決められた「遼東半島の割譲」が、ロシア、フランス、ドイツの三国干渉により反故にされた。明治維新により近代化を果たし、列強の仲間入りをしようとする日本は領土拡張を阻まれ、臥薪嘗胆、今に見ていろ、という言葉が日本人に広まった。

戦争に関する立場

日露戦争開戦時、政府内には伊藤博文や井上馨らの慎重論もあったが、桂太郎、山縣有朋、小村寿太郎らは主戦論で押し切った。一方、東京帝国大学の七博士が開戦を建白し、それを新聞が煽った。国民も日清戦争の成功体験に浮かれ、大国ロシアとの戦いに慎重ではなかった。

1902（明治35）年に先進国イギリスとの間で日英同盟が結ばれたのも国民感情にはずみが

ついた。一方、キリスト教の内村鑑三や社会主義者幸徳秋水、堺利彦らは社主黒岩涙香が開戦論に回った「萬朝報」(日刊新聞)を退社、非戦論を展開、「平民新聞」を旗揚げする。安部磯雄や木下尚江も平民社の顧問となった。

この時、ロシアでは作家レフ・トルストイも非暴力の立場から『悔い改めよ』を書き、「平民新聞」に訳載される。しかし『家庭之友』はトルストイの家族写真を口絵に掲げたにもかかわらず、反戦平和を主張はしない。もちろん明治時代は、讒謗律、出版条例に始まる言論弾圧法規があり、迂闊なことを書けば発行禁止に追い込まれる。羽仁夫妻はこの時期、政治的発言には慎重であった。

1904年の3月号(一巻十二号)には「戦争と家庭」という特集を組んでいる。日本メソジスト派の初代監督、青森・弘前出身の本多庸一夫人貞子は「遠からず凱旋の将士を迎えることを予期しているのでありますが、その際、われわれがその厳粛な敬虔な態度をもって、これらの人々を歓迎するのが何よりも必要であると思います」と言う。つまり軍人の妻は、夫が戦場で後顧の憂いなく勇猛に戦えるように、家庭を純潔に保つ。そして心から帰還を歓迎するが、「手取り足取り」のような歓迎では「せっかく勇武の軍人を驕奢と懦弱に導くようなもの」と断言した。

農学博士の横井時敬は「戦争になると物によってはかえって値は安くなる」。心配なのは戦後だという。「日本が仮に負けるとするなら、一時はむろん苦しいが、後の始末はかえって早く着くかもしれん」。しかし勝ったらどうなるか。日清戦争の時は清国から賠償金が入ったと言ってのぼせ上がり、人々は呉服屋に殺到した。「考えてごらんなさい。償金がいくら入ってきても直接に我々の収入に関係がない。ただ、戦争によって、経済上の益を得るのは、直接に、勲賞をもらった軍人の一部とか、あるいは御用商人とか、マアそのぐらいのものです」と冷静だ。

武田海軍大佐夫人貢子は言う。「軍人の妻子たるものの第一の願いと申すのは、職務を尽くしてほしいということです」。軍人家庭では戦争でなくても「子供の六つになるまでくらいは大方留守であった」。日清戦争の際、夫はフランスに5年留学し、帰った次の日に軍艦厳島（いつくしま）に乗り込んで戦地に出発した、という。軍人の俸給では贅沢もできないし貯金もできず、簡素に暮らしている。幸い、自分も女子教育に従事しており、それが少なからぬ慰めになっている。このページの埋め草（余白を満たす短い記事）に「今日よりは顧みなくて大君の醜（しこ）の御楯といで立つ我は」という万葉集第20巻の防人の歌が引かれている。

続けて、「戦時貯金」と題して、戦費のための「国庫債券の応募に応じよう」というキャンペーンを張る。「倹約して九十五円払えば、五年後に百円になって返ってくるから悪くない勘定だ」と現実的。この記事も勇みたって「奮発」をいう。奮発とは、昔よく使われた言葉で、「無理をしてもがんばる」という感じだろうか。とにかく、「出征家族の援護」「軍事費のために国債を買おう」という消極的戦争協力を、日露戦争の際、行っていたことは覚えておかなければならない。

さらに編集子は「戦時禁酒組合」を提案する。「戦後の経営の容易ならぬことを思ってみますなら、まず第一に酒などは廃すべきものの随一です」。「主人の晩酌、来客に勧める酒」をやめて月に二円貯蓄に回せば、年間に二十四円の資本ができます。勝利に沸いて祝勝会で酒を飲むのをやめよう。続けて「菓子の廃止」は客に菓子を出すのをやめる。「一割貯金」で日常より一割倹約する。「私共はくれぐれも戦争を機会に、我々の家庭に理由ある勤倹の習慣を養い、貯金の基礎を造りたいと思います」と、戦争は勤倹節約のチャンスだという。羽仁夫妻は、あくまで生活改良家であった。

銃後を守る妻

「夫の出征」と題して、九州小倉の愛読者が投書している。軍人の「首途(かどで)」（出征）の実際として貴重な証言だ。

「首途の際は、畏れ多くも、神武天皇、今上陛下、皇后陛下、伊勢神宮の御写真を床の正座に安置しまつり、別に主人の写真を飾り、さらに従軍に必要な国旗を始め、軍刀などを押しならべ、母子正装して心づくしの門出の膳をすすめましたのは、出立の前夜十二時過ぎでありました。主人は心地よげに食事を終えて、入浴をすませ、皇后陛下よりかねて恩賜の真綿を、老母（七十二歳）の手づから織りました絹布にて軍服の背に縫いつけ、五時に振武(しんぶ)の盃にて冷酒を酎(く)み、またかつて本願寺より寄贈の勝土器(かちどき)もて祝杯をあげ、母子(おやこ)風琴に合わして君が代を唄い、国旗の残布に僅かながらの金子を添えて、近所への形見とし、何もかもこうまで気に入ったことはないと勇んで家を出るときは、「然らば」と心地よげな唯一言の訣別を告げました」

実に具体的で興味深い文である。この「軍人の妻」は、落ち度もなく立派に夫を送り出すあっぱれな妻を演じた。汽車が遠ざかって初めて万感の思いから涙がふり落ちたという。

この号の編集記事（後記）を見よう。「日露戦争は国家の存立にかかわる大問題であります。国を挙げて力を一にし、我が勝利と光栄を全うして、一日も早く永遠の平和を克復することに勉めなければなりませぬ。私どもは慌てず、騒がず、敬虔の信念を持ち、堅忍の精神を辞して、この異変に処していきたいと存じます」

戦時国債を買え

1904年4月号（二巻一号）では「戦争雑感」と題して、戦時国債が募集額の5倍にも達したことを喜んでいる。出征兵士の家族を慰問し、助力するのは、「いわゆる慈善ではなく、実に我々の義務であります」。質素倹約は戦時だからでなく、「平時の用意と覚悟」が必要。その次は注目される。「子供に勇気と残酷を混同せしめぬ様に注意しなければなりません」「すなわち戦争の目的は人を殺すのではなく、不道理なる敵を征伐して、我が自衛の道を全うするのである」。ロシアがどんな不道理を行ったのかは、ここでは書かれていない。しかし、より多く殺した方が勝つのが戦争。「征伐」という言葉自体にも、神功皇后以来の根拠のない正義感が見て取れる。全体に、羽仁もと子は非常時になると発奮する人のように感じられる。

ここの埋め草にも「君がため世のため何か惜しからむ捨ててかひある命なりせば」という宗良（むねなが）親王の歌が引かれている。こうしてみると羽仁夫妻は政治に直接関わることを慎重に避けながらも、「個人と国家とは運命共同体」というナショナリズムを肯定して、個人の自由を国家より上に置くことはできなかった。

当時の日本の知識人でも、非戦、反戦の立場を表明した者はきわめて少ない。森鷗外は戦争を一言で言えば「悲惨」であると言っているが、陸軍軍医で二回の戦役に従軍せざるを得なかった。夏目漱石も『吾輩は猫である』（1905）で、日露戦争どこ吹く風かの「太平の逸民」を描いたが、大学の給料から製艦費を引かれることをぼやきながら、戦争そのものには反対していない。

7月号（二巻四号）の後記「戦死者の遺族へ」で、編集子は戦死者の遺族を「どうして慰めて良いのでしょうか」といいながら、子供のある未亡人には「忘れ遺見（がたみ）を託せられて一人残らるる心中のご苦悶お察し申します。しかしながら責任のある所は、また慰めのある所です」。子供のない未亡人には「一旦そそがれたる愛情は、その人の生死によって消ゆるものではありません」という。

これに対し、読者のある婦人から「『家庭之友』は戦争未亡人の再婚に反対なのか」という疑問が発せられた。この疑問に「生前、さまでの愛情の成り立つ機会のなかった方は、我が感情の真にしたがって再嫁する方が」いいと答えるが、やや苦しまぎれな感じだ。もと子はこの疑問を逆手にとって、10月号（二巻七号）では「男女再婚論」を特集としている。

全体では、日露戦争の記事は少ない。面白い統計があって、日清戦争の年、日本の兵士の数は14万人程度。日露戦争の時は100万人程度まで増えるが、戦争が終わると30万人程度に減る。しかし太平洋戦争終結時には兵士は900万人もいた。それだけ日清日露戦争は局地的な戦争で、国民はその戦争に関わりなかった。戦場は朝鮮半島や遼東半島、日本海であって、日本国内での地上戦は行われなかった。後日、羽仁吉一は日露戦争のことを「玩具のような戦争」と回顧している。

八戸と山口の士族の末裔である羽仁夫妻も、戦争に反対する強い意志を持ってはいない。日本人が戦争の惨禍を身にしませるのは、もっと後、第二次世界大戦で日本の国土が空襲にさらされ、広島・長崎に原爆が落とされ、310万人の兵隊・市民が殺されてからであった。

長女説子の育児

『家庭之友』では変わらず、料理、裁縫、育児、家計の工夫などが誌面を飾る。記事はすべてもと子自身の経験に基づくもので、「説子のねまき」という長女の寝間着を作った話もある。

1年2カ月になった説子は一人で寝かされ、布団をはいで、ときどき風邪をひく。「何か手ぢかにと考えて思いついたのは父(とっ)ちゃんのメリヤスシャツの古いのでした」。メリヤスの伸び縮

みする生地にハサミを入れ、胴体を細くして脇を縫う。袖口と首回りには紐を入れて、巾着のように締められるようにする。グッド・アイディアを思いついた、もと子のうれしそうな顔が眼に浮かぶ。

実験台にされた説子は、こんなことを書いている。「私という赤ん坊は、あの当時の常識を破って、赤い産着でなく、真っ白のネルの改良服で育てられました」。この夫婦は上京者同士、育児を助けてくれる親族も近くにはいなかった。家事が不得意な妻、お乳もよく出ず、発育不良の赤ん坊、てんてこまいの毎日が続いた（羽仁説子著『私の受けた家庭教育』）。

凉子の出産

この頃、羽仁家は二番目の赤ちゃんの誕生を待っていた。1904年8月号（二巻五号）に「出産前記」が載る。「私は目下妊娠中にて、もはや分娩も真近に迫って居ります」と書く編集者がこれまでいただろうか。月経、妊娠、堕胎、分娩などの女性の体に関する熟語はそう、人前で口に出したり、活字にしたりするべきものではなかった。「女による、女のための、女の雑誌」は1911（明治44）年の『青鞜』が日本初とされるが、『家庭之友』はそれより8年早い。雑誌運営は夫婦の共同事業だとしても、もと子が主導権を持っていたのは確かだ。

「25日雨、夕方晴れたり。湯にゆき帰り、妹と女中台所に忙（せ）はしそうにみえ、しばらくぶりにて半時間ばかり説子の守をする。そのチョコチョコ歩きに追いまわされて非常に疲る。二人になってこの通りかけまわられては、随分たまらぬ事と思う」。よき家事をし、よき主婦であることを訴える編集者もと子も、家事育児の多くを妹や女中に頼っていたのがわかる。

そして9月号は「出産日記」。8月21日、次女涼子が生まれたことを細かくしるす。何事にも前向きに奮発するもと子はお産を迎え、「恐れよりも心配よりもむしろ希望に満ち満ち居たりき」という気分だった。まさに体当たりである。吉一は「電報新聞」に関わっており、旅順陥落近しということで社に泊まり、朝の7時まで帰ってこない。涼子の出産は夜の11時だった。

「数回の激烈なる痛みに堪えて、最も慥かなる心地にて分娩の大任を果したり」

翌朝、5時ごろ目を覚まし「庭前の朝顔、きょうは殊に鮮かにたくさん咲きて、秋色掬すべく、気分の爽やかさいふばかりなし」。7時に吉一が社より戻り、説子の手を引いて赤ん坊を見に来る。山口と八戸の双方の実家に安産の電報を送る。お盆過ぎの秋風の立つ頃に生まれたこの子を、夫妻は「涼子」と名付けた。

家政問答――家計のアドバイス

さて『家庭之友』では「家政問答」を当初は山脇房子、嘉悦孝子、棚橋絢子などの女子教育家や、コーツ夫人らが担当していた。しかし、1904（明治37）年の3月号、まさに日露戦争開戦時から「記者」すなわちもと子が読者の家計診断を始め、人気を博した。

例えば「京都、夫の月収30円、夫婦と幼児2人、母の5人家族。家賃2円50銭、母小遣い2

円、子供貯金２円、義務寄付３円、税金70銭、下婢給料１円、牛乳代２円、月々不足で困ります」という相談には、「このほか米代７円、交際費１円、新聞雑誌60銭、郵便家具湯銭１円20銭、衣服費２円と見積もり、余りは５円。これを貯金にまわす。当分下婢なしで済ませるべき、義務寄付とはどういうものかわからないが多すぎる」（７月号）と回答している。

また、「月収65円、夫婦と幼児２人、下婢２人、男女２人の寄宿学生あり。貯金どころか、いつも足りない」という相談には、「お宅の家計は言うまでもなく、ぜひぜひ急に縮小しなければなりません」として、副食物費と薪炭油費で６円浮かせ、車代を１円、煙草代を１円50銭、乗車代で１円、新聞雑誌で30銭節約すると59円80銭になる。さらに衣服費、交際費、家具費を出すには下婢一人をやめさせること。「家庭之友家計簿を用いて、厳重に予算超過のないように」という（１９０５年２月号）。

羽仁もと子は生来、数字に強い理数系の頭を持っていた。この家計診断は自分でも楽しく、人に役立つことでもあり、ずっと続けることになる。

１９０４年、１２０年近く前の貨幣価値は、単純に比較できないが、今の５千倍程度らしい。とすると50円の収入は25万円くらい。都会だと７円もする家賃が、田舎だと１円程度ですむ。ガスや電気の光熱費の代わりに、薪炭費がかかる。「下女」の給金は当時１・５～２円くらいが相場のようだ。これは田舎の娘の「口減らし」でもあり、住む場所と食事が与えられ、あとは小遣いのみ。両親や夫の弟や妹と同居している人が多い、故郷の親に10円、20円と送金している例がある。赤十字などへの寄付、会費が多い。ミルクや練乳は3円と高いなど、明治の庶民の暮らしが垣間見えて面白い。謎なのは、医療費がないことだ。

「子供のない間は、何か奥さんに適当な職業はないでしょうか」「私はどうも家賃が高すぎるかと思います」（牛込麹町で15円の家賃の相談者に）、「酒代を保険掛け金になさるなら幸いです」（酒代1・5円の人へ）、「負債償却の日まではぜひ、禁酒、禁煙の必要があると思います」「（5円の）車代という費目を廃してはどうでしょう」と、もと子のアドバイスは明快である。

家計簿の発売

そして12月号（二巻九号）には「家計簿の勧め」という記事がある。「家計を健全にするのには、またぜひ良い家計簿が必要でございます」「簿記法などというような難しいものでなく、誰にでも気楽につけられるように致しました」として、1904年の年末に家計簿を36銭で内外出版協会から売り出した。これは月々の予算を立て、税金、盆暮れの贈答など一時の大きな出費も月割りにしてあらかじめ用意し、予算超過をしないようになっている。1年1冊ですみ、「家庭の物質的生活の歴史となって残る」という。家計の合理的やりくりは、羽仁もと子の最大の業績で、考案した家計簿は今も婦人之友社から毎年、売り出されている。

日露戦争は翌1905年9月に終わるが、勝利した日本の戦死者は8万4000人と、負けたロシアの死者をやや上回った。死傷者合わせ22万人。戦費は最初4億5000万円と見積も

られたが、実際には18億2600万円と4倍もかかった。しかも賠償金は取れず、ポーツマス条約の調印に全権として臨んだ小村寿太郎らへの不満から「日比谷焼打ち事件」や各地の交番襲撃などの民衆による暴力事件が起こった。しかし小村は知っていた。いくら民衆が勝利に酔って気が大きくなろうと講和しかない。戦争を続けるには、また新しい多数の死者と巨額な費用がいるだろう。

この戦争の成果として、日本はロシアの南下を阻止できた。南満州鉄道を獲得し、中国東北地方を支配下に置き、1910（明治43）年には韓国を併合することになる。さらに中国東北部にも1932（昭和7）年、傀儡（かいらい）政権「満州国」を建国、満蒙開拓団などを組織して、拡張政策をとっていく。

内外出版協會新刊圖書

羽仁もと子編

家庭之友

家計簿

定價參拾六錢　郵税六錢

特色

▲家計の健全を望む人は是非この家計簿をお使ひなさい。
▲この家計簿を用ゐて居ると豫算超過の心配がありません。
▲そして月末には殆ど算盤なしで其月の收入、貯金、生活費の總計と內譯が分ります。
▲從て一年の終りにもヤハリ算盤なしで一年中の收支を一目の下に知ることが出來ます。
▲この家計簿は一年一册で必ず濟むやうになつて居ります。
▲保存して置けば一家の生活變遷の歷史となります。
▲記入の方法は極く簡易で誰にでも氣樂につけられます。

[右]『家庭之友』第2巻10号に載った家計簿創刊の告知。
[左]初版の家計簿(明治38年用)

長女・説子(2歳)、凉子(0歳)の時に

11　次女涼子の死

1905（明治38）年の1月、羽仁もと子の体調は悪かった。
「年子のお産は身体にこたえたと見えて、一月の十五日頃からいつになく気分悪く、どうしたものかと思っていたが二十一日、出先きで眩暈（めまい）を起こして、一時何事も覚えないほどであった」（『半生を語る』）。それで、妹に長女説子の子守を任せ、編集は夫に任せ、もと子は執筆に専念した。

傍らにいる子供の観察から「説子の半時間」（1905年12月号）などがある。雑誌の絵を見ての、説子の突飛で自由な反応を書き留めている。説子はかたことを言わず、早くから言葉がはっきりして、なりも大きかった。

この頃、『家庭之友』では西洋料理をつくる道具や食料品などの販売もしている。発行元の内外出版協会は本郷区駒込西片町10番地にあった。元の福山藩主阿部家が地主の住宅地で、当時の番地は1番地と10番地しかない。

涼子、百日咳に

1906年4月3日、『家庭之友』は記念すべき4年目に入った。しかし、この号の最後には夫妻の次女「涼子の病気」という3月30日付の記事がある。「涼子は百日咳にかかり、かねて涼子を親切に世話してくれます妹とともに、看護に従事しながら、傍ら執筆を続けて居りました所、涼子の病気は主任のお医者の井上さんも驚きになるほどにわかに激烈な肺炎に変じました」。もと子は「既に一行も予定の記事について執筆する丈の勇気を持つことが出来ません」「家庭之友の皆様のお手許に届く頃には、悲しき父母と、おばさんと、姉さんとを残して、涼子は既にこの世のものでないかもしれません」と続ける。

このページをめくると、「三十一日午前六時、涼子はついに亡くなりました。私共は今はげしき悲みの中にあって何も申上げることが出来ません。どうぞお察しを願います」と大きな活字で書かれている。商業雑誌ではなかなかこういう私事の公開はされないものだが、『家庭之友』はあくまで羽仁もと子という人が家庭を持って、子供たちを育てながら衣食住の家事、育児、家庭経営について経験から考えたことを述べていく。それに同じ悩みや迷いを持っている読者が共感し、相談し、よりよい家庭を作るという雑誌である。涼子の病死は読者も同情しながら読んだのではないだろうか。この号はたった28ページしかない。

翌5月号は全面「亡児涼子紀念号」である。

冒頭に吉一の挨拶がある。紀念号を出すことについて「寛大なる諸君は、愛子を失える親のこころを憐れんで、必ず御許し下さるだろうと思います」とある。次は「失われたる子羊」という、安部磯雄による涼子の葬儀の説教。安部は自身、3週間前に11歳の長女富士子を失った

ばかりであった。「ただむしろ思う存分に悲しむのが、第一の慰めであるかもしれない」と友人が手紙をくれた。「しかし私共クリスチアンの唯一の慰めとする所は、亡くなった子供の天国に於いて生きているということです」。いずれ自分が天国に行く時に立派な娘となって出迎えてくれるだろう。そして自ら「子を失える悲しみ」を経験することにより、同じ悲しみを持つ親の多いことに心附き、真実なる同情を表することができる、と結んでいる。

続けて「涙のあと」と題して、もと子による経過説明がある。3月15日頃より涼子は風邪気味で、20日頃、百日咳とわかった。もと子は、咳をしながらも遊ぶ涼子の傍らで執筆を続けたがはかどらなかった。26日の夕方、突然発熱、40度を超えたが、翌日は「麹町三丁目、チリンチリン」などと説子が電車ごっこで駆け回るのを、涼子は抱かれてにっこり見ていた。『家庭之友』常連執筆陣の女性医師井上友子も往診に駆けつけ、博士とつく名医の診断も仰ぎ、最善の注意を払って看病された。負けん気の強い元気な子供で、その生命力を頼むしかなかった。31日午前6時10分前くらいに、かすれた声で「チチ」といい「バ」といって、ついに亡くなった。1904年8月生まれ、わずか1歳8カ月だった。「死ぬるまで確かな心で病苦と奮闘した幼きものの健気さはいっそう可憐でございます」「涼子さようなら天国で待っておいで」

父親の吉一も「わかれの日」と題して、その後のことを書いている。11歳で亡くなった安部磯雄の令嬢が雑司ヶ谷墓地に葬られ、その隣があいていると聞き、そこに埋めてやれば涼子もさびしくないだろうと手続きをした。4月1日には棺を注文し、着せる着物を新調し、2日は遺骸を棺に納め、聖書や鞠（まり）、人形、ハーモニカ、手帳、鉛筆、絵はがきなど涼子が好きだったものをみんな入れた。奇しくもこの日は、長女説子の3歳の誕生日でもあった。

雑司ヶ谷墓地に葬る

3日午前、家族と安部磯雄、井上友子ほか数名で、質素な葬式が自宅で営まれた。向（むこう）軍治（ユニテリアン・慶應義塾大学教授）は涼子を知っている子供を連れて参列。両親だけで墓地へ送る。友人の田川大吉郎、安部夫人も墓地で待っていてくれた。「おそらく生涯この悲しみを忘れることは出来ないであろう。また強いて忘れようとも望まない」「神に対する近日の感」で、もと子は「子供が割合に健康であるからというて死ぬるなど毛頭ない」と思い込んでいた自分の愚かさを語る。当時は多産多死の時代で、「2年未満の幼児100人中殆ど40人近くが死亡」した。現在、百日咳は5種混合ワクチン（百日咳、破傷風、ジフテリア、ポリオ、ヒブ）が定期接種されており、これで命を落とす子供はほとんどいない。「悲しき思い出」では、かわいかった涼子の姿を描く。「無遠慮で快活」だったそうで、猪突猛進型のもと子に似ていた。1歳半で走り回っていたとすれば運動能力も高い。父を「ととと」、母を「かあか」、説子は「ねえね」、水を入れるものは「ポップ」、お菓子は「十時」（午前10時に朝のおやつが出る）、食べ終わると「ないない」、なにか指図されれば「はい」と答えた。

お風呂好きで、「母さんが帯を解きかけると、もう自分の前掛けを引っぱってぬがしてもらおうとします」。脱がせると湯殿に走って行って「はいりはいり」と言い、湯船ではいつでも瓶を持ってぶくぶく言わせながら、1から30まで数えるまでおとなしく沈んでいる。「二十九、三十といえば、『あんが』といって大急ぎで立ち上がるのです」。死ぬ直前、井上医師がお辞儀をすると「帰り？」と言うので、みんな笑った。利発なしっかりした子供であった。一方の説子は、内省的で控えめな子供だったようで、二人の姉妹はよき協力者になるはずだった。

しかし、もと子は気を取り直して『家庭之友』や、主婦の教養を高めるための『家庭女学講義』創刊号の執筆・編集に戻り、6月号では連載の「家政問答」（家計のやりくり指南）のほか「中元になすべき事」、7月号には「墓前の感」と題して雑司ヶ谷の墓に向かう随筆や、「子供の喧嘩について」を書いた。

つらい思い出に別れて

この号には、転居通知「東京小石川区小日向台町（こひなただいまち）2丁目18番地」が載る。

8月号には「小日向台町より」。これは、すっきりと書き直されて著作集第14巻に「そのころの小石川」とタイトルを変更して収められている。

「番町から小日向台町に引越した。涼子の墓に近いことが、主にその理由であった。ここに来て何より困るのは、電車が遠いのと買物の不便なことであるが、それは前から覚悟していた。

越した日の夕方、第一に驚いたのは、蚊の多いことである」。市中に市電網ができたのは1903(明治36)年頃から。都心の麹町の家は説子たちが「麹町三丁目、チリンチリン」と電車ごっこをするほど、市電が近かった。

麹町では「一度出て家に帰って、また出かけるということも容易であった」。小日向台町はそうはいかない。地図で見るとこの辺には久世邸という大きな屋敷がある。南へ大日坂を下りれば小日向水道町の古川橋の停留所があるが、西へ鼠坂を下りても音羽の通りにまだ電車が通っていない頃であった。しかし、一日に何度も外出する生活はせわしない。「用事をまとめて半日ぐらい留守にして帰って来ると、ほんとにのびのびとした思いがする」

また郵便配達の足音も、麹町では「とっとと強く足早」なのに、小日向では「のそりのそりと悠長な歩き方」である。酒屋や肉屋の若い店員も「重口でのそりのそりしている」。同じ山の手でも、どうして町によってこれほど違うのか、という観察は面白い。

「ここに引越したことについての最大の幸福は、涼子の墓に近くなったことである。夕方など門を出て裏づたいに鼠坂を下りて、やがて護国寺の門を入り、石段を登って、夏野のような心地よい境内を過ぎ、水晶のように露をのせた里芋の茎や隠元などの作ってある畑を見下ろす崖の小径を通り、やがて大きな竹藪にかかると、間もなくちょうど涼の墓の後ろが、藪の間から見えるようになる。一時間少し余の時があると、なつかしい墓前に優に半時間を費やすことが出来る」

同じ号に吉一も「借家住居についての感」を書いている。それによると、羽仁夫妻は結婚以来、芝三田四国町、赤坂新坂町、麹町土手三番町、中六番町、三番町と引越し、このたび小石川に転居した。それでも、元いた家の思い出は懐かしい。引越すと説子は元の家に戻りたいと言い出して困った。本来なら先祖伝来の家で成長し、妻を迎え、子供を育てられたらいい。「浮き草のような借家住居は、決して我々の家庭生活を幸福にするものでないと思うのでありますす」と結んでいる。

月収50円の中産階級を理想とした羽仁夫妻であるが、彼ら自身も北と西からの地方出身者であり、東京では浮き草のような存在に思えた。「我家の時間割」（11月号）によれば新しく越した家は二階建てで、一階が十畳、六畳、四畳半、台所、湯殿、二階は十畳、四畳半と三畳。3人家族と妹、弟、女中一人にはまあまあ広い家だった。女中部屋がないため、玄関に寝かせた。吉一は昼の食事を済ませて出勤し、夕食を社で済ませ、夜9時前後に帰宅した。

家族の時間割

ここで家族それぞれの時間割を見てみよう。女中は朝5時半に起き、夜10時に就寝。仕事は玄関と窓開けから始まるが、当時、雨戸を閉めていれば、これを全部開けるのは大変である。

ご飯を炊くのもかまどで薪を使う、あるいは七輪で炭。まだ電気はおろか、ガスも普及していない。味噌汁やおかずの調理、お膳立て、後片付け、洗い物。家の掃除、風呂の水汲みと風呂焚き、洗濯、干し物、取り込み、たたむ。便所掃除、手ぬぐい替え、ランプほやの掃除、買い物、縫い物やほどき物、と女中はかなりの重労働である。この家は幸い、上水道がついており、風呂の水を井戸から汲まなくていいだけ楽である。それにしても、起床から就寝まで16時間半労働とは。

吉一の妹は、裁縫や料理を手伝うほか、買い物、雑誌の郵送、布団敷き、説子の世話などを手伝った。弟は玄関や土間の掃除、庭と外まわり掃き、靴磨き、ランプ点け、雨戸閉めなどをしている。主婦であるもと子はというと、朝7時半から10時半まで原稿書き、その後、午前中に編集事務、午後は夫の出勤の用意や家事見回り、午後2時から4時半までまた原稿書きか外出。夕方、今日の献立を帳面につけ家事管理。家事が得意でなかったせいもあろうが、管理部門という感じか。

記事は、このように合理的に家族で家事を分担し、規律正しい生活を送ることを勧めている。もと子は外出や料理教室、原稿を書く以外は、できるだけ説子と一緒にいることにした。「仕事より子供の健康と成長優先」ということは次女を亡くしたもと子には痛切であった。

日曜日には教会へ行き、月の最終日は涼子の命日なので雑司ヶ谷の墓地に出かけた。顔洗いや髪結いも、日課として家事に入れているのが面白い。また、当時の家では薪や炭を使っていたので、煤（すす）で汚れた台所の天井、煙出しなどの掃除も毎週行なわなければいけない。ランプのほや磨きは毎日必要だった。

女中を使わない暮らし

主婦が家というサテライトオフィスで執筆や編集という頭脳労働をするためには、肉体労働をする下婢（女中）を必要とする。もと子自身「家政問答」の中で、何度も「下婢を雇うのをやめて節約せよ」と勧めているが、その下婢の給金は月に1円50銭が相場で、ひと月の牛乳代の半分だ。いかに労働力が安いことか。農村女性は口減らしとして都会で女中奉公をした。一方、都会のしかるべき家で女中をすれば、故郷に帰った時に縁談の際に箔がついた。

もと子は繰り返し、下婢のしつけ、下婢の用い方を雑誌で説いている。裏を返せば一家6人、小姑たちも同居しながら、仕事も育児も家政も女中の教育もつかさどる主婦の仕事はどれほど大変だったかとも思う。

明治の中流家庭における「下婢」は平等な人間としては扱われていない。身分の違うものとして下に見なければ、16時間半もの拘束はできないだろう。私は羽仁もと子が下婢（若年女性家事従業者）をどう遇したか詳しく知りたいが、それは雑誌には書かれていない。幸福な家庭や理想の育児、かしこい家計については語るが、下婢の幸福や自己実現についてはこの時点ではほとんど語られない。『家庭之友』のほかの執筆者も、「監督」「運営」「取締」という言葉を使うが、当時の中産階級の大家族の主婦は家事労働者というよりは、家事を言いつける監督者に近い。

合理的な考え方のもと子は、1907年2月号で「下婢学校の案」という提案に向かう。

「よい下婢の乏しいことは、多くの家庭の為に一の困難な問題であります」として、「洗濯、炊事、掃除のほか、日常の行儀、講話、さらに簡易なる読み書き並びに裁縫を特別科としたい」と抱負を語っている。それによって、質のよい下婢を雇えるのみならず、臨時に手が必要な時には下婢学校から雇うことができる、これで常雇いの一人分の給金を節約できる。最後は「私はむしろ下婢を入用とする我々の家庭の便利のためよりも、多くの貧しき少女のためにこの学校の必要を感じます」と締めているが、あくまで使用者側の目線である。教育を受けられず、家事もできないうちに「下婢市場」に出される少女たちを救おうというには、ややとってつけたように見える。

一方、「我がよしとおもう娘の教育法」（1907年1月号）という、もと子が感じ入った某夫人の談話がある。大概を記せば「娘をいわゆる令嬢式に稽古事などやらせるのでなく、自活できるように、掃除、料理、裁縫は身につけさせ、学校教育に傾注して明確な知識を得させ、なるべくなら英語を特色とする学校に通わせたい。結婚させるなら不労所得者よりも堅実に働く無財産の男子でよいが、その際は新家庭への贈り物として、不体裁でない小さな家を持てよう尽力し、娘にも五百円くらいの金を贈りたい……」。生活教育の重要さを語るのはいいが、これほど親が子供の人生に介入し、レールを敷いてやる必要があるのか。まさに教育ママの発祥を見るようである。

1907年2月号巻末の「日記抄」は、寒の入りに風邪をひいた説子の看病日誌で、著作集

にも収録されている。涼子を百日咳で失い、説子の感冒（インフルエンザ）に、もと子は気が気でなかった。吉一も会社勤めの帰宅後、終夜看病を続けた。3月号には、吉一による病中日記が続き、このため『家庭之友』の発行がずいぶん遅れたお詫びがあるが、奥付では3月3日を変えていない。初期の発行日には疑問の余地がある。

4月号は涼子が亡くなって1年の紀念号。次女涼子の死は羽仁夫妻に長い間、影を落とした。夫婦はますます内省的になり、信仰を強くした。教会に通うことより、家庭を祈りの場とすることへ向かった。この間、もと子の弟松岡正男がウィスコンシン大学を卒業して帰り、新聞社を退いた吉一は、正男と共に1907年11月に『青年之友』を創刊。羽仁家はますます多忙をきわめていく。

11 次女涼子の死

雑司ヶ谷の涼子の墓前にて。1906年8月。
中央羽仁吉一、説子、もと子。右は吉一の妹・種子

12 『婦人之友』への統合

1907(明治40)年、羽仁夫妻にとっては疾風怒濤、てんてこ舞いだった。仕事が重要な変化を迎える年でもある。もと子は34歳、吉一は27歳、説子は4歳だった。

『家庭女学講義』の創刊

1906年4月30日、羽仁もと子は『家庭之友』の姉妹雑誌として、『家庭女学講義』という雑誌を自力で創刊した。第一号は52ページ、定価12銭、入会金を払って会員になると送料込みで10銭だった。バックナンバーを読む前には、これは新米主婦のための家庭経営教則本のようなものかと思っていたが、そうではない。趣旨や論調は『家庭之友』とそれほど違わない。創刊号の表紙は地味で、タイトルが縦に書かれている。一段組で活字も大きく読みやすい。

驚くのは涼子が亡くなったのが1906年の3月31日、なのに4月3日には『家庭之友』(四巻一号)を出し、4月30日には『家庭女学講義』(一巻一号)を出していることだ。超人的ではあるまいか。この頃は、取材、編集と執筆はほぼもと子一人、いくらかは吉一が助けていたと考えられる。当時の編集や販売の実態に関する記録はないが、とにかく羽仁夫妻は毎月、1年以上この2種の雑誌を並行して出し続けた。

『家庭之友』が編集権は与えられていたものの、経営権は内外出版協会が握っていたため、それとは別に独立した雑誌を出したかったのであろう。発行母体は「家庭女学会」、住所は「東京市麹町区三番町十二番地」、すなわち当時の羽仁夫妻の住まいである。「育児、家政、衛生、庖厨（料理）、手芸、歴史、科学とあらゆる分野の模範となる記事を載せ、賢い主婦を育てる」というのがその主眼だった。読者には、何度でも繰り返し読むように勧めている。

そのために、各界の専門家にいろいろな知識を聞いて、もと子がまとめた。それだけでも尋常ではない仕事量だ。ブレインとして浮田和民（かずたみ）、三宅雄二郎、加藤弘之、安部磯雄、田川大吉郎、加藤照麿などがいた。この雑誌は、1年後には600ページを超える金文字入りの合本になって1円30銭で販売された。

もと子は多彩なテーマで健筆を振るっている。

- 創刊号1906年4月30日発行「一家の基本財産」「家事整理の順序」
- 二号5月30日「家計予算のたて方」「家内の規律」
- 三号6月30日「幼児に与うべき習慣」「小遣い帳の附け方」
- 四号7月30日「小遣い帳の附け方（下）」「分子の話」
- 五号9月10日（8月30日に出すべきところ10日ほど遅延）「下婢の使い方」「新案の寝冷えしらず」「空気の話」
- 六号10月10日「親戚と友人」

・七号11月10日「家人に対する主婦の責任」「交際の心得」
・八号12月10日「子供と同情」「年末に於ける家事」
・九号1907年3月10日（「1月、2月は子供病気、自身の風邪のため休刊」とある）「一家の食物」
・十号4月10日「女ごころ」「家庭と娯楽」（5月は抜け）
・十一号6月10日「勝ち気とは何か」「幼児に与うべき習慣」「家庭に於ける衣服の理想」
・十二号7月10日「虚栄心の源」「神経的なる教え方」「住居について」
・二巻一号8月10日「理性を養はしむる教え方」「金銭に対する理想」
・二号9月10日「意思を強くせしむる教え方」「家具に対する理想」（10、11月は休刊）
・三号及四号12月10日「隠れたる婦人の生活」「家庭教育と信仰」「再び交際について」

途中、遅延や欠号がありながら1年半ほど続いたことになる。全15冊。1年分は分野別にまとめられ、販売された。最初の方の号は増刷もし、かなり売れたと思われる。経営権を持たずに編集料をもらうのと、雑誌を自分が出版するのでは入ってくる金額が違う。報酬については不満があった。山縣から実売高の何分かをもと子がもらうことになっていたのに、その実売数が明らかでない。もと子は直接、帳簿を見せよと迫った。この辺、例の猪突猛進である。雑誌は意外にその掲げる理想とは違ったお金の問題でつまずく。しかし、自分ですべてを引き受ければ、配達、郵送、集金、その他の雑事が膨大になる。

『家庭之友』は請負仕事なので、発行の遅延は許されない。そのしわ寄せは『家庭女学講義』

にいき、もと子がよいものを作りたいと思えば思うほど、遅れたり、休まざるを得なかった。

『家庭女学講義』は最初、実用的な記事が多いが、だんだん人間の性格、家庭の娯楽、幼児教育、恋愛と結婚、親戚づきあいなど、テーマが広がっていく。『家庭之友』で細切れに、もと子によれば「その時々の思いつきを記し」たものが、ゆったりと熟成してまとめられている。「婦人に必要な知識を組織だちて記したもの」である。

タイトルは「於ける」とか「せしむる」とか文語体で堅さがあるが、文章は「もと子調」とでもいうべき口語体で、「ありますけれど」「ようでありますが」と文体に特徴がある。考えてみれば、この同時期、森鷗外はまだ文語体で小説を書いていた。夏目漱石が口語体で「吾輩は猫である」を発表したのはちょうどこの日露戦争の時期だった。韜晦（とうかい）としゃれや地口を含み、リズムもあるので喝采を浴び、英語教師の漱石は一躍国民的作家になった。

この10年の文体の変化、というか飛躍はかなり大きい。もと子にしても、「報知新聞」の探訪記事と、『家庭之友』や『家庭女学講義』では文体が大きく変化している。最初こそ、料理のレシピなど、まごまごしているような手際の悪さを感じさせるが、慣れるにつれ、料理も洋裁もわかりやすい文章になっていく。

それでももと子の真骨頂はやはり社会批評にあり、啓蒙記事にあったのではないか。「分子の話」や「空気の話」など、今の「科学読み物」とでもいう分野にまで筆が及んでいる。しかし、内容の出典までは明らかではない。

子供の育て方

『家庭女学講義』の十一号（1907年6月10日）の「幼児に与うべき習慣」では、一人娘の説子を本郷の上富坂町の明治幼稚園に入れたことを書いている。小日向台町の家から上富坂まで歩いていく。家から外に出ることの少ない幼児に、その習慣をつけるのは大変であった。『家庭之友』（五巻二号／1907年5月3日）では「子供お話会」として、説子の誕生日に14～15人の子供たちを招いて、一人一人に皆の前でお話をさせる、話が得意でないなら唱歌を歌うのでもよい、福引きやおやつが出るような集まりを持ったことを報告。子供のうちから人前で自主的に語ることが大事だと述べた。これは後で報告しなければいけないと、話を注意深く聞くからである。

「子守の心得」では、小学校を出たばかりの子守を説子のために雇ったが、「子供が自分で出来ることは自分でやらせるように」と言い聞かせた。「子供に何もさせないと第一に怠け者になり、第二に不器用になり、第三に心まで馬鹿になるからです」。もと子らしい、すぱっとした言い方である。

翌月号は、巻頭に「女教師にするではなし」という論評が載る。うちの娘は嫁に行けないほど不器量でないから、教育よりも音楽やお花でもたしなめばそれでよい、という親を批判している。私には、もと子の情熱が雇われ編集者の『家庭之友』から自前の『家庭女学講義』に徐々に移っているように感じられる。後者には、松村介石の「十字軍」「アルフレッド大王」、

12 『婦人之友』への統合

また山辺平助「京釜鉄道と京義鉄道」などの特異で充実した読み物もある。もと子が枠にはまらず、「女性総合誌」を目指したことがわかる。

一方、前述したように羽仁吉一は1907年11月、『青年之友』を創刊した。留学から帰ったもと子の弟の松岡正男と共に始めたもので、表紙に大きく二人の名前があり、意気込みが伝わる。横井時敬（東京農学校校長）、渋沢栄一、大隈重信、新渡戸稲造、山室軍平、浮田和民（政治学者）、三宅雄二郎（雪嶺、哲学者）といった執筆陣は豪華であった。しかしこれは、女性向けの二誌ほど実用的ではなく、やや思弁的にすぎ、1年余りで終刊の辞を二人がそれぞれに述べて終わった。この後、正男は後藤新平に心酔し、植民地研究をして台湾に渡ることになる。

同じ1907年、羽仁もと子は『主婦日記』を創案、発刊している（一冊35銭）。「過ぎ去ったことを附けるのではなく、これから為さねばならないことを記すための日記」とある。これも100年以上経った今も形を変えながら販売されており、毎日の献立や、この季節にはこんな家事をしようといった提案がある使いやすいものだ。ほかにも、もと子は『家庭問題　名流座談』など何冊かの本をまとめている。

いよいよ独立の時

よく『家庭之友』の後身が『婦人之友』だと書かれることが多いが、この二つは経営母体が違う。実際は、自ら発行していた『家庭女学講義』を改題して出したのが『婦人之友』である。

そして『婦人之友』の創刊後も、羽仁夫妻はまだ一年ほどは『家庭之友』の編集にも携わっていた。なんともややこしい。『家庭之友』とは広がりのある大変いい雑誌名だが、内外出版協会が版元である以上、その名を使うことはできなかった。それで夫妻は、出版事業の完全な独立に向けて、『婦人之友』と新しい誌名をつけた。

『家庭女学講義』の最終号（二巻三及四合併号・1907年12月）に大事なことが書いてある。「謹告（次号より『婦人之友』と改題するについて）羽仁もと子」と題しているが、3ページにわたるため、要点をまとめる。

「『家庭女学講義』は読者に歓迎され、申込みの手紙が日に百を数えたこともあった。その第一号ははからずも亡き涼子の紀念として発行されることになった。二つの雑誌を並行して出すのはなかなかの重荷だった。けれど無責任な寄稿によってページを埋めることは、ご愛読の厚意に対しても、私の性分としてもできなかった。そのため度々発行が遅延したが、読者の理解と寛容に助けられた。夫の吉一は会社を辞めて念願の独立を果たしたが、1907年11月から『青年之友』を創刊、多忙をきわめた。女学講義は頁数が多いので、発行日の遅れが苦労の種になっていた。そこで、種々の感情を排して頁を削減し、同時に『婦人之友』と改題することに決心した」

ここで、面白いことを言っている。雑誌は第三種郵便が使えるが、先頃、郵便規則が改正され、講義録と名のつくものは第三種の扱いはできなくなった。それで二銭の郵税（送料）が必

12 『婦人之友』への統合

要だったが、これからは定期刊行の雑誌になるので、送料は五厘ですむ。これは経営上、大きかったであろう。

「『家庭女学講義』はこの二倍号をもって第二巻を終わり、更に明年一月より、『婦人之友』として、毎月一回十五日をもって発行いたします。

一、『婦人之友』の定価は一冊六銭、半年分三十三銭、一年分六十銭と定めました。郵税は従前通り私共において負担いたします。御払込みになっている会費の残額は、精密に換算して、少しもご損のないように致します。

一、『婦人之友』はもちろん、『家庭女学講義』の内容及びその特色を継続するつもりでございます。ただ記事の配列において、多少の相違があるのみで、育児、家政、礼法、衛生、手芸、料理、其他ことごとくいっそう実用的なる記述に加へて、今までの女学講義よりも興味その他の点においてことに優るるものとなることを信じます。相変わらず御愛読下さいませ」

一方、『家庭之友』（五巻十一号）には「心の貧しきものは福(さいわい)なりという言(ことば)は、無益な思い煩らいを置かず、気を軽くゆっくりしていると、その軽くゆっくりとしている心の中に入り込んで来るものは、よき信仰と望みであるというのであります」とある。これはまさにもと子自身の心境であったに違いない。「新しき『婦人之友』に向っても切に同様なる御助力を祈ります」として、本誌愛読者は創刊号の出る前に1年分の申込をしてほしいとアピールしている。『家庭之友』と『婦人之友』、同人物の編集する類似誌を両方購読せよというのは、やや強引な感じがしないでもない。内外出版協会の経営者は、どんな気持ちでこれを読んだのであろうか。『婦人之友』の創刊号は1908（明治41）年1月20日に出た。

もと子は冒頭に「理想の生活」という小説のようなものを書いている。それは、静子という若い女性が結婚する前夜に母から受けた教えである。「静子はかくして嫁（かたづ）きました。もちろんいまだ地位もなく、名もなき一人の青年紳士に。静子は果たしていかなる主婦となり、いかなる境遇に処していかなる生活をするのでしょうか。回をおうて写し出そうと思うのは、この新しき主婦の家庭であります」と、連載が予告される。あとはそれまでの『家庭之友』と、体裁も内容もそう変わりはない。

『家庭之友』との決別

一方、『家庭之友』六巻四号（7月3日）に、もと子は「休息」なる巻頭言を載せる。「遊ぶための人生ではなく、勤むるための人生であり、休むための世の中ではなく、働くための世の中ではありますが、勤め働くためにまた楽しき休息が必要でございます」。なんと、もと子らしい文章だろう。同じ号の「編者より」には、「本月9日払暁（ふつぎょう）お蔭にて誠に安らかに出産いたし、その後の経過も宜しく、子供も無事に成長いたし居候」との報告がある。三女は6月9日に生まれ、神の恵みという意味で、恵子と名付けられた。

そして『家庭之友』六巻九号（12月3日）に「家庭之友と訣（わ）かる」が載り、羽仁夫妻はこの

12『婦人之友』への統合

雑誌の編集を辞した。当然の成り行きだろう。「この夏、三女を与えられて以来、毎月ふたつの雑誌は、私共の時間と労力にあまるようになりました」。雑誌が遅れれば発行所（内外出版協会）に損害を与える。しかし自らの良心に恥じない仕事はしたい。「私共はかくして多年心血をそそいで自ら築きあげた事業を自ら放棄しました」「願くは、われらの婦人之友と共に、今後の家庭之友の上に、くれぐれも読者諸君のご同情の厚からんことを希望いたします」『家庭之友』は羽仁夫妻の手を離れてからも数年続いたが、雑誌とは主宰者の体臭を嗅ぐものであり、その個性で読まれるものである。読者は次女を失ったもと子に同情し、長女の育て方に興味を持ち、三女の妊娠・出産を喜んだ。そうした感情のシンクロがなくなって、雑誌の力が衰えたのかもしれない。

この経緯を、ほぼ40年以上経って回顧の中で、羽仁吉一は述べている（『雑司ヶ谷短信』）。「十九世紀の後半期に生れ、そうして人となったわれわれは、新世紀の第一年目に結婚したのだから、明年でいわゆる金婚式とかになるわけである。その翌々年の四月には長女が生まれ、その翌日には新しい雑誌が創刊された。家庭之友である。それが端しなくもわれわれのライフ・ワークとなったのである。間もなく起こった日露戦争は、今日から見ると玩具の戦争のようなものであった。戦争というもののどんなに悲惨なものであるかを、身をもって知る機会にはならなかったのである。明治四十五年の夏明治天皇の崩御にあって、国民精神の上に大きな打撃を受けたが、その時、倫敦タイムズは、その社説で日本はこれを頂点として降り坂になる

だろうといったことを思い出す。われわれは、三十九年の春、かりそめの病のために三つになったばかりの次女を喪ったが、そのことがわれわれの幼弱な信仰に画期的の飛躍をもたらした。今日婦人之友精神の底を流れている不抜の世界観はその時に基礎づけられたといってよい。

家庭之友は編輯に関しては十分の自由があったが、経営方面についてはいろいろの問題があり、四十一年の一月から全然独立して、今日の「婦人之友」を発行することになった。当時内村鑑三先生が激励の書簡に添えて、一年分の購読料を送って来られたことが、今なお記憶に鮮かである。その年の六月に三女が生まれた。独立自主の経営には多くの困難があった。世俗との戦いも誘惑もあった。既知未知の多くの友の励ましが、微力なわれわれをして、よくこの事業の節操を完（まっと）うさせてくれたことをいつも思う。家庭之友時代からかぞえて四代にわたる読者も少くない。三代つづきの読者は屈指にいとまないほどであろう」

夫妻が涼子の死を境にキリスト教の信仰を深めていったことは、『家庭之友』の「神は愛なり」（五巻一号）、「空の鳥を見よ」（五巻十号）などにも明らかである。

羽仁吉一松岡正男執筆

青年之友

第一巻

第一號

明治四十年十一月一日發行

文章を草しつゝある三宅雪嶺氏 …… 羽仁吉一
隨感
地方紳士論 …… 鎌田榮吉
新日本の青年 …… クレメント
余をして再び青年たらしめば …… 横井時敬
實業界に入らんとする青年に告ぐ …… 澁澤榮一
何でもやつて見る事 …… 大隈重信
余の札幌時代及び當時の交友 …… 新渡戸稻造
余の救世軍に投じたる動機 …… 山室軍平
倫理上より見たる自殺 …… 浮田和民
我輩の物質觀
文章を學ぶ心得 …… 三宅雄次郎
ダル氏「協和聯體政治」を讀む …… 松岡正男
天文臺の生活
(一) …… 寺尾壽
(二) …… 平山信
我冷水浴の實驗
友人からの手紙 …… 重野安繹
不老不死キャンプの一日 …… エックス
編者より

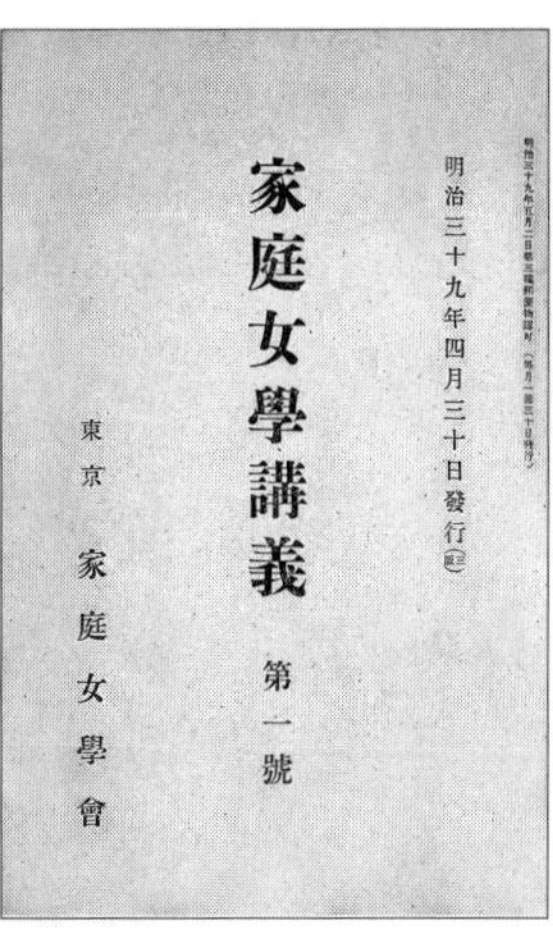

家庭女學講義

第一號

明治三十九年四月三十日發行

東京 家庭女學會

羽仁もと子編輯

婦人之友

第一巻

第一號

明治四十一年一月二十日發行

要目

理想の生活 …… 羽仁もと子
簡易なる茶話會の工夫 …… ミセスポールス
小兒と體温 …… 加藤照麿
子供の病中に得たる經驗 …… もと子
家具破損の統計 …… 一主婦
家政問答 …… 羽仁もと子
育兒問答 …… 井上友下
簡易なる香水の作り方 …… 秦晴生
飾り蒲團の拵へ方 …… 齋藤兼代
玉子一つのオムレツ(料理) …… 楓山治亮
女中の家扶(三則)

[上左]『青年之友』は羽仁吉一、松岡正男により、1907年11月に創刊。1908年12月、第2巻3号で終刊に
[上右]『家庭女学講義』は1906年4月〜1908年12月。羽仁夫妻が『家庭之友』(内外出版協会)と並行して、自宅を発行所として出版
[下]1908(明治41)年1月『婦人之友』を創刊。もと子の考えや、家政に対する提案、方針がより明確に打ち出された。発行所は自宅

13　『婦人之友』の船出

『婦人之友』が創刊されたのは、1908（明治41）年。誌面には時事的な記事はほとんどないが、どんな年だったのか。

3月8日にはニューヨークで女性労働者がパンと婦人参政権を要求するデモを行い、これが「国際婦人デー」の始まりとされている。4月27日にはロンドンで夏季オリンピックが開幕。この頃は「スポーツを通じての世界平和」という理想に、まだ力があった。その翌日、第一回ブラジル移民が笠戸丸で神戸を出港した。6月9日、羽仁家には三女恵子が誕生した。6月22日には、アナキスト・社会主義者らが神田錦輝館での集会で赤旗を振り回す、いわゆる赤旗事件が起こり、当事者の大杉栄、荒畑寒村、止めに入った堺利彦、山川均ら14名が検挙された。しかし、この時収監されたおかげで、彼らは1910年の大逆事件では獄中にいたというアリバイがあって検挙されずにすむ。

7月4日（アメリカ独立記念日）には第一次西園寺公望内閣が総辞職し、7月14日（フランス革命記念日）に第二次桂太郎内閣が成立する。その後、政友会と憲政会が政権交代を続ける、いわゆる桂園（けいえん）内閣時代になっていく。〝情意投合〟という名の政権のたらいまわしであった。7月25日に池田菊苗が「グルタミン酸塩ヲ主要成分トセル調味料製造法」の特許を登録してい

るが、これが「味の素」。8月には、熊本県水俣村に日本窒素肥料株式会社が創設（改称）された。この工場の海への排水がのちに水俣病の原因となる。

9月にはマーラーの交響曲第七番がプラハで初演され、アメリカではフォードのモデルTが完成したが、東京にはまだ自家用車はほとんど走っていなかった。帝政時代のモスクワでは、メーテルリンクの童話劇「青い鳥」が初演され、10月にはオーストリア＝ハンガリー帝国がボスニアとヘルツェゴビナを併合。今は小国のオーストリアは当時、巨大な帝国であった。

アジアに目を転じると、4月20日に日本統治下の台湾で、基隆（キールン）―高雄間で鉄道が開通。11月、清国で光緒帝、皇帝を抱き込んで権力を振るった西太后が共に死去。12月に、まだ3歳にもならない愛新覚羅（あいしんかくら）溥儀（ふぎ）がラストエンペラーとなった。

こんな年に『婦人之友』は産声を上げた。「家庭からよい社会をつくる」のが、その目的だった。

社に保存されている1~12月号をとじ合わせた合本には、表紙や広告はない。創刊号は、復刻版で見ることができた。

表紙は白地に墨の文字。暖炉の前の幼い姉妹の口絵は羽仁家の壁にかかっていた名画で、「改題に際して特にこの絵で巻頭を飾る」とある。

広告が面白い。『婦人世界』、これは実業之日本社から出版されていた雑誌で、筆者には村井弦斎のほか、跡見花蹊（かけい）（跡見学園）、三輪田真佐子（三輪田学園）、鳩山春子（共立女子学園）、嘉

悦孝（嘉悦学園）、棚橋絢子（東京女子学園）など、当時の私立女子学校長がずらりと並んでいる。

もう一つ『ネルの勇気』という羽仁もと子著の単行本の広告もある。発行は家庭之友社、小石川小日向台町の羽仁夫妻の住居。発売は内外出版協会、この時点で住所は東京巣鴨郵便局染井上駒込伝中となっている。単行本発行に関しては、まだこの会社と縁があったと見える。ほかにも羽仁もと子編集で『家庭小話』『育児之栞（しおり）』『家庭問題 名流座談』も出している。精力的な仕事ぶりであり、羽仁もと子の名前がそれだけ支持を得ていたこともわかる。

もと子の初小説

さて、少し触れたもと子の小説「理想の生活」は、創刊号から1年余、12回にわたって連載され、かなり力を入れたものだった。

寡婦（シングルマザー）の聡明な母にしつけられたクリスチャンの静子は、中江謹一という教師と結婚して別の都市に住む。現在は離婚によるシングルマザーが多いが、当時は平均寿命も短く、一家の主が戦争や病気で死に、「寡婦」になる例が少なくなかった。この母親が何で生計を立てているかはよくわからない。

この母が娘に贈った言葉は「乏しい主婦の理想の生活は、時を惜しんで朝も晩も働くこと」である。これが端的に言えば、羽仁もと子の「理想」である。現在の共働き、あるいは独身者は家庭に「社会にはない安らぎ」を求める人が多く、家に帰れば「まったり」「ほっこり」が

いいと言う。もと子はそれを許さない。家庭は主婦の主戦場である。洗濯、掃除、炊事、買い物、ゴミの処理、支払い、納税、交際、雇い人のしつけ、やることはいくらでもある。そして、毎日かならず寝る前に、きょうの生活は理想的であったかどうかを反省せよと言う。

そして「他人の力を待たず」「家庭の他の人を感化する」ことが大事である。家庭では「清潔に温かに」が第一だ。夫が酒を飲み、煙草を喫い、乱れた話をするならそれをやめさせる。婚外恋愛などは論外。家庭は清潔でなくてはならぬ。

もと子は愛が冷めること、ほかの異性への愛が芽生えることを否定しているのだろうか。私はそれを否定しない。法廷も以前は有責主義といって不貞をおかした側を強く罰したが、現在では破綻主義といって、結婚した同士の相性が悪い場合、修復できないほど不仲な場合、別の愛する人ができてしまった場合は、すみやかに婚をほどき、再出発することを否定していない。

二号では、静子から母への報告書簡になっている。

簡素な結婚式を挙げ、「名ある私立学校の教師」である夫謹一と暮らし始めた。彼は「老婢」を雇っていたが、高齢なので体力もなく、掃除や料理も細かいところに手がまわらなかった。新婦の静子は自分で家事に当たり、衣料の「ほどきもの、洗いもの、張りもの」も行う。結婚生活の費用の計算もし、母からの50円の祝いは貯蓄する。女学校で英語を学んだので、英語を習いに来る生徒二人から入る月謝4円は臨時費に充てる。夫は学校から3時に帰宅、後を頼んで買い物や風呂に出かけ、夕食を用意し、夜は寝る前の祈りを欠かさない、と書いている。

当時の教員は、今より些事・事務が少なくて、早い帰宅が望めたらしい。ここで、例の「家政問答」が物語にも顔を出す。静子の家庭の月給は45円。家賃12円、別居の姑に5円送金、米、副食物、薪炭で14円。交際費修養費5円、衣服身のまわりのことで3円、家具費1円、臨時費2円、貯金が3円でぴったりである。こうなると日本初の家計簿実用小説といえるが、読者の参考にはなっただろう。

三号目では交際について語られる。謹一の竹馬の友である伊藤の夫人花子は女学校を出ているが、気象がしっかりしていない。自分の考えを持っていないで、流行に流されやすい。もう一人は、謹一が世話になっている実業家、貝原夫人。「勝気のために、高慢のために、はたまた虚栄のために」、常に本心を幾重（いくえ）にも隠している。この二人に対し、静子は「権門富家（けんもんふか）に卑屈にならず」「風采の自然にして上品」な姿、「思索的な生活」を示してだんだんと感化していく。

謹一の母、つまり姑が新婚家庭に来て同居する。これまた派手好み、「身勝手にして虚栄心に富んでいる」女性だが、静子の賢明でシンプルな暮らしの仕方に感心して変わっていく。

こうして「かたくななる人、無知な人、わがままな人、ねたみ深い人」などを次々と感化する静子が、理想の主婦として描かれる。やがて静子は3人の子持ちとなり、実家の母も迎え、謹一の姉の娘二人も膝下において教育し、ついには夫と男女の実業学校を経営するに至る。「学校を作って人を育てる」という「理想」は、早くからもと子の中にあったのだろう。この

文学的ではない「小説」には羽仁もと子の女性観、生活観が余すところなく披瀝される（著作集第8巻に所収）。読者も「わがことのよう」に読んで、生まれた子供に静子と名をつけたという「お便り」も届いた。

一方、もと子は「外で働く婦人」には意外に冷たい。「喧伝せらるる空名のために家を忘れて東奔西走する婦人は言うまでもなく禍です」。これは誰を指すのだろうか。自由民権のアイドルであった岸田俊子、福田英子の時代は終わっている。「新に雇いたる下婢に与う」（一巻三号）でも、「起きている限り働くこと」「怠けて暮らす一日は恥の一日、禍の一日」という。私は怠け者ではないし、働くことが好きだが、このもと子の「働け」の旗にはついていけない。

今日、体に障害があって働くのが難しい人以外にも、心に傷を持つ人にも「働け」という言葉をかけることは難しくなっている。老齢で退職したわけでもなく、学生でもなく、我が国には働いていない「引きこもり」人口が146万いるといわれつつ（内閣府2023年）、その人たちにかける有効な言葉が見いだせず、しかも支援の制度も整っていない。高齢者人口が多いうえに、働けない、働かない若年、壮年人口が増えたなら、日本の国力は衰退して当然だ。働いている人々にしわ寄せがいき、今度は彼らが体や心を病んでいく。悩ましい問題である。

夫への要求

明治時代は各種福祉が整わず、「働かなければ死んでしまう時代」であった。下婢だけでは

ない。「如何(いか)に娘を教育すべきか」（一巻六号）では、「まず世話女房の役目のつとまる婦人」を目指せともと子は言う。少なくとも「掃除洗濯料理裁縫張りもの勝手の整理」ができるように。手入れ次第で「衣服の寿命も変わってくる」。学問よりまずは生活技術ということらしい。

一方、夫に対しては、「主人のしてはならぬ事」（一巻七号）を明記する。例えば朝寝、夜ふかしはいけない。「食卓に於ける家人の心得七則」（一巻六号）では、衣服を整えて食卓に着く、時間に遅れない、食事をしながら本を読んだり考えたりしない、子供や老人にわからない難しい話をしない、好き嫌いをしない、みだりに食べ物を残さない、後片付けしやすいように、などである。一家の主人に家事の分担までは要求しないが、少なくとも家事を担う主婦に対して配慮と敬意が大切だと言う。これは子供に範を示せということでもあろう。また、よき夫の例として、毎朝、庭の掃除をする夫の紹介がある。

「範とすべきおばあちゃん」（一巻七号「老人と子供」）として、安部磯雄の母の話がある。安部磯雄（１８６５～１９４９）は東京専門学校教授を務めた穏健な社会主義者で、羽仁家と家族ぐるみのつきあいがあった。安部はキリスト教的人道主義を唱え、１９０１年に社会民主党を創立するも一日で禁止される。日露戦争では非戦論を唱え、１９２４年日本フェビアン協会を設立。早大教授時には、野球部、競走部などの部長を務め、安部球場に名を残すスポーツマンでもあった。

このおばあちゃんは78歳にして健康。嫁が大家族の切り盛りで大変なので、孫たちは学校か

ら帰ってくると祖母のところに制服をたたんで持っていく。それを祖母はきちんと整え、子供のリボンにも鏝（こて）（アイロン）をかけ、次の朝に慌てないですむようにする。家庭内で育児の大きな部分を担い、息子夫婦や孫たちに敬愛されていた。これが「隠居の理想の生活」であると。

家事が重いだけに、下婢（女中）に対するもと子の要求は大きい。例えば、墨壺のちり、くず炭を無駄なくどう使うか。ご飯を炊く時も、炊き加減、水加減、堅さ軟らかさに神経を使えという。味噌汁の味の濃さ薄さ、ちょうどよさに心を遣えといっている。また、ランプ掃除の注意、「火をつけて持ち歩くな」など火の元の注意も厳しい。こんなにしっかりした主婦の元で学べるのはさぞかし勉強になっただろうが、私にはもと子の下婢を務める辛抱強さはない。彼女の推奨するような主婦になる自信もない。

そのように時間が足りないからこそ、「家事における時間励行」（二巻二号）が大事だった。「時間節約」も大事だった。それで浮いた時間を修養と内省に充てよという。かなり厳しい要求ではないだろうか。

鎌倉に引越し

私生活では、この年に入って説子が気管支カタル気味だった。もと子は転地療養を企て、1908年の冬から翌々年の春まで鎌倉に越している。海も山もあった。そのために5月号は休刊となった。この年、八戸の祖母が亡くなり、もと子は長女説子を連れて帰郷、その時の写

真が残っている。

「母は、所謂(いわゆる)形式的なしつけをいっさいしませんでした」と説子は言う。

「説子はこの頃、幼稚園行きのお弁当を自分で詰めるようになりました。炒り卵だけは砂糖おしたじも加減して、小さいゆきひらで独りでこしらえます。お弁当箱はアルミニュームの薄く平らな形のものです。初めにご飯を少し入れて、その上に炒り卵をきれいにのせて、またその上にご飯を入れて、今度は細かい海苔をかけて、隅っこに梅干しを入れるわなどと、一つは幼稚園でいろいろなお弁当箱を見てくるためでもありましょうが、実に巧者なつめかたをします」。目に見えるようだ。

『婦人之友』の2年目、1909（明治42）年は世界ではどういう年だったか。年表から拾ってみよう。2月には全米黒人地位向上協会が設立された。同じ月、イタリアの詩人F・T・マリネッティが「未来派宣言」を出した。4月、安井てつを主筆とする『新女界』が創刊。

7月31日には大阪は「天満(てんま)焼け」といわれる大火災で1万1365戸が焼けた。

8月14日に滋賀で姉川地震といわれる大地震で41人死亡、2000戸以上が全半壊した。10月には夏目漱石が朝日新聞に「満韓ところどころ」の連載を始めたが、これは友人の中村是公（南満州鉄道総裁）の招待で、植民地満州でいかに日本がうまくやっているかの宣伝でもあった。10月26日、ハルビン駅で、初代韓国統監伊藤博文が韓国人安重根(あんじゅうこん)に暗殺される。日本は韓国の反日運動を抑えるという口実で、翌年、韓国を併合し、事実上の植民地にした。

この年、小山内薫と二代目市川左團次が自由劇場を旗揚げ、ノルウェーの劇作家イプセンの劇「ジョン・ガブリエル・ボルクマン」を上演。翻訳は森鷗外だった。また北原白秋が2年前の天草のキリシタンの跡を訪ねる九州旅行に題材を得て、詩集『邪宗門』を出して絶賛され、米欧から帰った永井荷風は『すみだ川』を発表した。

『婦人之友』3年目は、1910（明治43）年。この年、慶應大学教授になった永井荷風は『三田文学』を創刊。5月3日、青森市で大火災が起こり、市の7割が焼失した。

大逆事件

5月25日、大逆事件が起こる。これは宮下太吉、管野スガ、新村忠雄、古河力作ら4人が明治天皇の暗殺を夢想し、宮下が信州明科（あかしな）で爆裂弾の製造実験をしたことが、警察に知られて逮捕。そこから芋づる式に幸徳秋水ら社会主義者、無政府主義者の逮捕が始まる。「天皇、皇后、皇太子などに危害を加え、あるいは加えんとした者は死刑に処す」という当時の刑法第37条によるもので、たった4人が「夢想」したことがきっかけで、無関係の者も含む24人が逮捕され、翌年1月、12人が死刑になった。今では、社会主義勢力、反体制勢力にダメージを与えるためのフレームアップ（でっち上げ）事件とされているが、これによって社会主義は「冬の時代」を迎える。

大杉栄、荒畑寒村、堺利彦、山川均らは、先に述べたように1908年の赤旗事件で獄中にいたため連座しなかった。この事件が社会や文学者に与えた影響は大きい。明治陸軍の高級官僚、軍医総監でもあった森鷗外は『食堂』『沈黙の塔』を書いてひそかに権力批判を試みた。「どこの国、いつの世でも新しい道を歩いて行く人の背後には、必ず反動者の群れがいて隙を窺っている」（森鷗外『沈黙の塔』）。

鷗外は、大逆事件被告の若き弁護士で歌人の平出修に、社会主義や無政府主義に関する情報を与えたといわれる。石川啄木は『時代閉塞の現状』を書き、徳冨蘆花は第一高等学校で「謀反論（むほんろん）」を講演し、学生だった芥川龍之介や菊池寛がこれを聞いた。永井荷風は、これからは戯作者として生きようと決心した。

この時、『婦人之友』の常連執筆者であった三宅雪嶺は、獄中の幸徳秋水の「基督抹殺論」のための序文を書いている。勇気あることであり、政府は三宅雪嶺の社会的影響力を恐れた。雪嶺（1860〜1945）は加賀藩の御典医の子に生まれ、東京帝国大学を卒業。1888年、志賀重昂（しげたか）らと共に政教社を作り、雑誌『日本人』（のち『日本及日本人』と改題）を創刊、その思想は国粋主義、ナショナリストなどと簡単にくくられているが、彼は明治政府の過度の欧化主義や条約交渉での卑屈で妥協的な態度を批判し、日本独自の文化の尊重と真善美を追求した。

彼を尊敬するものは多く、岩波書店の岩波茂雄は自分の息子に、雪嶺の本名雄二郎とつけている。無政府主義者の幸徳秋水や社会主義者の堺利彦も立場を超えて雪嶺ファンであった。年下ながら先に死んだ堺利彦の墓標の書は雪嶺による。雪嶺は幸徳らの処刑直後の2月5日に

[上]1911(明治44)年の正月。壁には世界地図が。もと子38歳、吉一31歳、説子8歳、恵子3歳
[左]1911年6月号(=第5巻1号)より、平福百穂・画、星野天地・題字の色刷りの表紙に

「大逆事件に関する立国大本後援会」に乞われて講演し、井上哲次郎など、権力寄りの講演者を批判し、大逆事件の逮捕、裁判、でっち上げに疑義をはっきり述べて会場は騒然となった。三宅雪嶺の書いた文章が今やほとんど読めなくなっているのはさびしい。

しかし大逆事件は『婦人之友』にはいっさい出てこない。吉一やもと子がどう思っていたか、知ることはできない。もちろん、雑誌の趣旨が違うし、下手な言及は弾圧の対象になるため禁物であった。この大事件に先立つ3月31日、羽仁家は鎌倉を引きあげて雑司ヶ谷に転居した。説子を日本女子大学校の附属豊明小学校に入れるためであった。家庭経営とともに、教育熱心と言わざるを得ない。そろそろ明治も暮れようとしていた。

14 明治が終わる

この前後、羽仁もと子はどんなことを書いていたのか。「結婚について」（1910年5月号）では「遺伝を重んぜよ」として「わがすぐれたる遺伝を落とすような結婚ほど、不幸不利益なる結婚はないと思います」と述べている。優生学的な主張であり、現在なら批判されるだろう。また「結婚と富」として、「資産のない男性が金持ちの女性と結婚すると、妻は心おごり、夫は精神的苦痛と不面目を自ら招く」と言っている。当時、貧しいが将来が楽しみな男を「婿がね」として養子に迎えることが多かったので、それに対する批判だろう。

「親の意見」の項では、若い女性に「人物を見極める経験の浅いままに男の甘言に乗るのはよくない。自分を産み育ててくれた経験の長い親の意見は尊重すべきである」と言う。「婚姻は両性の合意のみに基いて成立」する日本国憲法とは異なる古い考えといえよう。しかし建前は別、もと子のように考えている人は今も多いのかもしれない。

身体の鍛錬

「身体の鍛錬」（8月号）では「幼稚園や小学校を参観しても完全なる体格を有する子供が実に少ない」と嘆じている。「完全なる体格」という表現も優生学的考えに取り込まれやすい。さらに、「芸術の天才でもないのにヴァイオリンをもてあそぶ暇があるなら、武術の練習に時間を用いた方が心身に益が多い」と書いているのも、首をかしげるところである。楽器の練習と武術の鍛錬は、どちらかが優先されるべきものではない。ただ、乳幼児の死亡率が高く、栄養もよくなかったその頃、特に次女を百日咳で失った羽仁夫妻にとって、子供を健康に育てることは悲願のようなものだった。

家庭生活をすべて「自身の身体の鍛錬のために利用する」ことを提唱する。「なみなみと水を汲みたるバケツを、かいがいしく持ち運び、精一杯に雑巾を絞り、肩から力を入れて拭くこと」。汚れた雑巾を洗い、バケツの水を替えること。主人は朝、菜園の手入れをする、子供には庭で鳥を飼わせること、などを推奨している。こうした実践をするには、夏の朝がいい。早く起きて、冷水浴や冷水摩擦で身体と気を引き締め、それぞれがやるべき事をする。家を隅々まで清潔にする習慣をつけるには、夏休みが最適だと。

これに続く「子供と夏休み」では、休みを何の規律もなく自堕落に過ごさせてはならない。「母親がみっしりと骨を折って」女学生には裁縫を教えながら衣服費について話し合うとか、学力の足らない子供には補習をし、文才のある子供には名著を読ませ、手を動かすのが好きな子供には細工工芸をさせるのもよいとして、小学1年のわが子（説子）のための時間割を示す。

これを見ると、朝は6時起床、顔洗い、冷水摩擦、寝間着を衣紋(えもん)ざおにかけ、着物を着替える。おさらい（復習）。雑巾がけ、髪を結う。7時半に食事。衣紋ざおにかけた寝間着をたたむ

(一度空気を当て乾燥させるためか)。登校して、帰宅後の午後3時までは昼食を挟んで「自由に遊ぶ」。3時半からは、玄関の土間と門の内を掃く、雑巾がけ。お風呂に入り、着物を着替える。植木に水をやる。5時半に食事。6時半、日記を書き、寝間着に着替える。明日着る着物をたたんで枕元に置く。7時、お祈りをして眠る。早寝早起き、息つく暇もないような規律的な生活だ。ちょっと窮屈すぎやしませんか。

子供の表現力を育てる

また「子供と作文」(9月号)でも娘の説子が例に取られている。「七月十三日、きょうのゆうがた、おきゃくさまがいらして、もものにたのをたべて、おさきにねました」。なんだかおかしいねえ、と母は注意する。もも の煮たのを食べたのは、お客様か自分か、これではわからない。また「あのときは、ももの煮たのだけを出したのでなく、ご一緒にご飯をいただいて、食後にももの煮たのがあったんでしょう」。

この夏、もと子は説子と恵子を連れて八戸に10日ばかり帰省した。「とうさんにおくられて、かあさんとわたしといもうとと、うえのからきしゃにのりました」。これにも、八月四日に乗って五日についたこと、どこに行ったのかを記せ、曾祖父のところへ来た旅の目的がわからないではないか、と書き直させた。その結果、「おばあさんのうちでいろいろおはなしをしながらごはんをいただきました」という表現を引き出す。夫と離婚したもと子の母、美和のことである。この時、3人は8月10日に尻内停車場（今の八戸駅）から帰りの汽車に乗る。11日「きしゃのなかで、ひとばんねむって、まだくらいうちにめがさめると、ほうぼうで、がけがこわれたり、はしがこわれたりして、ようやくあびこのていしゃばにつきました」と、説子は帰りの旅の難儀を印象深く書き留めている。

8日の豪雨により、東海・関東・東北地方一帯に大きな被害が出た。汽車は取手まで来て先に進めず、我孫子から成田に出て両国に迂回した。その時の車中で「人々の心と心が親しさと同情に溶け合ったあの光景を、私は長く忘れることができない。そしてより大いなる同一の光景を、私たちはまた大正の大震災の時に見た」と、もと子は書いている（『半生を語る』）。

この頃の家庭については、羽仁説子著『私の受けた家庭教育』に詳しい。もと子の祖父松岡忠隆は存命であったが、ひ孫たちの顔を見て、1912年に没した。

説子の記憶では明治40（1907）年、「私は4才、ランプのある風景です。3畳の茶の間に小さい長火鉢、そこに父と母とが向かい合って、私は引き出しのついている一角にちょこんと座って、食後のひとときを楽しんでいます。もう父と母とは、二人の仕事の話に花を咲かせています」。

話に熱中して突き出してくる母の口元、父が火箸を取って炭をつつき始める。話が面倒になった証拠だという。母がランプの火影を使って両手の指で影絵を映す。犬だの、狐だの、かかしだの。そのうち、すばらしい水差しが映し出された。びっくりして母の手元を見るとそれは本物の水差しだった。もと子の意表を突く行動が面白い。

この夫婦、平穏だったのかと思うとそうではない。夫婦げんかは絶えなかった。「父は暖国の人でこたつに入ると膝がむずがゆくなる。母は（食べ物は）東北風の煮込んだ、温まるものが好き」。春になると母は生のニシンを焼く。父はくさいと言う。「母は時々家を飛び出していきましたが、『ごはんはもうすましてきましたよ』とけろっとして帰ってくる。一度はおとなしい父が一歩も譲らず、とうとう、縁側での大立ち回りとなってしまった」。説子は母に加勢しようと父の兵児帯（へこおび）を持って、それで父を縛ろうと考えた。説子のおかしな格好を見て、父と母はなごみ、「争うことをやめたに違いありません」。

説子はよその家とちがって、自分の家は工場みたいだったと言っている。まさに編集工房は家内工場である。あるいは船でいうと、「父がいつも舳先に立っていた」とも。母は強い性格でむきになって正直に自分の意見を言い、しかしおとなしいように見える父もなかなか譲らない。五分五分の夫婦。母は忙しかったが、毎年の誕生日は、友だちを招き、心を込めて祝ってくれた。しかし、なんでも新しいことをしないと気がすまない。その祝いの着物も「女の子らしい」花模様ではなく、絣のごつごつした縞模様なので、説子は閉口した。

10月号は休刊。これは子供たちが腸を痛めたうえ、吉一が10日ほど病床にいたからである。「家内に病人のあることは、どんなにつらいものかということをやや味わい得たような気が致します」と、11月号の「編者より」で述べた。

12月号には、自家の「便利なる食器戸棚」の写真を掲載している。「家族四人来客五人に間に合うだけの食器茶器、菓子器、大型の二重、小型の四重、菓子重までもすっかり納まっております」と、合理的なシンプルライフを強調する。引き出し右は風呂敷、中はナイフ、フォーク、さじ、コップ、左に半紙、のし、水引、ろうそくが入っている。「食卓の残り物も入れることが出来ます」

冷蔵庫がない時代、食事の残りは戸棚にしまったのを、私も覚えている。食卓の上に残し、蠅帳(はいちょう)をかぶせることもあった。もちろん、腐敗しない涼しい気候の時に限るが。

大きなリボン

さて、『婦人之友』は1911（明治44）年に入る。この年2月号（四巻一号）には、バアネット作「小足王子」が載る。大きな足がもてはやされる国で小さな足の王子が生まれた悲劇、それが足が大きくなる湖、小さくなる泉と出会って幸せになるまでの話。時と所により、「普通」が違う。落語の「一眼国(いちがんこく)」を思い起こす作品である。訳者の松本雲舟(うんしゅう)は早稲田大学卒業の新聞記者・編集者で、傍ら宗教文学の著作、翻訳に努め、シェンキェヴィチ『クオ・ヴァディス』の初訳で知られる。のちに真鶴町長になった。

創刊4年目は3冊を出しながら、5月号は休刊、6月号から形態を刷新して第五巻ということになった。判型は変わらないが、表紙は平福百穂(ひゃくすい)の絵。題字は星野天知、〝画報〟と称し、名画やグラビア写真が10ページ以上も続く。それから本文に入って、144ページほどの堂々たる雑誌になっている。

河井道の欧米各国の家庭訪問記や、後藤宙外(作家)の「東京の生活と地方の生活」、小橋陶子のメキシコ在住日記、岩村透(東京美術学校教授)「昔の趣味と今の流行」、三宅花圃(三宅雪嶺の妻・歌人)「古き日記の中より」など、多彩な執筆者が並ぶ。また「千五百円で出来る洋風の住宅」や「一ダース五十銭で出来る上等のハンケチ」など、節約と合理主義の家政の提案もたくさんある。

この時代、グラビアに現れる「奥様」は束髪か丸髷であるが、子供たちには洋装が増えている。しかも必ずといっていいほど、頭に大きなリボンを載せているのが特徴だ。これに対して、ドイツ人の北尾ルイゼが「先日も三越に参りましたところ、一ヤード七十八円もする幅の広い広いリボンが御座いました。しかも中流の家庭の嬢さんたちがこのようなのを惜しげもなくお用いになるのだと聞きましたので、私は実に驚きました」(7月号)と批判的に直言している。

ドイツでは子供の髪飾りは細いリボンに限られ、目立たない色の単純な服を着ていると。こうして身を飾るわりに日本人は食べ物にはあまり気を遣わない。「日本には日本の国土に適当した豆腐とか、ほうれん草とか、大豆とか申すような滋養物がございます」、それなのに牛乳や肉を多食するのはどうかと思うと。正論と思う。それでも『婦人之友』のグラビアには毎号、帽子のように大きなリボンがずっと続く。合理主義の羽仁もと子にして、不思議な気がするが、

当時の流行だったのだろうか。

9月号では再度「買い物部を設けます」として、雑誌で紹介した商品を欲しい人に直送するサービスを拡充。フライパン、レースや人絹なども1週間以内に送る。また「子供の寝冷え知らず」も紀州ネルでこしらえて頒布するので、ついては「裁縫の内職をなさることの出来る方にお手伝いを願いたいと思います」と募集している。そのほか「理想の平民的台所」の懸賞募集の当選発表などもあって、編集部は読者参加を促しているようだ。

夫婦論

羽仁もと子は、毎号少なくとも数本の記事を書いており多忙をきわめた。このころ夫婦論を多く書き、それは著作集の第8巻にまとめられている。覚悟のない軽率な結婚、妻が肺結核になればすぐ離縁してしまう薄情な夫、晩婚のため一人癖がついてわがままになりやすい、などあらゆるケースを挙げている。容貌で結婚相手を決めるな、学歴で決めるなというのは、羽仁夫妻の現実が反映されているかもしれない。

誘惑は多い。特に男子は外に出て、妻以外の女性に接する機会も多く、遊里や料亭には娼妓、芸者がいる。よそに女を作って妻を泣かせる男は多く、樋口一葉「十三夜」に見られるように、夫に疎(うと)まれても子供のために耐えよ、というのが当時の親の教訓であった。

もと子は父親が花柳の巷で遊んで人生を誤ったためか、芸者や娼妓に厳しい。島本久恵は、もと子がそうした境遇の女性からの相談に冷たく、底にある人間を見ずに「見放した」と述べている。その実態を知らなかったのだろう。彼らは貧しい家に生まれ、親を食べさせるために犠牲となったけなげな娘たちである。長くその水に染まって、手練手管で男をだますようになったかもしれないが。また山室軍平は「男子の不品行と芸娼妓」（1914年2月号）で救世軍の経験を元に、芸妓、娼妓の来歴とその悲惨な人生、農村から親に売られた少女たちが、待合の養女という建前ながら、たった12歳から客を取らされる悲惨さを報告し、男子の反省を促している。

もと子第二の小説

第一巻一号から始まった、もと子の連載小説「理想の生活 静子の巻」に続き、「花子の巻」は誌面を刷新した1911年6月号から6回にわたって掲載された。美貌で優秀な花子は、華族出身で巨万の富を持つ、洋行帰りの見栄えもいい紳士に求婚され、玉の輿に乗る。しかし、夫が朝、出て行くと、あとは勤労も責任もない生活、姑がいて自由もきかない。姑と妻の間で家は安息の場ではなくなり、夫は外に妾を作ろうとする。この時、花子は意を決して夫をいさめ、妾を置くなら私はもうちに帰らないと書き置きをして湖畔の宿に向かう。これを読んで夫は妻への愛情を立て直し、湖畔の宿を訪ねて新生を誓う。

夫の浮気を放置して泣き寝入りするのではなく、思い切って正面から夫とぶつかれば打開策

もあると、もと子は言う。これは読者から夫の浮気の相談が多かったことによるのだろう。

この小説と同時に「男子の罪か、婦人の罪か」で、番町教会牧師綱島佳吉は「今までの男子に寛容で女子に厳しい道徳は不公平である」と述べ、新時代の女性は自分で懊悩するばかりでなく、愛されるより愛そう、慰められるよりむしろ助け励ますという積極的な態度で夫に臨み、新たな家庭を築き直すべきだと言う。そうした解決の道を探さず、不満から自分もとんだ誘惑に負け、正道に立ち返れないこともあると忠告した。

夫の浮気は許され、妻の不義（姦通、今でいう不倫）は許されないというのは非対称である。逆に言えば、この頃から妻の浮気が、公然とメディアにも載るようになった。妻を不貞によって離縁した有名な人物として森有礼、原敬、北原白秋、吉井勇などがあげられる。宮武外骨は不貞の名目でその妻を自死に追いつめている。吉井勇が、自分は祇園で好き放題をしているにもかかわらず、東京に放っておかれた妻の不貞だけを断罪するのは不公平だ。

10月号は「夫婦号」と銘打ち、有名人のおしどり夫婦の新婚時と現在の写真を並べている。この頃のレイアウトは、本文と関係のないところに写真や挿絵がどしどし入ってくるので、読者としては読みにくい。

１９１１年はマリー・キュリーがノーベル化学賞を受賞した年であった。そして、9月には本郷区駒込林町で、日本初の女性による女性のための女性解放誌『青鞜』が創刊される。これについて、『婦人之友』に言及はない。

もちろん『婦人之友』も羽仁もと子という女性が始めた雑誌なのではあるが、こちらは夫婦協力誌ともいうべきものだ。『青鞜』の平塚らいてうたちが独身で、女子大卒業後の自立や職業、結婚によらない自己実現の道、「因習」である家庭制度批判を主にしていたのに対し、『婦人之友』はすでに家庭に入った主婦がよりよく生きるにはどうしたらよいのかを考えていた。読者の世代も違うし、競合もしなかった。

明治の暮れ方

翌1912年、いよいよ明治最後の年。この年は多事多難で、1月1日、孫文が中華民国の成立を宣言。翌月に愛新覚羅溥儀が清の皇帝を退位。4月には豪華客船タイタニック号が沈没、夕張炭鉱で爆発事故が起こり276名死亡。7月にはストックホルム・オリンピックが開かれ、日本は初参加した。

7月30日、明治天皇59歳で死去、大正と改元。9月13日に青山練兵場で大喪の礼が行われ、乃木大将夫妻が自宅で殉死した。『婦人之友』10月号には「御大喪画報」のグラビアが載った。10月、第一次バルカン戦争が勃発し、第一次世界大戦への道が開かれる。第二次西園寺内閣は二個師団増設（軍備拡張）案を閣議で否決したため、12月5日には総辞職となり、第三次桂内閣が成立した。

「新しい」女

この年の7月号「昔の女か今の女か」で、初めてもと子は「今の女」について言及する。さる老婦人がもと子の家まで来て、マグダのような女をたしなめるべきだという。これはズーダーマン『故郷』の女主人公で、文芸協会で1912年に松井須磨子が演じた。その前年に本邦初演されたイプセン『人形の家』のノラとならび、夫にかわいがられる妻にあきたらない「新しい女」が描かれていた。

さらに「今の女の真相」(8月号)では、同じく問答体で「女だてらに酒を飲む、不潔な場所に行く」若い女性をどう考えるべきかを問う。これはまさに、『青鞜』の平塚らいてうらのことである。彼女たちは「男のしていることをなぜ女がしてはいけないのか」と酒を飲み、煙草を喫い、好奇心から吉原に登楼した。もと子にとっては遊郭＝不潔である。

また、もと子は「三分の生意気な女、まして最少数の五色の酒を飲むような女などを気にするよりも、七分のただボンヤリしている女を、どういう風にしたものかという方が、より大きな問題のようでございます」と、やや正面対決を避けているように見える。

平塚らいてうの『青鞜』創刊号には「元始、女性は太陽であった」という長い創刊の辞がある。もと子は全文を読んだのだろうか。この26歳の独身女性は、女性が「自分自身を発現できない社会」を批判し、自らの「偉大なる潜在能力を十二分に発揮」することを求める。そしてそれを邪魔する親、家、知識の欠如、因習、差別と戦う姿勢を見せる。そこまではすばらしい。

しかし、らいてうはそれに続き、女は「家事に従事して精神の集中力を鈍らせた」のだから「私は、家事一切の煩瑣(はんさ)を厭う」と断言している。これまたハッキリした宣言である。都市の上中流層だから言えることで、すなわち「女中に家事をさせる、私はしない」という特権的な考えだ。らいてう自身は社会改良運動家というよりは、スピリチュアルな自己完成を目指した。

これは『婦人之友』が「家庭は慰安の場」であり、「女性の天性は夫を助け、子供を育て、家事を合理的に行い、よき家庭をつくること」というのとは真逆だった。『青鞜』は残念ながら数年しか続かず、評論家となった平塚らいてうは『婦人之友』にも執筆するようになる。

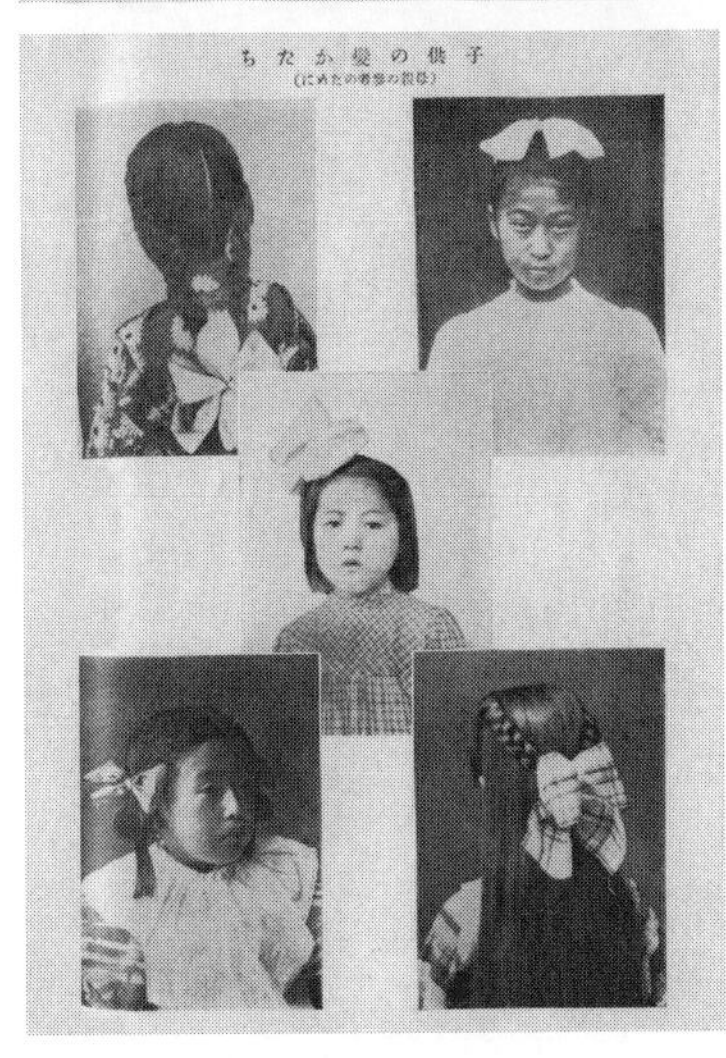

［上］羽仁家の「便利なる食器戸棚」
1910年12月号（第3巻10号）
［下］1911年8月号では、大きなリボンをつけた「子供の髪かたち」がグラビアで

15　大正デモクラシーと第一次世界大戦

１９１３年、大正2年に羽仁もと子は40歳。前年の暮れ、第三次桂内閣が成立、これに対し憲政擁護、閥族打倒の大運動が起こった。立憲国民党の犬養毅、立憲政友会の尾崎行雄を中心とした第一次憲政擁護運動（護憲運動）で、大正デモクラシーの始まりとされる。「憲政の神様」と呼ばれた犬養も尾崎も、羽仁もと子にとっては報知新聞の先輩記者にあたる。尾崎はその前年には、東京市長としてワシントン市に桜３０００本を贈った。

この頃の『婦人之友』にも、兒玉芳子「家庭の人としての我兄吉田松陰」、バーナード・リーチ談の「日本の家に住んで見て」など貴重な記事は多い。筆者の八重子という署名は、画家柳敬助夫人だろう。

女中の人権

面白いのは「お女中への問題」なる懸賞。この頃、女中と呼び捨てにすることへの抵抗感が現れ始めた。「糠味噌のお香のものを出す注意」と「月々のお給金をどういう風につかっていますか」という二問。特に後者で、当時の女中の暮らしぶりがよくわかる。給金は月に1円50銭から7円50銭（外地）まであるが、2、3円が相場。そのうち地方の親兄弟に仕送りする、

いけないいほど歯が減った。

待遇のよい家庭に勤めた人が応募したようだ。中には、奥様に茶の湯と生け花、裁縫を教わり、『婦人之友』も見せてもらうという環境に恵まれた女中もいる。4年奉公して学費を貯め、小学校教員を目指すという人も。懸賞の当選者には、縮緬の半襟、下駄、帯締、がま口などが贈られた。この頃、羽仁もと子著『女中訓』、加藤常子述『女中の使ひ方』が婦人之友社から出てベストセラーとなった。雇用主が読みたいと思ったかららしい。

女中を対象とした「苦しいと思うこと、楽しいと思うこと」という懸賞はもっと面白い。苦しいのは「手の甲がひびやあかぎれでつらいこと」「掃除が下手なこと」「毎晩8時頃に眠くなること」「お子さんにつげ口をされた時」「凍った井戸からの水汲み」「パラチブスになって2週間も働けなかったこと」「字が覚えられないこと」「お魚を猫にとられた時」……。

反対に楽しいこととしては、「お正月とお盆に家に帰り、両親の墓参りをして、弟妹に土産をやる」「今日はよくできたと奥様にほめられた時」「奥様のお供をして散歩や買い物、見物に行くこと」「お子様のご機嫌のよい時」「家族が留守の時に日あたりのよい座敷で針仕事をすること」「自分の仕立てた着物を着る」「夜分の手習い」……みな身にしみる答えである。

応募者は13歳からほとんど10代。羽仁もと子は「可憐な娘たちの胸中」「しおらしい心」を

思いやりつつも、彼女たちに対しては「苦しいのを苦にしないで、どしどし働くと、モットモット奥様に可愛がって頂かれます」という「労働の奨励」に終わる。上から目線な温情であって、労働者の権利や、社会問題を解決するという問いはない。

この時代の「女性と職業」について考える際、圧倒的な数が「女中という家事労働者」であったことを見ておかなければならない。農業、漁業、林業などの第一次産業、小商いでは夫婦が共に働いた。ほかには働き口と言えば花街の芸者、遊郭の娼妓くらいである。しかし社会は変わりつつあった。このあたりから、もと子は「女中」ではなく「お手伝い」という用語を使うようになっている。

女性博士の誕生

この年8月、東北帝大が帝国大学としては初めて、黒田チカ、牧田らく、丹下ウメら3名の女子の入学を許した。ゆえに8月21日は女子大生の日とされている。これについて三宅雄二郎「女博士の輩出」（9月号）は「他の帝大に入学を許すかはただ時間の問題である」「いつか我国にも女博士の出ることになる」と好意的な意見を書き、跡見花蹊は書も画も読書もいける、津田梅子には（男子の）英語教師は到底及ばない、東京音楽学校では幸田延（のぶ）（ピアニスト）、安藤幸（ヴァイオリニスト）の姉妹が幅を利かせているという。幸田姉妹は作家幸田露伴の妹たちだが、東京音楽学校は共学で、彼女たちは女性の教授（奏任官待遇）となった。

三宅は「しかし女子が斯く勉強するには、二十五六歳或は三十歳以上まで学問を続け、婚期を失うようなこともある」とも言っている。日本で最初に女性理学博士となったのは保井コノ、1927年に東京帝国大学で博士号が授与された。たしかに初期の女性博士のほとんどは生涯、独身を貫いた。シカゴ大学、ハーバード大学で研究を続けた保井コノが、日本の石炭の構造についての論文で博士号を得たのは47歳の時だ。東北帝大最初の女子学生の一人黒田チカが第二号。オックスフォード大学で学んだあと、植物色素の構造決定の論文で45歳で博士号を受けた。

丹下ウメに至っては東北帝大入学時40歳、ジョンズ・ホプキンス大から農学の博士号を受けたのは54歳。その苦闘と情熱がしのばれる。「勧められて勉強するのにあまり進歩しそうなのがなく、止められてそのままになるのは大抵知れたものであろう」という三宅の予言は当たっていなくもない。3人目の牧田らくは、東北帝大入学時25歳と比較的若かった。数学専攻で理学士号を得て、31歳で東京女子高等師範学校教授になったが、画家金山平三と結婚、夫の意向で師範学校をやめている。数学の研究は続けたというが、もし結婚しなかったらどんな実績を上げただろうか。

11月号は「女性と職業」総力特集である。「今後の社会はすべて女性に職業を要求す」と、もと子は巻頭に書いている。医師吉岡弥生、看護師大関和子、産婆岩崎なほ子と3人のパイオニアの経験談。そのあと「新しく出来た婦人の職業」として、山田菊水がタイピスト、婦人速記者、婦人歯科医、女子薬剤師、女子事務員及び簿記係、電話交換手、女子電信係、為替貯金

局の判任官、小学教員及び音楽教師、女医の実態を解説している。そのほか、アメリカの職業事情、糸取工女、養蜂、女芸遊芸の師匠などの体験談もある。これまで「女性は家に居て家を居心地よい場所にすることが本分」と主張してきたのに、少しずつもと子も変わってきたと言えよう。

　この年の記事で特筆すべきは、野口幽香子「私の目撃した深夜の浅草公園及びトンネル長屋の惨憺たる生活」（9月号）。四谷鮫河橋に二葉幼稚園（現・保育園）を開いた野口によるスラム実見記だ。また、「利根水源の山中に呪われたる美しき家庭を訪う」（10月号）。ハンセン病の妻と共に山中に暮らした教員が妻の「処分」を学校側に迫られ、ついに妻は自分の子を手に掛け、自殺する。取材した記者自身が癩病を天刑(てんけい)病と書き、悪疾の血を引く治りにくい病気としているのは当時の知識の限界を示すが、それでも迫害に批判的で、また「愛児三省(みつよし)の命を軽んじたということは、遺憾なことだと思う」というのも適切である。

暮らしに役立つ広告

『婦人之友』の広告ページはどんどん増え、30ページにも及ぶ。試しに6、7月号を見ると、書籍や雑誌広告のほか、大量の広告が見られる。「ライオン歯磨」（創業者はクリスチャン）、「レート化粧水」（販売元の平尾賛平は作曲家平尾昌晃の祖父）、「茅ヶ崎南湖院(なんこ)、高田畊安(こうあん)」（肺結核療養病院、国木田独歩の終焉の地）、「東京至誠病院吉岡弥生院長」（東京女子医科大学の前身）、

婦人之友直販「東京足袋」「東京下駄」（東京とつければ売れたのか）、「ハイカラたすき」、「芳川式風呂釜」、「あめりか式最新家具」、「胃薬タカヂアスターゼ」、「子供の滋養強壮剤ソマトーゼ」（バイエル）、「千代田香油」、「ビクトリア月経帯」、「西川甚五郎の蚊帳」（日本橋の西川）、「松屋呉服店」、「三越」などもある。

女性の体については「わきが相談」、「生理不順はどうすれば秘密に治せるか。笹山梅乃」（ちょっと怪しい）、「淋病の伝染、不潔な交接、子宮内膜炎、悪性の腫れ物、蟯虫、房事過度などによる子宮感染を防ぐ婦人保護器レディース・星製薬」（洗浄器）、「血の道に中将湯」、「ふけ取香水レゾール」、「のんでなおるニキビ、吹出物、色白薬、薬学得業士金澤巌」がある。さらに「宮内省御用達最上醤油・千葉県野田町茂木佐平治」（現在のキッコーマン、ほかにヤマサもあり）、「あづま火のし」、「太陽印コナ石鹸」（柳屋）、などなど。広告だけ見ても、当時の女性の欲しいものと悩みが見てとれる。

1914（大正3）年、1月には桜島の大爆発。この頃、羽仁夫妻は『子供之友』を創刊する（翌年の『新少女』創刊とあわせて、のちに詳しく触れたい）。

続いてドイツの兵器商シーメンスによる海軍高官への贈賄から、シーメンス事件が起こるが、これについては三宅雄二郎「婦人の実栄」（6月号）がある。収賄によって実刑1年を科せられた澤崎寛猛（ひろたけ）大佐について「澤崎は自分に収賄の意なく、夫人の虚栄心から、良からぬ金を使うようになった」として、夫を動かすにはまず妻に賄賂という危険に気をつけよと述べている。

これにより海軍が母体の山本権兵衛内閣が総辞職、2月には内閣弾劾国民大会が日比谷公園で行われ、群衆は国会に押し寄せた。三宅雪嶺が、もと子の巻頭言のあとに、毎号のように広い視野からの評論を載せているのは、羽仁夫妻とよほどウマが合ったのだろうか。

この年も『婦人之友』は変わらず読者の体験談を載せている。結婚とは、やさしく、頼りがいがあって、身持ちのよい、まじめな男との結婚ならいいが、飲んだくれで、不身持ちで、家庭を顧みず、性病をうつし、そのせいで生まれた子供に障害が出る……次々と語られるこうした経験談にも、もと子は相手の立場に立って、親身なアドバイスを寄せている。

3月には辰野金吾設計の東京駅が完成、上野では大正博覧会が開催された。「家庭眼より見たる博覧会」（5月号）は記者のルポだが大変面白い。展示された「改良すべき悪風俗」の絵には、「電車内の注意」として感染症を媒介するつり革が挙げられ、手を触れないための私製つり革の話を紹介。

肺結核病者のための自宅療養室とか、婦人の改良服とか、さまざまな発明品がある。家政の合理化を進めるもと子にとっては、アイディアの宝庫だったに違いない。東京瓦斯の冷蔵庫も陳列された（ちなみに千駄木林町の東京ガス社長久米邸には、その頃から大きなガス式冷蔵庫があったと聞く）。4月には宝塚少女歌劇が始まる。

4月11日には明治天皇の皇后、昭憲皇太后が逝去し、桃山御陵に葬られた。一条美子（はるこ）とい い、明治天皇より2歳年上で、子供は産まなかったが、夫婦仲は睦まじかったといわれる。5

月号に写真を掲げ、見開きの弔詞が載っている。

第一次世界大戦始まる

6月28日、サラエボ事件が起きた。オーストリア＝ハンガリー帝国の皇位継承者、フランツ・フェルディナント大公夫妻がボスニアの州都サラエボを訪問した際、セルビア人民族主義者の青年に暗殺された。その背後にセルビア政府と近い黒手組と呼ばれる民族主義組織が関係していたとして、7月28日、オーストリア＝ハンガリー帝国はセルビアに宣戦布告。これを引き金として、ドイツ・オーストリア・イタリアの「三国同盟」と、イギリス・フランス・ロシアの「三国協商」（連合国）の対立が深まり、世界の25カ国を巻き込んで第一次世界大戦が起こる。

日本は8月、井上馨、山県有朋ら元老、高橋是清、原敬、尾崎行雄などが戦争に反対する中、イギリスとの関係や国益から参戦を強く主張する外務大臣加藤高明が大隈内閣の閣議を制し、ドイツに宣戦布告。日英同盟には同盟国に応じて参戦する条項は入っていなかったが、連合国側に与して、ドイツの統治下にあった膠州湾、青島を占領。また西大平洋赤道以北のマリアナ諸島、カロリン諸島、マーシャル諸島などを占領した。しかしその後、欧州への兵の派遣要請には応えなかった。板東（徳島県）や習志野（千葉県）の俘虜収容所でのドイツ人捕虜の扱いはきわめて丁寧で、自由を保障し、海外から高く評価された。

もと子は「一人前か半人前か」（9月号）で、「欧州戦争の教訓」として世界の市場が一つになり、日本も「いつ何時(なんどき)どういう場合に引き出されて、多くの他の国々と晴れの舞台に立たせられるか知れません」と書く。明治人、羽仁もと子には戦争が国際関係の「晴れの舞台」と捉えられている。それに耐える「力強い国民、充実した日本」をどう作るのか、と7000万国民に進歩と責任のある生活を促している。

1915（大正4）年、科学技術を誇るドイツ軍はツェッペリン飛行船でイギリス本土を空爆、最強潜水艦Uボートが客船を撃沈する。ベルギーのイーペルでの戦いでは毒ガスを使用、大規模な犠牲者を出した。第一次世界大戦では、1分間に600発発射できる機関銃、戦車、毒ガス、潜水艦、飛行船、戦闘機などの新兵器が登場した。戦争の破壊力は格段に増し、戦争の費用は莫大だった。それは敵味方を問わず兵器を販売する「死の商人」や武器製造業者の巨利となった。大戦の動向を決した独・仏対決のマルヌの戦いにしても、ヴェルダンの戦いにしても、塹壕戦で容易に決着がつかなかった。「消耗戦」と呼ばれ、しかもこの塹壕の中でスペイン風邪が流行し、多くの兵士が死んだ。

この前後の『婦人之友』の口絵には、ラジウムを発見したキュリー夫人に並び、英国の皇子、ベルギーの王女など欧州の王室・貴族の家族写真が多く用いられ、最大級の敬語を用いた記事も目につく。欧州への興味の反映だろう。その一方で、「平民的の普段着姿」を奨励しており、ちぐはぐな感じがする。

本文中の挿絵や写真は記事の内容に関係なく挿入されており、そこには欧州大戦で働く女たちの姿が多く取り上げられている。男が戦場に駆り出され、鉄道の車掌から、工場労働者、運転手など生き生きと働く女性たちの姿がある。戦時にふさわしい、手入れのいらない簡便な髪

[左上]「家庭用料理台」水町たづ子考案。1913年10月号。
読者に募った案を専門家が仕上げ、本社買物部で製作して販売。
台所仕事が合理的に
[右上・下、左下]水汲み、座っての煮炊き、家事は重労働だった。
懸賞「お女中への問題」、"今日の御馳走"の挿絵。1913年6月号

型、動きやすい服に変わっていく。こうした変化を、敏感なもと子は感じていただろう。

かと思うと、連合国側の日本でありながら、「独兵とベルギーの孤児」「独兵仏国に進入、敵国の子供を抱く」といった写真も載っている。そのような写真版はどこから探してきたものか。ドイツ政府の戦時プロパガンダである可能性が高い。要するに、日本にとっても、羽仁もと子にとっても、第一次世界大戦はどこか他人ごとだったのではないか。それ以降の『婦人之友』には、戦争に関するニュースはあまり見られない。

第一次世界大戦の兵士の中から、モンゴメリー、ドゴール、ゲーリング、ヒトラーら第二次世界大戦の指導者が台頭する。1918（大正7）年11月11日まで戦いは続き、多大な人命が失われた。非戦闘員に対する爆撃や処刑も行われ、それはまさに「人道に対する罪」であった。欧州には今もその爪痕が大きく、あちこちに慰霊碑がある。死者の数は兵士1000万人、そして民間人が700万人と見積もられている。

夏目漱石はこのさなかの1916年の暮れに49歳で亡くなったが、5歳上の森鷗外は存命だった。留学して医学を学んだあこがれのドイツは、今や敵国である。そこにはかつての恋人もいた。鷗外は帝室博物館総長として11月3日に奈良の正倉院の曝涼（ばくりょう）に赴き、松嶋博物館員の家に厄介になった。松嶋家の子供が覚えているのは、11日、鷗外が初めて居間に来て、「戦争が終わったね」と言って新聞を置いたことだ。鷗外はこの日、日記に「是日欧州大戦終熄（しゅうそく）」と書いた。

16『子供之友』と『新少女』

第一次世界大戦開戦に先立つ1913（大正2）年4月、羽仁夫妻は雑司ヶ谷上（あが）り屋敷に2000坪を借りて移転した。この頃のことを記した数少ないもと子の記録がある。

「その頃から自分の家をほしいと思って、この雑司ヶ谷のあたりを見てあるきました。夏の夕も秋の朝も、十四、五年前のこのあたりは実に閑かでした。中でもその時おさつ（サツマイモ）と大根の広々と植わっていた、この高みの畑がよいと思いました。そうして事務所と家をつくることにしました。一日の仕事がすむと、毎日のように子供をつれて、老松町から鬼子母神をぬけて、普請場に来てみるのを楽しんでいました」（『半生を語る』）

それは事務所と住居と別々に借りるのが物入りでもあったからだ。移転前の婦人之友社は編集部が8畳、営業部が6畳、ほかに玄関横に3畳という小さな木造家屋。道を隔てて羽仁家があり、社よりは少し広く、庭もあった。この時点で東京の郊外に広い土地を求めたことは、先見の明がある。それから今まで「婦人之友社」はそこにある。

雑司ヶ谷の森

初期の「友社（ともしゃ）（みんなこう呼んだ）」には独立して『主婦之友』を創刊する石川武美（たけよし）や、『婦

女界』をゆずり受ける都河龍がいた。1911年に柳八重子（画家柳敬助夫人）が入社、4年間勤める。「私自身が新しもの好きでした。よいと思うと何でも羽仁先生にお見せしたくなるし、話したくなる。先生もそれを喜んで受け入れて下さるという風でございました」。「ああ、そうか、さっそく書きなさい」というのが、羽仁もと子の口癖だった。雨でも降ると「クルニオヨバズ」という電報が社から来た。

「上り屋敷」で新しい暮らしが始まった。「冬枯れの枝と枝との間から、大空の冷たい色をはっきりと見せていた近くの森が、朝ごとに淡く淡く、透いている空をかすめて、傘の骨のようだった高い欅林が、いつの間にか烟るようになり、またいつの間にか浅い鶸色の幕をひろげて、大きく鮮やかにあたりの空を彩ってゆくのは、私たちのまだ新しい経験である」（『半生を語る』）

羽仁もと子が書いた随筆の中でも、最も美しい自然描写の一つ。よい環境に恵まれた新しい家、満ち足りた暮らしの喜びがあふれている。

「ある日曜の朝だった。恵ちゃんがおもちゃのオルガンをひきながら、小さい声で静かに歌っている。『誰ともいわずにあの森染めて、誰ともいわずにあの森染めて』。なんというよい歌だろう。毎日毎日驚きを持って眺めていた美しい自然が、いつの間にか幼いものにこう歌わせたのである」

この一帯は明治開化期の地図を見ると、東京市外、北豊島郡雑司ヶ谷村の一部で、竹林で

あった。周りは畑。その後1903年、池袋駅ができ、ここは西谷戸大門原という地名になった。まさに新開地だったが、現在では東京都心の盛り場から近い。

『子供之友』創刊

1914（大正3）年、羽仁夫妻は『子供之友』を創刊する。創刊を前にした、『婦人之友』2月号に予告が載っている。

「四月から発行いたします子供雑誌は『婦人之友』と相並んで『子供之友』と名づけました。読んで直ぐさま反故（ゴミのこと）となってしまわずに、次号のお手許に届くまで、一と月中、お子様方の楽しいお伽ともなり、お母様方の、それからそれと有益なお話をお子様方になさるための、よい御参考にもなるように編集いたしてございます。

俗悪なる彩色、キリリとしない子供風俗は、私共の長い間、子供に見せる絵画として、誠に憂うべきものであると、思っていたのでありました。『子供之友』は上品にして簡易質実なる風尚を、お子様方に喜んで頂くように、骨を折るつもりでございます。（中略）

……どうしたら、子供たちをして、善良な習慣を愛するような心にすることが出来るか、どういう読み物が、今の学校教育を補うために必要であるか、また子供にはいろいろな性質もあります。次々にこれら様々の子供に適するような面白い記事を載せます」

新雑誌のスタッフの人選には詩人の河井酔茗が奔走し、ことに挿絵画家は精選し、北澤楽天、

竹久夢二、やがて村山知義、武井武雄らが参加していく。

創刊号は4月号で、巻頭に羽仁もと子の「強い国の強い子供」という言葉がある。これは明治維新以来の日本の半世紀余を4ページで振り返っている。封建的な弱い島国だった日本は鎖国を解き、近年になって日清・日露の戦いに勝ち、誇りを持って今や強国となった。それにふさわしい子供の生き方とは何か。それを指し示したいというのである。

発売と同時にかなり売れたようで、5月号には、創刊号が3版を重ねたと報告されている。初代絵画主任を北澤楽天（1876〜1955）が務めた。楽天は東京神田生まれ、実家は大宮の名家だった。1899年、時事新報の絵画部員になり、1905年に風刺漫画雑誌『東京パック』を創刊して活躍。1914年といえば、彼が『東京パック』を退き、自分で創設した楽天社から出した『楽天パック』『家庭パック』も廃刊した後である。

しかし、この雑誌の初期には目次がなく、活字部分の著者も記されていない。挿絵の画家もサイン入り以外わからない。索引もない。表紙が取れているものもあるバックナンバーを前に、私は途方に暮れた。とはいえカラーや2色、3色刷りが多用され、一つのページに大きさや書体の違う活字を入れ、そこにイラストや写真まで組み合わせるなど、編集技法としてかなり高度なことをしている。今でいう組み立て切り絵や、からくり絵本、ページを開くとひな壇が立ち上がるような、凝ったことも試みている。もと子草案の絵ばなし「甲子（こうこ）・上太郎（じょうたろう）」なども、楽天の楽しくユーモラスな絵で子供たちの心をつかんだ。

『子供之友』は1943（昭和18）年、第二次世界大戦による用紙の供給制限により休刊するまで、ほぼ30年にわたって357号発行された。大正自由主義の子供文化を支えた雑誌である。雑司ヶ谷の婦人之友社は関東大震災や戦火を免がれたので、貴重な原画が残された。1980年代以降、今日に至るまで、たびたび原画展が開催されている。

続いて『新少女』

『子供之友』創刊の翌1915年4月、『新少女』が創刊される。こちらは活字の記事が多く、河井酔茗が編集、竹久夢二が絵画主任だった。表紙からしてすばらしく、私はたちまち惹き込まれた。岡山に生まれた夢二は独学、天性の絵描きであり、構図も色も独特で魅力的だ。しかも、一冊の中で、羽仁もと子の「新少女伝」、与謝野晶子「私の生ひ立ち」、河井酔茗「安寿厨子王」など複数の連載の挿絵を描くとともに、目次やお便り欄などの小さなイラストも趣深い。『新少女』は少女向きだからか、軍国主義的な記事はない。模範としてはジャンヌ・ダルクなどの国を守るために戦った英雄的少女が取り上げられている。お便りの欄には、「お友達が貸してくれた『新少女』が学校の机の上に載せられて居り、その美しさにうれしくなった」とある。この雑誌も当初から、「私は嘘を言わないでしょうか」「私はどうして泣いたでしょう」といった課題を出して作文を募集、絵や和歌の募集と読者参加を促している。また「少女料理」「少女家事」など、家の手伝いをしながら家事に習熟するように誘導している。

田中久子「サイラス物語」は、イギリスのジョージ・エリオットの小説。この原本を旧制一高でテキストに使った夏目漱石は、学生から「女の小説を読ませるなんて」と不満を持たれたという。イギリスでも女性の名前では作品まで下に見られる時代、ジョージと男名前を使ったが女性作家である。11月からの松岡久子「ニコラス・ニックルベー物語」は、ディケンズの長編が原作。漱石は『吾輩は猫である』で、ニコラス・ニックルベーという面白い名前を引き合いに出している。松岡（旧姓・田中）久子は、もと子の弟正男の妻。連載「さるまわし」を書いた村山元子は、村山知義の母で編集部にいた。村山知義は『子供之友』で10代から活躍し、のちにドイツに留学して、表現主義を日本に紹介することになる。

編集担当の河井酔茗（1874〜1965）は大阪の堺の呉服商に生まれ、東京専門学校（今の早稲田大学）を中退、18歳で『少年文庫』に詩を投稿し始め、『文庫』（『少年文庫』改題）の詩の欄を担当して、北原白秋、島木赤彦を見いだした。そのほか、『女子文壇』など数多くの編集に従事、『詩人』を創刊、口語自由詩や散文詩を推進した。

河井は若い頃に一度結婚して7人の子を得たが、婦人之友社で共に働いた20歳年下の島本久恵（1893〜1985）と再婚。島本は大阪生まれで、最初『婦人之友』の実用記事担当だったが、『新少女』には小説も書き始める。のちに自伝的な長編『長流』（全10巻）がある。

島本はこの頃のことを小説『花と松柏』に書いている。北澤楽天が雑司ヶ谷の婦人之友社を訪ねた時の感想を妻に語る。吉一について。「うん、そうだね。うまい演出家。そういう男だ

ね。見るからに長州型。だから策の自信は相当さ、ただし潔癖が邪魔をするからおおきくはなれまい。まあ小綺麗に羽仁王国で行こうかっていうとこか」「旦那様がそれで、奥さまもと子さんは」と妻が聞く。「ふむ、細君、どうっていって、女さ、つまりね、体が小さくって、しかし小太りだもんだからごろっと見えているのが、田舎者、また奇妙に、老けてもう中婆さんでいるくせしてさ、娘、田舎娘の感じなんだなあ、問いかけるのにも言い出すのにも目を一杯にあけたっていう、率直、ま、率直だね。それが子の方へ飛び込んでくる。ただ、何を言い出すかわからん、突飛だ」

婦人之友社に勤めて、近くでよく見ていた人の言としてあえて引用したい。多少意地が悪い観察でもあるが、本質はつかんでいる。当時は外見で判断するルッキズムが当たり前の頃だから、楽天の言葉を借りて、吉一は「うまれつき顔の道具が彫りの深い方で、難しく言うと或る洗練を経た階級」の顔。一方、もと子の顔は「そうさなあてづくねの土器か」と評している。これは好意的にも読める。知識に邪魔されず、作為が感じられない、生まれっぱなしの顔だと。どうしても関係者や教え子からはカリスマ化される羽仁夫妻なので、こうした印象も書き留めておきたい。

竹久夢二の活躍

1915年『新少女』創刊の頃、竹久夢二（1884〜1934）はまだ31歳だった。彼の作

品は大正時代にも一世を風靡した。岡山の酒造りの家に生まれ、神戸尋常中学校を中退、17歳で単身上京し、1905年に荒畑寒村の紹介で平民社の『直言』にコマ絵が掲載されてデビュー。「平民新聞」に風刺画を描き、社会主義者と交わり、その初心は生涯、継続された。年上の女性、岸たまきと結婚、3人の男の子を得る。明治の末年から人気が出て、京都府立図書館で展覧会を開き、1914年には日本橋に「港屋絵草紙店」を妻たまきに開かせたが、そこで女子美術学校の学生だった笠井彦乃と出会う。『子供之友』、『新少女』が創刊されたのはまさにその頃。恋の最中によくもこれだけ精力的に描いたものだ。

やがて笠井彦乃と京都に逃避行するが、彦乃は父親に連れ戻され、彼女が結核で入院中にモデルのお葉との関係が始まり、その後も恋の出入りがあった。夢二というとなよなよした薄幸な感じの美人を描き、女性にだらしない不良絵描きというイメージが強く、何度も小説に描かれ、ドラマや映画にもなった。しかし、『新少女』、『子供之友』に見る夢二の絵の健やかさ、優しさは、そうした風評とはまったく違うものである。

そもそも社会主義の「平民社」から出発した夢二は若い頃から弱い者の味方、底辺からものを見る癖がついていた。関東大震災直後には、「東京災難画信」を都新聞（今の東京新聞）に連載している。後の1931年に翁久允（おきなきゅういん）の誘いにより、ハワイ経由でアメリカに渡り個展を開いたが、不況下で不調だった。困窮してアメリカからヨーロッパへ渡り、たくさんのスケッチを描いた。1933年に帰国した頃にはだいぶ肺結核が進み、長野県の富士見高原療養所に入

り、翌年49歳で死去。その年、『子供之友』の表紙を担当、療養所から送られてきた表紙の6月号が彼の最後の作品となった。自分の死を伝えるべき人は有島生馬(洋画家・小説家)ただ一人と書き残し、有島によって雑司ヶ谷墓地に葬られた。墓石には「竹久夢二を埋む」とある。

横道にそれるが、「大正ロマン」という言葉は竹久夢二をアイコンとして、彼の作品や人生がそれに重ねられている。しかし、「明治浪漫主義」は自然主義と対抗した森鷗外、永井荷風、与謝野晶子らを指す文学史上でも確立された名称だが、「大正ロマン」が夢二のリアルタイムに使われた様子はない。この言葉が流行るようになったのはずっと後のことだ。

その頃の友社

『新少女』の座談や後記は主に河井が書き、そこには社の隣にある庭でテニスをしているという記述がある。後で聞いた話によれば羽仁吉一はネットプレーが得意、もと子もまれに加わることがあり、その時は洋装だったとか。生涯和服で通したと聞いていたので驚いた。

「家のまわりには運動場がほしい、空地がほしい。それは私たちのある夢を実現させるために必要であると思っていました。家のまわりの運動場には、すぐにテニスコートが生まれました。広い藤棚も美しい花壇も出来上がりました。しかしいま一つの空地は当分全然空地のままでした。けれども私たちは間もなくそこであの輝かしい少年少女の大運動会をするようになりました。年一度盛んになって五年の間続きました」(『半生を語る』)

第1回は1916（大正5）年5月。入場券は、『子供之友』や『新少女』についていた。その様子が『婦人之友』や『新少女』には写真入りで、『子供之友』には絵で紹介されている。

1915年に入社した今石秀子の回想を聞こう（「七十周年記念・婦人之友歴史資料集」）。長野県出身、『女性文芸』に投書して河井酔茗に見いだされた。「田舎からぽっと出の私にとって、友社での生活は何もかも新鮮で、進歩的合理的で、毎日が驚きであり、よろこびでありました」。羽仁夫妻の日常でまねのできないことは、「・早朝新聞を読むのに必ず起床、机に向かわれたこと・朝の一とき、必ず親子四人で聖書を読まれたこと・朝晩揃って食事されたこと」だと言っている。

この年、国民新聞が上野の不忍池の端で開いた「家庭博覧会」には、羽仁もと子考案の「主婦の部屋」が出品され、その説明役が今石の初の大仕事だった。その後、殺到する身の上相談に、もと子が加筆、回答する際、清書を任された。「誌上での身の上相談の開祖でしょうか」

また社では不要品交換会、手芸品展示即売会、子供のためのはねつき会、たこあげ会などが次々開催され、「年中多忙で、社内は活気に満ちていました」。月一回、日曜日の朝、本宅の座敷で宗教の時間が持たれ、植村正久の話を聞く。これも社員の楽しみであった。

夢二の抜けた『新少女』は、1920年に『まなびの友』と改題され、少年も対象とするものになった。ここでは小川未明のおとぎ話、沖野岩三郎の「ロビンソン漂流記」ほか、山村暮鳥、楠山正雄、岡本一平、そしてフランス留学前の小松清も筆を執っている。羽仁説子と結婚する前の森五郎（後の羽仁五郎）の名もある。残念なことに『まなびの友』は編集を任された村山知義がドイツに留学したため、2年足らずで刊行を終えた。

スペイン風邪とロシア革命

この時期、二人の子供、説子、恵子を抱え、40代に入ったもと子は、仕事と頭の使いすぎで体調を崩しがちであった。1917年の夏、恵子は猩紅熱にかかって赤十字病院に入院、一時は命が危うかったが、9月にようやく退院できた。もと子は11月、名古屋の金城女学校に依頼され、河井道子、安井哲子と共に講演に出かけた。ここは長老派の宣教師が開いた学校で、東京府高等女学校時代にもと子にキリスト教を紹介した長谷部せんの夫がここで教えていたらしい。翌年も、大阪の高島屋、松本、金沢、京都などで講演を頼まれ、それは「有益な見聞」だったと言っている。子供たちも成長し、もと子はそれぞれの土地のお土産を持って帰った。

1918年、7月にもと子はインフルエンザで10日間寝ついてから、何度も微熱を繰り返すようになった。翌年8月には安部磯雄を頼って軽井沢へ家を借り、50日間静養することにした。「私たちは野の軽井沢といって、その後あのあたりを最も好くようになった。離山の近くに母子三人で、静かに楽しい朝夕を過ごした」（『半生を語る』）

長い夏休み、ちょっとうらやましくなる。しかし人手は借りず、「自炊の憲法」といって料理屋からは取らない。一汁一菜に手を省かない。風呂の水は汲んでもらうが洗濯は自分で。

「芸術掃除、芸術洗濯などと名をつけて、散歩と自炊に殆ど我を忘れて暮らしたことが、非常に身体にきいたとみえて、それからちっとも熱が出なくなった」。説子はテニスに熱中し、帰りに店で食材を買ってきた。夕食後、娘たちは自転車に乗った。

これは、1918〜1920年に「スペイン風邪」が流行中だったので、用心深く都心から避難したのかもしれない。いや、もと子がスペイン風邪だった可能性もある。同年7月には、米価の暴騰に怒った富山湾沿岸の荷役に従事する女たちの「米をよこせ」「暴利をむさぼるな」という直接行動を皮切りに「米騒動」が起こっている。これはまたたくまに全国に広がる大事件となり、寺内内閣は倒れ、初の本格的な政党内閣が原敬を首班として誕生した。

1919年の暮れから正月には静岡の興津に避寒した。「青い海と、黄色い蜜柑と、白い富士の興津を見すてる頃には、私はよほど元気になって、体温の高くなる日はなかった」

しかし、20年の2月、羽仁一家はついにスペイン風邪に捕まった。説子、吉一、恵子、お手伝いの順で、それぞれが別々の部屋で、4人の病人に5人の看護婦が付いた。もと子はこの時は罹っていない。ピークを過ぎていたので、看病の手があったのが幸いだった。もと子は心折れない。「貯えて置いて下さった健康の力で病気と戦おう」。幸い重篤に至らず、家族はだんだん快方に向かっていった。

大正時代のスペイン風邪で、世界では人口の25〜30%が罹患し、4000万人（WHO）が、日本では39万人（内務省衛生局）が亡くなっている。台湾、朝鮮などの外地も含めると80万人近いという。膨大な死者だが、今より情報が少なかったからか、人々はあまり騒がなかった。結核などで命はたやすく奪われ、死はよほど身近だったのかもしれない。荷風や鷗外などの当時の日記を見ても言及は少ない。『婦人之友』にも記述はほとんどない。

一方、当時一高生だった川端康成が伊豆を旅行したり(『伊豆の踊子』に結実した)、詩人北原白秋が神奈川に木菟(みみずく)の家を建てたのも、スペイン風邪を避けてのこと、という説もある。スペイン風邪で亡くなった人として、ヨーロッパでは政治学者マックス・ウェーバー、画家のクリムトやエゴン・シーレ、日本では劇作家島村抱月、建築家辰野金吾、前に述べた陸軍大将大山巌夫人山川捨松などがいる。

ちなみに「スペイン風邪」というが、これはアメリカのカンザス州の陸軍基地から始まったと見られる。おりしも第一次世界大戦中であり、交戦国はこれを軍事機密とした。中立国で感染拡大を発信できたスペインのニュースが世界を駆け巡ってこの名がついた。スペインもいい迷惑だろう。

社会主義という経験

また、第一次世界大戦の最中、レーニンは「帝国主義戦争を内乱に」をスローガンに1917年、ロシア革命を起こし、帝政ロシアを倒し、労働者と農民がイニシアチブをとる社会主義国を世界で最初に樹立した。

この頃のもと子はロシア革命によって創られた社会主義国家に興味と共感を感じ、その思想的根拠である合理的唯物史観に傾いており、しかも、それが自分の信じるキリスト教と矛盾なく連動したようである。

「……殊に世界の問題である新しいロシアの社会の、唯物史観の上に建てられていることは、いつも私の深く深く思わせられるところのことである」「国も家も人も、めいめい手前勝手な都合や愚痴と競争の気持で生きている旧い世界の空気よりは、唯物史観の立場は、より合理的であり厳粛であろう。しかし我らに来たる至上命令は、第三インタナショナルからの幹部からでなく、マルクスからでなく、天にいます我らの父なる神からでなくてはならない」

ロマノフ王朝の皇帝による残虐な支配、農奴制、資本家による工場労働者の搾取をなくして、農民、労働者自身が主人公である社会を作ろうというのは、理想主義的なスローガンだった。質実にしてまじめなよく働く人々として、「プロレタリア」という言葉は、当時のもと子の中では肯定的に受け止められていた。もと子は座食を嫌った。不労所得者、親の財産や不動産収入で働かずに食べている人を嫌ったからでもあろう。

羽仁夫妻の周りには安部磯雄のようなキリスト教社会主義者もいたし、この頃の『婦人之友』には大正デモクラシーの理論的指導者となった政治学者の吉野作造東京帝大教授がしばしば議会や世界情勢、社会主義について書いている。

吉野作造は「民本主義」を主張したが、これは民主主義というと、国体の問題で天皇主権を

[上]1916(大正5)年5月28日、『子供之友』『新少女』の読者たちを集めて開いた運動会は、大人気だった。「観覧の会衆は四千人近く、その翌年はその倍の八千人、三年目にはそれ以上にものぼり、この辺の名物のようになった」(『雑司ヶ谷短信』) 写真／1916年7月号より
[下右]『新少女』(1915〜19年)竹久夢二・画「春の鳥」1915年4月創刊号
[下左]『子供之友』(1914〜43年)北澤楽天・画 1916年10月号

否定することになるので、注意深く民本主義としたのである。これに対し、「階級的視点がない」とか「人民主権であるはずだ」とか批判する人々もいた。吉野の民本主義は、資本家や特権階級ではなく、普通の人々が幸せになる社会を政治の力で創ろうということだった。まだそれすら実現しないのに、階級的視点などを持ちだしても意味がないし、この時代では即座に弾圧されるだけであったろう。

弱い者の味方として知られた弁護士の布施辰治、また戦後、社会党結成の中心となり、一時、社会党首班内閣の首相も務めた弁護士の片山哲も『婦人之友』の執筆者だった。

激動の世界史の中で、羽仁もと子は1921（大正10）年4月、念願の「自由学園」を創立することになる。

長女説子の小学校入学以降、教育へのもと子の眼は開かれていく。子供の人格を尊重し、その内的な力に働きかけたいという思いは、子供雑誌の刊行により、膨らんでいった。

第2部

火の玉のように、教育者、事業家へ

自由学園の創立を前に、相談をする羽仁夫妻

17 自由学園創立

1921（大正10）年4月15日、羽仁吉一・もと子夫妻は、東京府北豊島郡高田町大字雑司ヶ谷村上り屋敷（現・豊島区西池袋）で自由学園を開校した。この土地は羽仁夫妻が初めて自分たちの手で住宅を建てたいと考え、借りた土地である。地方出身者の二人としては、東京に根をおろした安堵があっただろう。そこで今度は学校を始める。最初の生徒はわずか26名だった。

子供をどう育てるか

二人の娘を得てからのもと子には、「子供をどう育てるべきか」が切実なものとなっていった。これについては、羽仁説子『私の受けた家庭教育』にたくさんの示唆がある。少し振り返ってみたい。

雑誌編集現場である羽仁家は忙しく、もと子には子供と過ごす時間はじゅうぶんにはなかった。説子は言う。「温室育ちよりも、父と母の生活のなかにまきこまれた毎日を、私はしあわせだったとおもっています」。「いつも、母はお話をきかせてくれると、翌晩は私にその話をさせました。そのときは忙しがる父をも食卓にとどめて、「さあ、堂々と自分にわかったことを話しなさい」といい、幼児のあたまを訓練してくれていたのです」。もと子は丸暗記を嫌った。

覚えるより自分の頭で考える、それが大切だと。

子供だからといって手加減はしなかった。「堂々とおもうとおりをいえば、母は大笑いに笑ってそれを否定しながら、幼い私を相手に、堂々の論陣をはって、私の観測の鋭いところをほめ、不十分な点をけなし、判断のあやまりを指摘してくれました」

仕事中は「あと、あと」とつっけんどんな母も、寝る前、銭湯に行く道すがらなど「ほんきで、幼いものの話し相手になって」くれた。それはもと子自身が、簡単に納得する人間ではなく、「わからない」ことに徹底的にじれて、悩んで、こだわった自分の子供時代の体験を大事にしたからではないか。

親は子供によい教育を与えたいと願っている。もと子の場合、詰め込み式でないデューイ式の新教育を標榜する日本女子大学校附属豊明小学校に説子を入れた。そのために羽仁家は学校の近くに引越した。孟母三遷という言葉を思い出す。

「少なくとも小学校四年までは予習は有害だと思います」ともと子は書いている。それは先生のいうことを注意して聞かなくなるから。また、家に帰って学校と同じことを復習させられるのもよくない。帰ったら、自分でわかる範囲で親に説明する。すると、もと子は説子に質問を浴びせる。「二に二を加えても四、二に二をかけても四になる、加えるとかけると同じだろうか」「二を十五度たしてごらん。それから二に十五をかけてごらん」。説子は、かけるは足すの簡便法だということが飲み込めた。しかし、この小学校の教育に、もと子はずいぶん不満を

持ったようだ。

婦人之友社で大運動会

説子は1913年春の小石川から雑司ヶ谷上り屋敷への転居を、「家内工業の事業拡張」と称している。婦人之友社は『子供之友』『新少女』を発行し、説子と恵子も家業を手伝った。少女服のモデルにされたり、椅子席でたしなむ茶の湯の実験台、マラソンの実験台にもされた。家つづきに、広い地所を借り受けたので、読者を集めて大運動会が開かれた。「あのころとしては母のおもいきった創意だったとおもいます」「それらすべての競争や競技に加わるのは、その日集まった、ほんとうの愛読者でやろうというのです」

この運動会は練習もリハーサルもなく、ぶっつけ本番だった。マラソンの指導は金栗四三、その他の競技はテニスのコーチに来てくれていた高等師範庭球部の選手たち、よびものの「仮装行列」は物語の主人公に扮した子供たちが並び、背景画には画家の北澤楽天や竹久夢二が活躍した。金栗はNHKの大河ドラマ「いだてん」の主人公として、近年再び注目を浴びた。

そんな中で、自分たちの学校を創りたいというもと子の思いは、日一日と膨らんでいった。吉一は、「お前の考えている学校を実現したいものだが、学校を建てるということは大金持ちの仕事ではないか」と言った。しかしもと子は決して諦めなかった。機は熟し、夫も子供たち二人も熱心な共鳴者になった。

もと子は「私たちの手にあるパンと魚を悉く献げつくしてしまいましょう。それが祝福されるならば、よい学校の日用の糧に心配はないでしょう」と言った（『半生を語る』）。婦人之友社の事業は順調で、羽仁家の生活にはゆとりができたが、その分、子供たち、特に恵子にいくらかブルジョワ風な気風が見えていた。母親はそれを危惧した。

１９２１年、説子は18歳、日本女子大学の高等女学校を卒業。下の恵子は附属小学校から13歳で女学校に入る年だった。恵子は小学校で先生に「どこの女学校に行くか」と聞かれて答えられなかった。「ああ、わかった、あなたのお家で学校を建てるんですね」と言われて、つい「ええ」と答えてしまったという。家でも学校を建てたいというのは、10年ほど羽仁家の話題の中心だった。ちょうどよい。その時、持っているすべてを差し出せという命が天から下ったのだ。例によって、もと子は「よいことはすぐしよう」と即断だった。

羽仁夫妻が尊敬していた牧師の植村正久は、最初、彼らが新しい教会を設立すると思っていたようだ。しかし、つくろうとしたのは教会ではなく学校だった。「ふうむ、そうか、おやんなさい」。名は自由学園とつけました。「ああ、それはよい名だ。私も出来るだけのことをしよう」。校名は「真理はあなた方を自由にする」という聖書のヨハネ伝第8章からとられた。

フランク・ロイド・ライト

大運動会をした広い土地に、羽仁夫妻はアメリカの著名な建築家、フランク・ロイド・ライ

トに頼んで校舎を建ててもらうことにした。

フランク・ロイド・ライトは1867年6月8日にアメリカのウィスコンシン州に生まれた。祖父は農民で父は牧師だった。音楽に夢中な父はあまり家庭を顧みず、フランクが16歳の頃に両親は離婚。フランクはマディソン高校を中退し、建築事務所で働きながらウィスコンシン大学マディソン校工学部の聴講生となる。19歳から教会の建設を手伝い、学校の設計も始める。1905年に妻キャサリンと初めて来日。ところが1909年、施主の妻メイマ・チェニーと大恋愛、妻と6人の子を捨て、ヨーロッパへ。ライトに帝国ホテル設計の依頼が舞い込んだのは、その2年後だった。1913年、ライトは恋人メイマと2月に2度目の来日、帝国ホテル支配人林愛作と会い、3カ月を日本に過ごす。

再婚したメイマとの新居タリアセンをアメリカに建てるが、1914年、使用人がメイマとその連れ子2人、事務所員たち合わせて7人を惨殺して放火というとんでもない禍に見舞われる。その悲しみの中で、ライトは帝国ホテル設計プランを固め、遠藤新を助手にして、1919年9月より建設が始まる。しかし大幅な予算オーバーのため、ライトは途中で帝国ホテルから身を引き、あとは遠藤が作業を続行。遠藤新がライトを羽仁夫妻に引き合わせたのはこの頃だ。

ライトは喜んで自由学園の仕事を引き受けた。6回目の来日の際、1921年1月22日に初めて建設予定地を検分、3週間で設計プランを確定、その1カ月後に着工。4月の開校時、まだ教室は一部屋しかできていなかった。入学後の新入生は工事の音を聞きながら勉強した。それを吉一は「創造の槌の音」と呼んで完成を楽しみにした。竣工は1922年6月。とんでもないスピードである。設計は宇治の平等院鳳凰堂にヒントを得たとも伝わる。

「言葉も通じないのに、自分たちの心の中にある学校の新しい特色を、実によく分かって下さって、あのよい頭脳と才能を傾けて、自分たちの貧しい費用をもって、全然清新な興味と驚きを、建築界に投じたところの私たちの愛する学舎（いえ）をつくって下さった」ともと子は言う。50代だったライトはたまに完成間近の教室に来ては、目をつぶってショパンを弾いていたという。音楽好きは父親譲りだった。

羽仁吉一によれば、もと子は「内容（なかみ）は絶えず進歩し変わってゆく。その内容を容（い）れる容れものも、それに応じて変わってゆくのが本当だ。鉄筋コンクリートのようなコチコチの固い容れものでは困る。いつでも取壊せるような木造がよい」と言ったそうだ（「雑司ヶ谷短信」1932年10月号）。この建物はライトと弟子の遠藤新二人の共同作品とされ、その息子で自由学園を卒業した遠藤楽もずっと自由学園の建物に関わることになる。

教育の方法と教員

『婦人之友』（1921年2月号）に載った「自由学園の創立――私共同志の新事業に御賛成を願ひます」は、実質的な生徒募集の呼びかけでもある。目的の一つは、「今日の高等女学校が

掲げているのと同種類同程度の学科目によって、生徒の頭脳の働きを育て伸ばす」こと。しかし教えるのは学科だけではない。「生徒各自の実生活の経営を指導する」

実際には、募集する30人の生徒を6人ずつの5つのグループに分け、これを「家族」と呼ぶ。毎日交代で家族の一人が炊事当番となって、温かい昼ご飯を作る。また別の一人がそれぞれ外回りの庭の手入れや鶏の世話をする。あとの人々は手仕事を。「ハンカチ、靴下、肌着類、寝具に関する小物、前掛、仕事着、手袋、襟巻、帽子、スウエター」を継いだり、作ったり、洗ったり、整頓する。また1年から、生理衛生の知識を与え、清潔、運動、栄養、休息などについても指導する。

「旧い詰め込みの教育とは違った本当の自由な発達の仕方を、さし示される一と歩みずつから探ねてゆきましょう」「真の自由教育のために、闇の中に小さい一つの灯台をつくる」「教育を変える」。これが発表されると、『婦人之友』の愛読者に反響が巻き起こった。こうした使命感によって、羽仁夫妻は自由学園の設立を決めた。そして東京府に設立申請を行い、自由学園は高等女学校令に基かない各種学校として認可された。

第1回入学式（本科）は、1921年4月15日に行われ、30人を募集し、26人が入学した。もと子の三女の恵子も、その一人。創立者羽仁吉一が開校の辞を述べ、一同で讃美歌42番（現74番）を歌い、続いてもと子が学園長として開校の思いを述べた。「学校をつくりたいというのは、長女が小学校に行きはじめた頃から度々思って見たことでございました……」に始まり、

「私共と子供たちとの関係が深ければ深いだけ、子供の長所やその成長を喜ぶことも真剣であり、またその短所や躓き(つまづ)を悲しむ情(こころ)も真実になる筈(はず)でございます」「虚栄(みえ)だのうそ偽(いつわ)りは、よしどんなに小さいことでも相互(あいたがい)に気をつけて、そういう浮薄な心持が決して我々の間にあり得ないように努めたいと思います」(1921年5月号)。

そして先生方の紹介のあと、鈴木乃婦子(のぶこ)の独唱が響き渡った。

もと子にはもう一つやりたいことがあった。それは高等女学校を出た若い女性を家庭での花嫁修業に置くのではなく、集団の中で、家庭経営に必要な実務、そして教養を育ませたいということだった。文学科10名、家庭科30名(翌年から高等科)、高等科の募集にもたくさんの応募があり60名が入学した。入学式は、5月5日に別途それらの生徒を迎えて行われた。

本科(高等女学校相当)の初年度の教師としては次のような名前が挙がっている(『自由学園一〇〇年史』による。説明は筆者)。

国語 数学 修身 懇談(こんだん)　羽仁もと子

英語　木岡利子、マンダー、川戸(植村)環、安部京子、ヘルストン

理科　和田八重造(鉱物学者。オバリン大学・コロンビア大学・シカゴ大学で自然科学教育法を研究。帰国後、第一高等学校、武蔵高等学校、浦和高等学校などでも教える)

地理 歴史　朝枝利男

体操　ハイヤドール、ウィドボーン
音楽　マクドナルド、鈴木乃婦子（東京音楽学校卒業のアルト歌手）
美術　山本鼎（版画家、洋画家。1907年、石井柏亭、森田恒友らと『方寸』を創刊。フランス留学を経て、児童の自由画教育、農閑期を活用した農民美術運動を推進）

実際科
衛生　広川松太郎
料理　田中よね子
手芸　河野富子（編み物、洋裁、和裁も。ドロンワーク、マクラメレースなどの本を出版）、青芳とみ子、ミュラー
洋裁　西島芳太郎（『婦人之友』の洋裁担当）
実際科主任　齋藤その子（女子英学塾＝現津田塾大学卒、英文学者齋藤秀三郎の次女、指揮者齋藤秀雄の姉、のちに聖書学者塚本虎二夫人）

羽仁夫妻は教師資格にはこだわらず、信頼できる知己のつてで、その分野で高い能力を持っている人を招いた。「生徒に予習をさせてはいけない」「丸暗記の詰め込み教育はいけない」という方針で、時には教師と言い争いになることもあった。もと子は頑として譲らず、「そのか

わり徹底的に復習をさせなさい」と言った。

また教材はいわゆる教科書は使わずに、独自に工夫したというから、教える側の力量と努力が問われたに違いない。講師は『婦人之友』の寄稿家、協力者からも見つけられた。自由学園の授業料は毎月7円、東京府立高等女学校の授業料が3円くらいの時代だ。そのほか、昼食の費用も7円ほど。制服はないが、洋服が奨励された。

自由学園の建築や開校までのスピード感には驚くほかはない。50歳を前に、もと子のエンジンは全開であった。

社会に開かれた学校

この学校には使用人がいない。掃除も炊事も事務も生徒自らが当番で行う。「自労自治」が基本。好みに合った使いよい食器ということで、香蘭社製が選ばれた。週に一回はお昼にお客が招かれ、話を聞くことも勉強だった。その人が外国人であれば、英会話の学習にもなった。

1923年の冬のある日、生徒が二人、吉一のいる窓の下に駆け寄ってきた。窓の外から大きな声で「ミスタ羽仁、二年生のお料理の時間ですが、大根が足りなくなり、そこの八百屋に行って二本ほど買ってくることになりましたので、お金を下さい。十銭ほどでよいと思います」。吉一は書き物をしていた手を止めて「おお、そうか。十銭でよいか。足りないといけないから、少し余分にもっていきなさい。帰りにまた寄って、計算すればよい」と言った。

ある生徒は語る。「私たちは掃除が大好きで、今日も皆で床を拭いていると、ミスタ羽仁が通りかかられて「きれいになるネ。ここで私たちが使っている土地はみな神さまのものを使わせていただいているのだよ、あなた方は天国への廊下をきれいにしていることになるのだよ」とおっしゃった。12歳になる私たちは本当にそう思って床を掃き、磨いたものだ」。

かと思うと、大谷石（おおやいし）の石畳をデッキブラシでゴシゴシする生徒がいた。すると「この石は大谷石と言って脆いのだよ。そんなに強くこすらなくてもよい。この建築にはこの石がたくさん使ってあるから気をつけよう」と、吉一は言った（『自由学人 羽仁吉一』卒業生がまとめた羽仁吉一の評伝、思い出の記録）。

羽仁夫妻はキリスト教の教義を生徒に押しつけないよう細心の注意を払っていた。と同時に、「子供は親の所有物ではない、神様からおあずかりした侵すことのできない貴い人格をもつ独立した人間である」「神様は役に立たない人間は一人もお創りにならない」ということが、教育思想の根本にあった。

自由学園の年表などには、

1921年5月 本科1年、千葉県鋸山へ初の遠足

1922年5月13日 作家、島崎藤村「ふるさと」の話をするために来校、芋焼餅などを作っておもてなしをする。食事時間が遅れ、待つ間に「私も一つやってみましょう」といって裸足になってテニスをして楽しんだ。

このテニスコートには、安部磯雄が息子の民雄を連れてよくテニスをしに来た。民雄は長じて全日本選手権のダブルスやシングルスで優勝、ウィンブルドンや全米テニストーナメントで勝ち抜き、世界的選手となった。のちに早稲田大学の哲学の教授となる。

7月8日　ライト氏夫妻帰国送別会。この時の妻とは三番目のミリアム・ノエルである。

7月21～31日　8月1～10日　洋服講習会

12月　山本鼎、生徒に版画を教える

12月22日　アメリカ大使夫人ミセス・ウォーレン来校

1923年3月29～4月6日　高等科2年の卒業旅行で、ミセス羽仁と共に横浜から神戸まで船に乗り、奈良や京都を見学。富本憲吉・一枝夫妻の家に泊まる。富本憲吉は陶芸家、妻の一枝は10代の頃、『青鞜』に参加した画家尾竹紅吉。夫妻は奈良安堵村で芸術家同士の美しい暮らしを営んでいた。

4月18日　第1回高等科卒業式、卒業生35名、とある。

高等科の1回生である石垣綾子（のち評論家）は入試の面接試験が1時間もかかったという。「数年間、毎日一緒に暮らすという縁故は、やがて一生涯結びつけられる友になるのだ」（『半生を語る』）。もと子はまた、生徒に「あなた方は私の先生だ」とも言ったという。

自由学園には他の学校のように修身の時間はなかったが、その代わりに「懇談」と「読書」が週に一時間ずつあった。「懇談」の時間に、もと子はキリスト教について語ることもあった。

また「読書」の時間にはバーネット『小公子』、メーテルリンク『青い鳥』、イプセン『人形の家』、チェーホフ『桜の園』、ダンテ『神曲』などを一緒に読んだ。真理とは何か、誠意とは何か、率直とは何か、幸福とは何か、それらについてのもと子や吉一の考えに生徒たちは触れた。石垣は「倉田百三、トルストイ、ドストエフスキーなどを読み、それぞれが感想を述べ合った」と証言する。「思い出して感心するのは、いずれの授業も「読むこと」と「書くこと」が平行して課せられたことである」と書いている。「机上の勉強だけでなく、社会で学ぶことも大切だ」という趣旨で、石垣も近江八幡のメンソレータムの会社（近江兄弟社）を訪ね、経営者ヴォーリズの家に泊めてもらい、利益の一部を社会福祉に使っている様子を取材した記事は『婦人之友』に載り、原稿料をもらったという。

1919年に婦人之友社に入社、1921年に自由学園の英語教師となった榊原（旧姓間野、戦後に社会党代議士となる）千代は当時の様子をこう語っている。

「自由学園創立一周年の時、ミスタ羽仁は学生たちの前で『ミセス羽仁はいつも年より若く見えたのに、この一年でずいぶん年をとってしまった。皆さんのために苦労したのだよ』と話されました。ミセス羽仁は、『ミスタ羽仁、ありがとうございます』と感謝されました。美しい光景でした」（「婦人之友歴史資料」）

「上り屋敷」「友社」といった言い方は前からあったが、ミスタ羽仁、ミセス羽仁、という言い方は自由学園ができてからのこと。創立の翌年には、生徒の数は125名ほどに増えてい

た。そして夫妻は自由学園については無給であり、それどころか学校にかかる費用を自費で補っていた。

[上]1921(大正10)年4月15日。自由学園第1回入学式で、羽仁夫妻と26人の生徒たち。教室は、まだ荒壁だった
[下]1922年に竣工した校舎(現・自由学園明日館)。「その名にふさわしく自由なる心こそ、此の小さき校舎の意匠の基調であります」と、設計者フランク・ロイド・ライトは書いている

18 洋服の時代

第一次世界大戦後の激動の時代、羽仁吉一・もと子夫妻は自由学園を船出させ、26人の少女と共に「働きながら勉強する」学校を経営した。通学服は洋服でありさえすれば自由だった。同じ年の4月24日、和歌山の山林地主、西村伊作が与謝野鉄幹・晶子夫妻らの協力を得て、お茶の水に文化学院を開いている。やはり4月に、九津見房子、堺真柄らが伊藤野枝、山川菊栄を顧問格に初の社会主義女性団体、赤瀾会（せきらんかい）を結成。また11月には、首相原敬が東京駅頭で暗殺された。

自由学園と婦人之友社は羽仁夫妻の事業の両輪となり、両方に関わった人も多い。『婦人之友』の記者であり、自由学園の英語教師となった松岡久子の回想をみよう。

彼女は旧姓を田中といい、明治の末にアメリカから帰国し、これから何の仕事に就くか考えていた。兄の助言で、慶應義塾大学の微生物の教授、有明文吉に相談すると、「それでは羽仁のおもとさんという人の所へでも行ってごらんなさい」と、紹介状を書いてくれた。久子は姉から着物を借りてしゃんとしたナリで行ったのだが、出てきた「羽仁のおもとさん」の「あまりに簡単で素朴な態度」に驚いたという。

「出て来られた方は、なんでもない中年の婦人で、……白っぽい鼠色のメリンス地で前と後ろと二つに分れた帯を締めていた。当時としては珍しく簡単なもので、これはミセス羽仁の考案によるもので、いわば帯の改良のさきがけをなすものであった」（「婦人之友社の思い出」1953年5月号）

「あなたは何がなさりたいのですか？」というもと子の問いに、「はあ、私は学校の先生ならどうかと思うのでございますが……」と答えると、「ここには学校の先生の仕事はないんですが、書く仕事はどうでしょう、やってみませんか？」と単刀直入に誘われた。

こうして、久子は『婦人之友』の記者になり、佐々木吉三郎帝国大学教授の「子供はテニスの球の如し」という児童教育の話を書いたり、「誰でもアメリカの人は働く」という体験ルポを書いた。田中久子の名前が最初に登場するのは、1912年11月号の「私の見た米国人の活動ぶり」である。やがて、もと子の弟松岡正男と結婚、松岡久子の署名で毎月のように記事を書く。もと子は彼女の能力をよほど高く買ったのであろう。

当時、婦人之友社には、画家柳敬助夫人、柳八重子のほか、三宅やす子もいる。三宅恒方夫人で、夫を31歳で亡くし文筆業に。のちに『ウーマン・カレント』を創刊した。山脇敏子は画家津田青楓の最初の夫人。画家、のちに山脇美術専門学校を開設した。斎藤春代は縫い物の記事を多く書き、水町たづ子は料理担当。そして、このチームはもと子を中心にして整理だんすを考案、販売にのり出した。そのほかにも子供だんす、三角火鉢、洗濯籠、薄蓋の柳行李、赤ん坊だらい、赤ん坊籠（ベビーベッド）、火なしコンロなどが売り出された。

第二次世界大戦後、『暮しの手帖』は企業の開発した家電製品の商品テストを行い、良品を推薦したが、『婦人之友』はすでに大正時代に、編集部員がああでもないこうでもないと、より使いやすい家具や生活用具について論議し、それを商品化して読者の家庭から注文を受け、届けていたのである。「家庭生活の不合理な面を見出してはすぐその改善の方法へと、新しい家具をどしどしつくり出していったのであった」

洋服の奨励

自由学園創立に伴い、松岡久子は念願叶って英語科教師、家庭科長（高等科）となった。のちには翻訳家として活躍する。松岡によれば、羽仁もと子は「子供達は洋服で育てなければならないと、先ず率先して説子さん恵子さんにピンクとブルーの洋服を作って着せられた」という。もと子が洋服に熱心になったのは、子供を持ってから。築地の居留地を歩いていた時、西洋人の子供たちは軽快に遊んでいるのが目についた。「自分の子どもの重たい着物が可哀そうになりました」（『半生を語る』）という。しかし当時は既製品で簡単に手に入る子供服などはまだなかった。すぐに築地の幼稚園を訪ね、タッピング夫人に子供の下着や洋服を見せてもらった。裁ち方、縫い方、着方、洗濯方法、経験、費用なども聞いて、さっそく講習会を開き、根気よく続けた。

和服は平面的でたためるが、洋服は胸の膨らみやウエストをしぼり、立体的である。松岡久子もそれを手伝って、ミセス・ガントレット(ガントレット恒子。宣教師で東洋英和学校教師エドワード・ガントレットの妻、山田耕筰の姉)を訪ねた。「なあに簡単なものですよ、こうして切っていらっしゃればいいんですよ」と、恒子は新聞紙を人の体に当て、ザクザク切って型紙を作ることを教えてくれた。

また第一次世界大戦で、ヨーロッパでは従軍した男たちのあとを女性が埋め、鉄道、市電、バス、工場でも女たちが働きだした。そして女性の服装がどんどん軽く、機能的になっていった。こうしたことも、もと子はキャッチしていただろう。

西島芳太郎の入社

1920(大正9)年、青年洋裁師、西島芳太郎が婦人之友社に入社した。小石川で女子英学塾同窓の人々に洋裁を教えていたが、津田梅子の姪、大井えみ子からもと子に紹介があった。

彼の経歴は面白い。1900年に岩手の農村、葛巻に生まれ、14歳で深川麗巌寺(れいがんじ)の住職の世話で本郷の大河内洋装店に入る。大河内は横浜の洋裁師片山喜三郎に学んだ大島万蔵の弟子である。大島は1885(明治18)年、鹿鳴館華やかなりし頃、築地栄町で開業した。大河内は当時、宮内庁御用達、宮家、華族の服を一手に引き受けていた。ここで19歳までを徒弟で過ごし、さらに横浜の英米仏の洋装店で半年ずつ修業。

この頃は日英米親善の時代で、横浜から船で世界を漫遊する日本人も多く、注文がさばけな

いほどあり鍛えられた。その後、札幌の北星女学校校長のスミス先生や教師の依頼を受ける。たくさんの外国人の注文に応え、第一次世界大戦が終わった頃に再度上京。これだけの修練を積んで腕は確かであった。１９１９年、西島は、軽井沢の避暑から帰ったもと子を雑司ヶ谷に訪ねた（西島「羽仁両先生のもとで働いた日々」より要約）。

羽仁もと子は会ったばかりの西島に「生活改善同盟会主催の展示会があるが、世界大戦後で布地の輸入が止まっている。この際、日本の和服地を使ったり、男服の改作等をして出品してみたいがどうだろう、作ってみてくれませんか」と提案した。彼女には、訪ねてくる仕事ができそうな人を見抜いて、適材適所で仲間に加える素早さと、彼らに提案するアイディアの卓抜さがあった。「布地から発注」することを考えたり、ものを大切にしてリフォームを思いついたりしたのである。もと子は埼玉県蕨の腰高という織屋に、黒地に緑の格子縞や、赤と青の縦縞の木綿の服地を注文したこともあった。

西島は「記事を通して洋服を縫うということはまだどこでもしていなかった」という。彼は張り切って数点を作ると、「これはよい。等身大のマネキンに着せよう」ということになり、もと子と本郷団子坂の人形屋に依頼に行ったという。江戸時代の文化文政の頃から、団子坂では植木屋と人形師が組んで菊人形の催しがあったので、そこに頼んだものだろう。まだ、洋服のためのマネキンはなかった。

入社した西島は、「記事、講座だけでなく、小学新入学の一揃いの製作、通信販売などの実施、材料は特別に織物工場に木綿地のしっかりしたものを織らせ、追加、追加で多忙を極めました」と書いている。それだけ通信販売をして、どのくらい利益があったのか。これについては「損をしてはならないが、法外な利を得てはならない」というのがもと子の方針で、西島と二人で「価格の計算等慎重にいたしました」という。これは、ちょうど自由学園が始まった時期と一致し、「洋服で登校する」という決まりにも役立ったことだろう。西島は、自由学園で洋裁を教える教師にも加わった。

さらに「型紙百種を発表、やはり数年間も嬉しい悲鳴が続きました」。そのうち、自由学園の卒業生が『婦人之友』の編集部に入り、全6巻と全3巻の洋服裁縫の単行本が発行され、これもたいそうな売れ行きとなった。

もと子は西島にフランスで勉強しないかと勧めた。しかし西島は、フランスは商売本意で教育的でないと考え、「それよりは『婦人之友』の愛読者の集いを中心とした講習会を始めたい」と申し出た。読者の会は日本各地のみならず、当時日本の植民地であった朝鮮、満州、台湾にもあり、そこへも出張講義した。

そしてついに1930（昭和5）年、独自の「婦人之友社独特の割合尺の採用」にこぎつける。西島は学校教育も受けていないし、教師の資格はないが、羽仁もと子は自由学園教師として遇した。肩書きより実力主義だった。この洋裁はのちに、1935年の農村セツルメント事業の際に生かされる。

19 関東大震災

1923（大正12）年9月1日、関東地方を未曾有の大地震が襲った。これによる死者・行方不明者は推定10万5千人。ほとんどが焼死である。東京では4万人近くが本所旧陸軍被服廠跡に家財道具を持ってなだれ込み、火災による旋風が起こり、3万8千人が犠牲となった。日本橋区、京橋区、神田区、浅草区、本所区、深川区などの下町はほとんどが焼け、壊滅的であった。横浜や鎌倉をはじめとする神奈川県も被害甚大であったことはあまり知られていない。幸い雑司ヶ谷は東京市外の台地で地盤もよく、自由学園や婦人之友社は火災を免れた。

その時、もと子と子供たちは軽井沢にいた。31日に遅れて吉一が到着、ひと夏東京で働いて、ようやく家族で休養しようというところだった。軽井沢でも揺れを感じ、浅間山の噴火を疑ったが落ちついている。吉一は社の様子を見るため、翌2日に東京にとって返した。この時、軽井沢駅で内村鑑三と末弘厳太郎（いずたろう）という知人に会う。これはあとで大きな動きになる。東京の情報はまったく伝わってこない。

「私たちの親しいまた頼もしく思っていた『東京』という偉大な友達が、重い痛手を負って呻（うめ）き苦しんでいるのだというような気がしてなりませんでした」（『半生を語る』）

東京を「偉大な友達」と擬人化して表現した人は、ほかにないだろう。たしかに当時の東京、特に山手は自然にも恵まれ、空気もまだきれいだった。池袋の駅から自由学園までほとんど家がなかった頃の話だ。「私たちの愛する『東京』は呻き苦しんでいる。どんな混雑の中でも押して行ってその枕許(まくらもと)で私たちの『東京』に呼びかけてみたい」

もと子はあとを二人の娘に頼んで、自分も東京に戻ろうとしたが、女性には切符をなかなか売ってくれなかった。「いろいろ地方からの救護団という人たちが沢山乗っている。『東京』に関係の薄い事情に暗い人が大勢行って、どれほどの力が出せるものかを私は知らない。一人の女でも誰でもほんとに『東京』を愛し『東京』に深い関係を持つ者を、それらの人々の輸送のために後まわしにするというのはあまりのことだ」

軍人に助けられ、自警団の間を縫って、ようやく5日に上り屋敷の家に帰り着くと、瓦や壁は傷んでいたが焼けてはいない。「学園こそはほんとうに無事だったのです。前から緩んでいたらしい大きなガラスがたった一枚われたきりでした。私たちは改めてライトさんに感謝しました」。家の焼けた生徒はあったが、みんな無事だった。

もと子はやはり元気で機敏であった。学校を心配して見に来る近くの生徒もいた。9月7、8日からはお弁当を背負って遠くからも生徒が来た。始業式と決まっていた11日には40人ほどの生徒が集まり、16日には学校を再開する。それでも子供たちの顔に生気がないのが、もと子は気になった。

18日にはそれぞれが遭難記を書いて来て、一人残らず読むことにした。「私たちの間にどれ

ほどの大事件が起こっているかということが、すべての子供たちの頭に十分にしみ込んだ。大勢の人が真実に愛し合おうとするのには、お互いに事情の分かり合うことが必要だと思う」。悲しみの共有、共感。それはセラピーともなって、生徒たちの元気をよみがえらせた。

朝鮮人・中国人の虐殺

関東大震災は今に至るも、近代最大の天災である。東京では被災しなかった人々が避難する民衆に水やおむすびを振る舞い、一夜の宿を提供するという「災害ユートピア」ともいうべき、相互扶助の行動が多く行われたことも忘れたくない。もと子はこれを「ハネムーン」と呼んでいる。一方で、「朝鮮人が井戸に毒を入れた」「朝鮮人が多摩川を越え、大挙して東京を襲撃しつつある」など、警察や新聞が広めたデマに乗って、軍隊や警察、自警団による朝鮮人、中国人、社会主義者などの虐殺も行われている。なぜこのようなことが起きたのか。

一つは全く情報がなかった。東京に22紙あった新聞社は3紙を残して焼失、その一つが都新聞（現・東京新聞）だが、新聞を出せたのは9月8日から。ラジオが放送を開始するのはその2年後である。住民には何が起こっているのかわからなかった。そこに警察が上記のようなデマを流したので、情報に飢えていた人々はそれを信じ、口伝えに拡散した。

もう一つは震災の混乱に乗じて、政府が内乱もないのに9月2日という早い段階で戒厳令を出したことだ。これで「国家秩序を乱すものに対する暴力」が合法化された。

三つめには、闇夜の恐怖があったのではないか。震災でガス、電気、水道といったインフラは機能しなくなった。井戸水が使えたところは運がよかった。人々は食料やろうそくを買いに走ったが、あっという間に売り切れた。そして真っ暗な夜。

人々は治安悪化を防ぐために自警団を結成した。町を自分で守る。悪いことではない。夜警には高村光太郎も芥川龍之介も、虐殺された大杉栄すら参加した。問題は彼らが日本刀や鳶口などの武器を持ちだし武装して、通行人に「15円50銭と言ってみろ」と迫り、言えない者を朝鮮人だと決めつけて暴力をふるったり、虐殺までしたことである。

震災後、香川からの行商の集団が殺された「福田村事件」も、行商への差別と方言がわからなかったことによるだろう。ステテコ姿で歩いていた隠居が朝鮮人と間違われた。詩人の壺井繁治、絵描きの田河水泡など長髪、ロシア風のルバシカを着た異風の者も暴力をふるわれかけた。千田是也（これや）は千駄ヶ谷でコリアン（朝鮮人）に間違われたことを忘れず、生涯の芸名とした。

その数について現政府の官房長官は「政府にはその資料はない」と述べたが、当時の司法省は２３３名という報告を残している。これに対し、当時、朝鮮から調査団が来て、積み上げた数字が２３１３名、これを東京帝国大学教授で政治学者の吉野作造は雑誌「改造」に書こうとして検閲で阻まれた。付記すると、吉野は宮城県古川の生まれの東北人で、『婦人之友』の執筆者であった。民本主義を唱えた吉野を危険人物として暗殺する計画もあったという。

朝鮮側は調査を続け、現在、本所横網町の震災記念公園に建てられた慰霊碑には６６００と

いう数字が刻まれている。また、現在の内閣府の「災害教訓の継承に関する専門調査会報告書」は「おそらく1000名から5000名の間」ではないかとしている。

甘粕事件への対応

この時、労働運動の人々、社会主義者も殺された。9月3日の亀戸事件では川合義虎、平沢計七ら南葛労働会と純労働者組合の10人が亀戸署に拘束され、習志野騎兵第13連隊の兵士によって殺害された。また社会主義者が動いたり、あるいは襲撃されることがないように、予防検束という名目で、警察は著名な活動家を拘留した。

9月16日、アナキストの大杉栄と、内縁の妻で評論家の伊藤野枝が、大杉の妹の子、甥の橘宗一を連れて横浜に近い鶴見に弟を見舞いに出かけた帰り、憲兵隊特高課に連行され、憲兵隊司令部で甘粕大尉らに扼殺され、古井戸に遺棄されるという事件が起きている。橘宗一は大杉の妹あやめと米国在住の夫との間の子で、米国籍を持っていたため、アメリカ大使館が自国民保護に乗り出し、もみ消しはできなくなった。

大杉栄は堀保子、神近市子、伊藤野枝との四角自由恋愛をし、1916年に神近が葉山の日蔭茶屋で大杉を刺して捕まるという「痴情沙汰」も、社会道徳を破壊するものとスキャンダルになっていた。伊藤野枝は女性解放誌『青鞜』に10代で参加、平塚らいてうから編集人を譲られたが、ダダイスト辻潤からアナキスト大杉に奔ってこの雑誌は終刊。大杉とは籍を入れぬまま、8月9日には5人目の子ネストルを産んだばかりだった。

『婦人之友』11月号の特集

罹災者への救援に尽力していた羽仁もと子は、震災時にふるわれた暴力についても黙ってはいられなかった。『婦人之友』11月号には、48氏による「甘粕事件に関する感想」が載る。「暴力をもって他人に刺激を加える風がまた起こり掛けてきたように見えるのは、残念なことだと思います」という編集者の前書きに、もと子の思いが感じられる。寄せられた意見を掲載順に紹介しよう。

桑木巖翼「所謂甘粕事件なるものは、もし当初の陳述のごとくすれば、我見私解をもって国法と人道とを無視するもの」（哲学者）

宮田脩「無政府主義の思想が無政府的行動の下に制裁を加えられたと解釈するとむしろ文化の逆転を思わずにはいられません」（教育家）

内ヶ崎作三郎「あらゆる私刑は有害であります。暗殺も同様であります」（牧師・政治家）

三宅驥一「宮城（きゅうじょう）に近い憲兵司令部の司令室及びその応接間において、司令官はじめ幹部の了解もしくは黙認なくして、かかる大胆不敵の行為が行われるはずがない。……これと前後して起こった亀戸事件も甘粕事件に劣らぬ一大不祥事で、その責任者は厳正に処罰せねばならぬ」（植物学者）

吉野作造「国家擁護の美名に隠るる私刑」（政治学者）
片山哲「官憲が嫌疑者を取り調べるために暴力を用いることを決して大目に見てはならぬのであります。この意味から推して、私は死刑廃止の必要を痛切に感ずるのであります」（弁護士・戦後首相に）
小川未明「いかなる動機にしても暴力の下に正義はないということを痛感しました」（童話作家）
藤森成吉「何ら抵抗的挙動に出なかった大杉氏を卑怯な態度で殺害するばかりか、夫人子どもまでも手に掛けるに至っては、真に言語道断というよりほか言い方を知りません」（小説家）
上司小剣（かみつかさしょうけん）「人間が人間を殺すことはいかなる場合にも罪悪だと思っています。しかし、日本では公に殺人を称揚し、奨励することが、昔からなかなか激しい、殺人劇『忠臣蔵』のごときも、その一例です」（作家）

これらの論が当時の雑誌に載ったことは希有なことだろう。

一方で、この事件を大杉の「変態思想」のせいにするもの（伊東忠太・建築家）、甘粕の「心事は諒としなければならぬ」（横井時敬・東京農業大学学長）、「甘粕大尉の無私をあくまで信じます」（千葉亀雄・文芸評論家）、「帝室の保護をもって職責とする軍人がこれを憎悪するのはもっともの次第である」（大澤謙二・貴族院議員、医師）などと、甘粕に同情を示すものもある。

女性たちの意見はどうか。巻き添えとなった橘宗一について「母親はどんなでしょう」（三

谷民子）、「母君がおいたわしい」（田中芳子）というものもあるが、いい意見だと思ったのは以下二つ。
塚本はま子「法律によらない刑の執行が大正12年の今日、帝都の真ん中で行われたということだけで戦慄すべき暴虐なことだ…しかもその私刑を行った人が、いやしくも、戒厳令下に帝都の秩序を保ち人々を保護すべき任務をもつ憲兵大尉やその部下の人たちであった」（家政学者）
小崎千代子「人命をなんとも思わず、婦女子をも犠牲にするものはミリタリズムであります」（矯風会会頭）

一方、『青鞜』創刊者として、殺された伊藤野枝を育てた平塚らいてうの投稿は、この事件を「許すことのできない不法行為」とはいうものの、伊藤野枝を悼む言葉は一つもない。それどころか、「私は甘粕大尉を憎む気にはすこしもなれません。彼らはみなむしろ単純な心の愛すべき青年たちでしょう」と書いているのには驚くほかはない。これはまるで、ヒトラーユーゲントや紅衛兵の暴力を賛美するのと変わらない。平塚に思想性が欠けていることはこの短い文章にも明らかである。平塚はのちに戦争協力の文章を多く書いたが、戦後その反省もなく、再び女性運動の先頭に立って母性保護や世界平和を訴えていく。『青鞜』の創刊、「元始、女性は太陽であった」の宣言、女性の性的役割分担の打破、結婚制度への反逆などは高く評価したいが、こうした発言にも目をとめておきたい。

あくまで法で裁くべき

さまざまな意見を踏まえて、もと子は「愛か暴力か」を書く。全文を紹介できないのは残念だが、引用したい。

「暴力のうちには、普通の人の目に美しく見えたり、頼もしく見えたりする種類のものが沢山あります。そうして人は知らず識らず暴力をもって身をまもり、家をまもり、国をまもるようになると思います。大杉栄を生かしておくことは、国家の憂いであると思って身を挺してこれを殺した、法にはそむいているけれどもその心事は見上げたものだという考えを持っている人は、男にも女にもまだ多いのではないでしょうか。ある人がどんなに国のためにならない考えを持っていてもまた行動をしていても、それと相反する思想をもってそれと戦い、あるいは法の許す限りにおいてそれを取り締まるほかに道はないのです」

言論と戦うには言論と法をもってせよ。これは甘粕を擁護する人々への反論になっている。

「今度はまた朝鮮人のことや、自警団のことや、ああした事件の起こるのは、この間違った暴力主義を是認していることから来る結果だと思うので、私は深くこのことを遺憾に思います」

この時代に、ここまで述べたのは立派だ。「私たちは万一の場合は犠牲になることを覚悟で、ただ愛によって生き、愛によって身も家も国をもまもるようにしなくてはならないのです」

ここにはトルストイ、ガンジーなどの行動も影響を与えている。また、大正デモクラシーの中心的思想家吉野作造や片山哲らとの交流も大きかっただろう。男性優位的観点からすると、

吉野が羽仁もと子のメンター（指導者、相談者）だと思われがちだが、もと子が吉野やその当時の男性思想家たちに与えた実践的影響も大きかったのではあるまいか。

[上]大正12年の関東大震災のあと、自由学園（現・明日館）に近所の子供たちを集めて開いた臨時小学校の誕生会
[下]被災者のための日用品販売会で、受付に立つ羽仁もと子（左から2人目）

20 震災後の救援

震災後に出た10月号は圧巻である。この未曾有(みぞう)の災害をどんな細かいことまでも記録しようという編集者の執念が見える。12月号は、用紙が足りないことから、東京市の雑誌はみんな発行を見合わせた。

この頃の『婦人之友』は口絵が多い。そのあとに男性の著名な執筆陣がかなり硬派な評論を書く。真ん中あたりは編み物や洋裁の記事が続く。震災では着物姿で逃げ遅れた人も多かったので、震災後、簡便で装飾の少ない洋装が推奨されることになる。だが、羽仁もと子自身は依然、いや、生涯和服だった。だからこそ洋服に興味を持つ。家事も不器用である。だからこそ家事に興味を持つというように、「きっと自分が苦手なことが大事なことにちがいない」と興味を持った。ところが子供服のグラビアのモデルはみんな仏頂顔。きっと編集者の子供がかり出され、迷惑だったにちがいないと微笑まれる。

地震で倒壊したり燃えた家が多かったので、家の構造補強、バラックの建て方、素材としてのコンクリートの優位性などを力説する記事が多い。ライトの弟子の遠藤新、構造建築家の内藤多仲(たちゅう)などが活躍する。そして後半は小説、紀行、詩、短歌など文芸が占める。美術ページの山本鼎や石井鶴三は自由学園の講師も務めた。

自由学園の果敢な取り組み

10月号の『婦人之友』の「謹告」で、もと子は「社員一同、無事でございました。家の焼けたものもありませんでした」と報告している。『婦人之友』の印刷所は無事だった。一方、この号から大判カラー刷りを予定していた『子供之友』10月号（9月5日発行予定）は本所の仙葉印刷で焼失。しかし、ただちに「子供のための震災画報」を編集し、10月1日に発行した。「私たちはその日から、それぞれの職務に、また奉仕に、全力を尽くすことが出来たことを感謝して居ります」とあるように、幸い、上り屋敷の校舎や社屋も焼けなかった。自由学園は果敢にこの未曾有の災害と対峙し、全校挙げて救援活動を行った。まさに、もと子の本領発揮である。

自由学園では、非常時こそ困難に立ち向かう生徒の生活力が試される時と見た。それぞれ役割を分担して、自分で考え行動する。常務委員は学校の勉強などについて。整理委員は壊れた物の補充や補修、秩序の回復に当たった。奉仕委員はこの際、社会奉仕の方法について考える。

その結果自由学園は、当分朝の8時から3時間の授業を行い、そのあと30分は各部からの報告会、昼食後は生徒たちの家や知人から集めた衣類布類を、裁縫手芸の先生の指導のもと、丁寧に洗い張りし、縫い直し、家を失って上り屋敷に避難している罹災者の冬着に分けることにした。中には下町の方から避難している家族もあった。もと子の家の雨戸ははずされ、運動場は伸子張（しんしばり）でいっぱい。お下げ髪の少女たちが、どんどん分業で着物を仕立てていく。

臨時小学校の設置

さらに、ほかの小学校はまだ休校だったので、避難者や近所の子供を集めて12時半から3時まで、1年から6年までの臨時小学校を開設。近所から男女97人が集まった。自由学園の生徒は彼らを「いらっしゃい」と歓迎、さっそく一緒に遊ぶ。それからは近隣の子供は日曜にも運動場に遊びに来た。一時は150人を数えた。

やがて9月に生まれた子供の誕生会を祝うことになり、3年生が130人分のお寿司とお汁粉をつくり、2年生が食卓の準備をした。「質素で美しくておいしいようにというので、たいへんな骨折りであった」。この費用は松岡久子がポケットマネーで出した。

「私も九月の生まれなので、偶然にも誕生の子供と同じテーブルについた。生まれて五十年の誕生祝い、不思議にも思いの深い記念日であった」と、もと子は書いている。地域の学校が再開されると子供の数は減ったが、私立学校が災害に際し、公立学校の子供たちを受け入れた珍しい例ではなかろうか。

さて、着物が約100枚仕上がった時、近所に避難している人たちを学園に招いて、もと子は言った。「どれをどなたに差し上げるにしても不公平になりますから、私たちはあなた方にこれをお売りする考えです。あなた方もきっともらうより買う方がお気持ちがよいだろうと思います」

この方針は正しい。ただであげれば施しになる。売ればいくら安くても買う方がお客様になる。こうして、避難していた30の家族に1枚ずつ、30枚の入場券を配ると、そのこざっぱりとした着物はあっという間に売り切れた。

その2回の売り上げ112円余りで今度は綿を仕入れ、布団を作り、布団を失った地域の被災者に売った。これも1枚平均1円30銭で、1枚も残らず売り切れた。一番近くにいる者を助ける、身の丈に合った救援活動はそれにとどまらない。

本郷区でミルク配り

さらに、母乳の足りない被災者に東京市社会局からミルクを配ってくれる人はいないか、と打診があり、9月28日、大久保の日本キリスト教婦人矯風会の東京婦人ホームに集まった女性たちは「東京連合婦人会」を結成。この時、羽仁もと子は「理屈なしに実行からはじめましょう」と力強く発言した。矯風会（キリスト教）、桜楓会（日本女子大の同窓会）、桜蔭会（女子高等師範の同窓会）、作楽会（女子高等師範附属女学校の同窓会）などが思想信条の違いを超え、その一員として、連絡を取り、乳児や幼児、病人や老人たちへのミルク配給にも関わった。

自由学園は本郷区内を受け持ち、貨物自動車で本富士署に運ばれたミルクを配って回る。生徒は朝8時に体操服で集合、「東京連合婦人会」の腕章をつけ、20人が4方面に散っていく。本郷区は他区に比べ被害は小さかったが、区内でも貧富の差は大きく、高台には屋敷が多いが、谷間の細民街では焼けたところもあった。配りに行くと「この辺は火が早うございましたので

ね」とおかみさんが話し出す。昼頃には配達が終わり、本富士署で昼ご飯を食べ、1時半には歩いて雑司ヶ谷の学園に戻る（内藤貞子「ミルク配給の記」『婦人之友』同年11月号）。

翌週、近所の子供らは、自由学園の生徒を見ると「お母さん、おっぱいがきた」と駆け寄って来た。「赤ん坊があったのですが乳がなくて二日ばかり前に亡くなりました」と嘆く父親もいた。「昨日から娘が悪くて寝ておりますが、ミルクを頂けませんかしら」というおかみさんもいた。ミルクを15缶も持つとかなり重い。

「焼け跡の何もかも一緒にしたような複雑なにおい」について内藤は言及している。また、バラックの家なら中の様子がわかるが、門構えのお屋敷に避難している人たちのことは把握しにくかった。不公平がないようにしたい。「たとえバラックでも自分の家として住んでいる人の方が元気で幸福そうだと思ったことも多かった」と、観察している。

自由学園では2週間で延べ300人の生徒がミルク配給に参加、1955缶のミルクを700名ほどに配った。「町はほんとに不潔で蠅（はえ）が真っ黒といいたいほどあちこちにかたまっている。溝（どぶ）は不完全だ。塵埃（じんあい）は山になっていて、しかも衛生設備はほとんどととのっていない。病人も多く、一番してほしいと思うのはそれらの設備である」。

筆者の内藤貞子は、その年に高等科を卒業した自由学園の1回生。山手中流の子女が多かった学園の生徒たちは、こうした社会経験と観察から都市経営や衛生・福祉、貧しい地区の実態について多くを学んだ。

本所での給食活動

中でも特筆すべきは、本所太平小学校での給食活動である。この一帯は、ことに被害が大きかった。10万人以上といわれる犠牲者の6割が本所区である。３万８０００人の焼死者を出した本所被服廠跡から東へ行った錦糸町駅の近く、７００人の児童のいた太平小学校も焼けた（現在の錦糸小学校）。本郷にミルク配りに行った生徒が帝国大学の前で末弘厳太郎（法学部教授）に会った。「私たちに出来そうな仕事があったら、何でもしなくてはならないとミセス羽仁がいっています」と言うと、末弘は「本所に太平小学校という貧しい子供たちの学校があって、その校長は吉田さんという文学士だが、テントを張ってもうだんだんと子供をあつめている。そこで昼飯を食べさせるようなことはどうですか」と提案。

もと子はさっそく、布団などを売った残りの55円を元手に給食をしようと決意、10月2日に現地へ向かった。

「太平小学校についた時、そこには唯三つばかりの小さなテントがあるだけだったけれど、玉簾というあの白い花が五つ六つ焼け跡にくっきりと咲いていた。ほそい濃い緑葉の新鮮しさ、艶やかさ、こんなにしおらしい植物を、私は生まれてはじめて見たような気がした。この惨ましい世界に、何という大きな慰めの使命を帯びて生まれて来た小さい花だろう」（『半生を語る』）

さて、２００名の子供にどうやってお昼を食べさせるか。

後藤新平に招かれ、東京市市政顧問として東京復興の助言をするために、二度目の来日をしていたチャールズ・ビアードの夫人メアリーにこの話をすると、アメリカから携えてきた大量の食料を提供してくれた。チーズ、砂糖、ジャム、アスパラガスや種々の缶詰類。自由学園の校舎と同じくフランク・ロイド・ライトが設計して建ったばかりの帝国ホテルが被災せず、自分たちはそこで食事が摂れるからという。メアリーは歴史学者で女性の権利拡張の運動家でもあり、最初の給食の日に本所の現地を訪れ、下町の子供たちを英語で激励した。

初日は、豚汁と少しお焦げのできたご飯。翌日はジャガイモと豚肉のシチュー。これは学園の生徒と本所の子供たちが手伝って調理した。給食は10月15日からほぼ１００日余続いた。予算総額の３５００円の半額はもと子が東京中を駆け巡って集め、残り半額の寄付を『婦人之友』の読者に呼びかけた。

「太平小学校の子供たちは、一人も残らず罹災した貧しい家々の子供でございます。そこの親切な先生方と一緒になって、とかく沈みがちなその子供たちに活気を与え、栄養の不足を補ってあげるのに、賑やかな食堂で楽しい食事をさせるのが一番よいのでございます」（11月号）

この時の個人の協力者は松村ゑみ子、加藤常子、原たき、河本重次郎（眼科医）、増田義一（議員、出版業）、穂積重遠（しげとお）（法学者）、平井政遒（まさかつ）（医師）、阿部泰蔵（丸善重役や明治生命の創業者）、門野幾之進（千代田生命創設者）、堀江帰一（経済学者）、岸清一（ＩＯＣ委員）、渡辺千冬（子爵）やその夫人たちである。

ここでも、もと子は「向こうが主で、こちらがお手伝いなのだから」と太平小学校の先生方と仲良く協働すること、自由学園の生徒と太平小学校の生徒が愉快に協働することを大切にしている。「子供を社会に接触させるのが、正直に生きる人間を本当につくってゆく、もっとも間違いのない着実な仕方」であると、書き留めている（『家庭教育篇』下）。

前述の末弘厳太郎は民法学者として有名だが、この時期、東京帝国大学セツルメントを開設、協働したことはあまり知られていない。学生たちは一山越えた向こうの上野公園に赴き、一時は50万人が避難して混沌の避難地の区分け、整理、物資の配給、医療、自治活動などに参加した。同じく太平小学校の給食に拠金した穂積重遠も東大セツルメントを応援した。第二次世界大戦後も長く続いた東大セツルメントの始まりはここだという。自由学園の生徒たちは賀川豊彦（キリスト教社会運動家）のグループとも協働した。こうしたことは生徒たちが「自分の頭で考える」「自分で判断し行動する」癖を日頃からつけていたので、できたことである。

翌1924年には安部磯雄の指導のもと、最上級生が中心となって高田町（現在の豊島区雑司ヶ谷付近）の生活実態調査を行い、「我が住む町」と題してその年度の卒業制作になった。

身近な犠牲者

一方、震災はもと子からも近しい人を奪った。その一人は英文学者斎藤秀三郎の娘で、自由学園創立の頃、生徒主事を務めた塚本その子だ。「その子さんは私たちの若いお友達の中で一

番大丈夫な感じのする、家の人からも外の人からも頼られるたちの人であった。体格も実に美しく立派な方だった。その顔にも心にも曇りというもののないような明るい方だった」（『半生を語る』）

人を見るに厳しい羽仁もと子が手放しでほめている。聖書学者塚本虎二と結婚して、二番目の子供を出産したばかりだった。「ああいう子供を失った母の心はどんなものかと思うと苦しくなった」。もと子は、斎藤秀三郎夫人とら子を弔問する。

ほかにもこの時期、もと子は大事な学園の子供二人を病気で失った。一人は病院の枕元で静かに見送り、一人は母親からチフスで亡くなったとの連絡を受け「ある秋の紅葉の中を中禅寺に急いだ遠足の時の、快活な健脚自慢のあの姿が目に浮かぶ」と激しく悲しんだ。

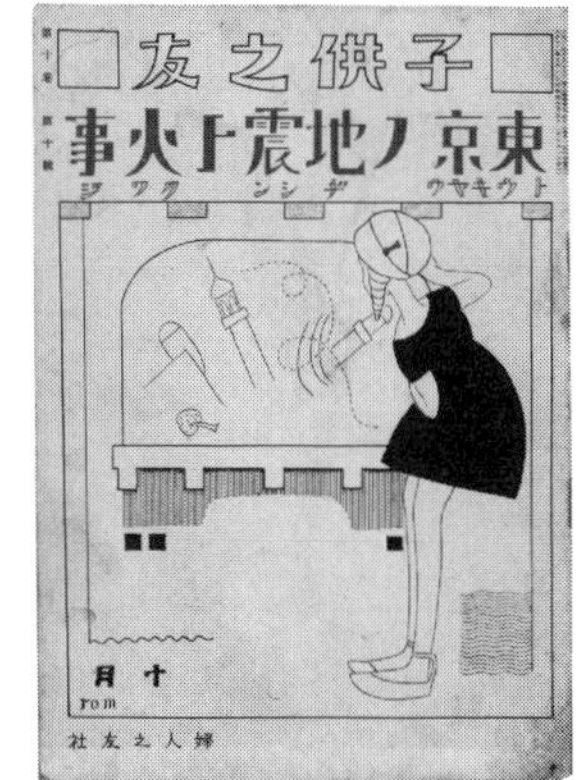

[上]関東大震災後の支援活動(1923年秋)
集まった布で布団を仕立て、廉価で被災者にお分けする。学園の校庭で
[中]乳幼児、病人や老人にミルクを配る自由学園の生徒たち。写真/自由学園資料室所蔵
[左]『子供之友』1923年10月号。「あくどい刺激を伴わない、子供のための震災画報」とある

21　読者組合の組織化、著作集発行

震災前から、羽仁もと子は『婦人之友』の読者が編集者とつながるだけではなく、読者同士が横にもつながりあって、生活上の諸問題を解決するように呼びかけていた。当時の中産階級の主婦は社会との接触が少なく、今より孤独だったと思われる。すでに1922年の11月号に、「大至急懸賞募集」のタイトルで囲み記事がある。

「めいめい一人ひとりでは出来にくいことでも、大勢が申し合わせて手を取り合い、お互に励まし合ってして行けば、楽しみの間に、いろいろのよい事も出来、またそれによって、互の親しみも加わっていきましょう。……読者の間に組合をつくって、さまざまのよいことを実行していきたいと思います」。どんなことをしたいかの提案募集で、11月18日の締め切りだった。

1923年1月号では、寄せられた投書から、読書組合、購買組合、近所同士助け合う組合などを紹介しつつ、羽仁もと子と松岡久子は連名で「婦人之友読者組合組織の提議」をする。2月号では、さっそく「読者組合の誕生」が宣言される。生活の便利のために、進歩修養のために……。

4月号には各地の読者組合成立の報告がある。当時は日本の植民地だった朝鮮や満州（中国東北地方）、台湾など、頼るコミュニティのない異国での読者組合はより切実だったろう。時

代を感じさせるのは、「いずれも官吏の妻でございます」とか、「主人の職業は教師、会社員、銀行員でございます」など、夫の職業で自分にラベル貼りをしていることだ。「私共は去年お茶の水の専攻科を出まして家事の手伝いかたがた少しづつでも勉強したいと思っているものでございます」という同窓生の組合もある。かと思うと、「適当の組合にお加え下さいませ」というのもある。8月号では、全国に140もの読者組合ができたことが報告されている。

1924年11月号には「婦人之友読者組合規約」が掲載された。

一、読者組合は婦人之友の愛読者を以て組織します。
一、三人乃至十人を以て一組合とします。
一、各組合はその自治にまかせます。
一、組合の本部を婦人之友社内におき、各組合の連絡と統一をはかります。
一、組合の成立は本部の承認を要します。
一、本部は組合員一人につき毎月金二十銭づつを集めます。
一、本部は毎月一回組合月報を発行して各組合員に配布します。
一、本部の事業として、廉価な手数料によって書籍の貸出しをします。その他、随時、講演会講習会を開きます。

その次のページには、「読者組合文庫図書目録」が載っている。この3月、もと子のよい助けとなり、外国人訪問の際には通訳もしてくれた義妹の松岡久子は、夫松岡正男の転勤に従っ

て大阪へ向かった。読者組合は、もと子の長女説子が働き手となったことにより、さらに活発化していく。

遠足や登山

１９２４（大正13）年6月、もと子は北海道に講演旅行。徳川義親侯爵と交流があったもと子は次の夏、翌年卒業する25人の生徒と、彼の所有する北海道八雲の農場に過ごしている。この徳川義親は華族の中でも面白い。もともとは幕末の四賢侯といわれた越前の松平慶永（春嶽）の子だが、徳川御三家の一つ、尾張徳川家に嗣子がなく、あとを継いだ。

政治的には治安維持法に反対しながら、日本の南進政策や国家革新運動を支持するなど振幅が激しかった。東南アジアでの狩猟体験から「虎狩りの殿様」として知られ、戦後は社会党の顧問に就任、名古屋市長選に出たが落選。尾張徳川家の財産を私有せず、戦前に財団法人化したため、戦後の財産税に苦しむこともなく、名古屋に徳川美術館として多くの文化財をまとめて残せたのは、貢献の一つである。

この頃、自由学園の普通科や高等科は野外への遠足がだんだん規模が大きくなり、１９２４年には日光、１９２５年は那須、１９２７年には赤城、１９３０年には上高地というように、全校での登山旅行をしている。これもすべて生徒たちの発意と計画、宿泊や交通の手配によるものだった。石井鶴三や足立源一郎という登山愛好者の美術教師がいたことも幸いした。

1924年7月、婦人之友社社員村山元子の息子、『子供之友』の挿絵で活躍する村山知義が、自由学園初の卒業生で『婦人之友』の記者であった岡内籌子(かずこ)と結婚し、自由学園で式が行われた。彼は震災の時は今和次郎(こんわじろう)(建築学者・考現学を提唱)のバラック装飾にも関わり、マヴォ理髪店、バー・オララ、吉行美容室(吉行あぐり経営)の設計などを手がけた。

もと子は言う。「私は村山さんの多方面な才能に、早くからうっとりして眺めるような気持ちさえもっている。表面ずぼらなように見えて、きちんとしたところのある性質も知っている。岡内さんの才能は決して多方面ではないようだけれど、その一種の香気と味わいには時々魅せられるような思いのすることがある」(『半生を語る』)

この結婚式は同級生たちの働きで、すばらしいものとなった。髪の毛を長くしたマヴォ(前衛美術グループ)の人々も来た。籌子は絵本作家のかたわら、戦時下の抵抗運動に関わり、終戦の翌年に亡くなった。村山は劇作家、舞台演出家、デザイナー、画家、ダンサー、建築家など多方面で大きな業績を残した。

南沢に土地を買う

1925年、前年から武蔵野鉄道(今の西武池袋線)沿線に新しい広い土地を探していた羽仁夫妻は、府下北多摩郡久留米村に10万坪の土地を購入した。このうち2万5千坪を自由学園が用い、7万5千坪を学園都市として分譲するという計画を立てた。

同じ頃、英国の社会改良家エベネザー・ハワードの『明日の田園都市』が日本の都市計画に大きな影響を与え、「都市と農村の結婚」が主張された。田園調布、日暮里渡辺町、板橋常盤台などが緑多い住宅地として開発された。また学校を中心とした町づくりではほかにも成蹊学園（中村春二、1912年池袋に創立、1924年に中央線沿線の吉祥寺に移転）、成城学園（沢柳政太郎、1917年創立、1925年小田急線沿線に移転）が生まれた。

これらが広く分譲したのに対し、羽仁夫妻は分譲対象を自由学園関係者としている。『婦人之友』1925年8月号には、「自由学園を中心とする新しい町――東京の郊外に住宅地を欲しいと思っておいでになる方々へ」という住宅分譲案内が掲載された。坪単価は10円80銭から13円50銭、最小の坪数を250坪とする。1区画買って3000円ほどの価格である。

208区画が分譲されたが、とりあえず家が建ったのは37区画で、残りは羽仁夫妻を支援しようとする人々が買ったものである。ここは現在も緑多い良好な住宅地であり、今となっては池袋から20分くらいなので住みたい人も多く、ほとんどの土地が活用されているが、当初の遠藤新が設計した家も残っている。この地域の字（あざ）の一つ「南沢（みなみさわ）」をとって、南沢学園町と名付けられた。これまでの上り屋敷の校舎は、「目白」と呼ばれることになった（玄田悠大「南澤学園町の理念、地域形成、環境保全」2023年等参照）。

1925（大正14）年は治安維持法と普通選挙法が抱き合わせで同時成立、すべての成人男子には選挙権が与えられた。しかし農民労働党は結党のその日に禁止になり、翌年1月、京都

では学連（学生社会科学連合会）の学生たちが初の治安維持法違反で検挙、河上肇、山本宣治なども家宅捜索を受けた。国家が、市民の自由な活動の息の根を止めようとしていた。

説子の結婚

1926年4月8日、長女説子が桐生の実業家、森宗作の五男、五郎と結婚。森家は桐生の織物仲買商、保険代理業、父は第四十銀行の創始者で、初代頭取を務めていた。五郎は一高時代に村山知義の友人として編集部に現れ、『まなびの友』に原稿を書いたりしている。

これについては、説子の息子の羽仁進さんに愉快な話を聞いた。「父は先におばあちゃん（もと子）に出会ったらしいのね。こんな面白い女は日本にいないぞと思って結婚を申し込んだ。ところがおばあちゃんは『私にはすでに夫がいます。でも、うちにはあなたにちょうどい い年齢の娘もいますよ』と言って、五郎と説子が出会ったわけ」

これがその通りなら、青年森五郎は女性を年齢では判断しない珍しい男性だったようだ。1921年、東京帝国大学法学部に入学したものの、大学がつまらないので、すぐにハイデルベルク大学に留学、歴史哲学を学ぶ。かの地でリッケルト、三木清、大内兵衛らと交流、帰国して文学部史学科に転じた。

「説の結婚」（『半生を語る』）によれば、この間、森宗作の娘たち3人が相次いで自由学園の生徒になったこともあり、ドイツから帰国した五郎をもと子は観察した。「説にどうかと思われ

二人は自発的にお互いを選ぶに至り、森家の父も「正しいおつきあいをして本人同士の意志がそこに至ったということであれば」と婚約を快諾した。共通の知人であるキリスト教史学者石原謙夫妻を媒酌人として、洋風で簡素な式が行われた。

五郎の父、森宗作は「人の役に立つことを優先する」ことを事業のモットーとし、利益は地域に還元する人だった。桐生織物学校や桐生高等女学校の設立などにも関わり、「自分だけよければいいのでなく、社会全体をよくする」という両家は同じ理想を掲げていたと思われる。森家には兄たちがおり、五郎は「彼女（説子）が独立の女性となることを期待して」、進んで羽仁姓となった。しかし「普通、貧乏な家の次男三男が婿に入るものなのに。ここでは婿の家の方が大金持ちだ」と笑われたという。

もと子の長女、羽仁説子ら自由学園高等科の初期の卒業生たちは、次々に結婚し、出産の時期にさしかかっていた。「よい教育を受けた人がよい結婚をすることは、この人の世の何よりの歓び（よろこ）でなくてはならない」。ここには、この時代のもと子の結婚観があらわれている。しかし、もと子の言う「よい教育」「よい結婚」「よい生活」「よい考え」「よい行い」とは、何をもって「よい」とするのか、その意味と根拠ははっきりしないことがある。

百年後の今日、生涯一度も結婚しない人の割合は男性で25・7％、女性で16・4％（2020年）にも上っている。理由はいろいろだ。結婚や育児より、個人のやりたいことやキャ

リアの方が優先されるようになった。婚姻に代わる共同体やシェアハウス等も提案されている。結婚や出産を後押しする長期的な政策もなく、終身正規雇用が崩れ、所得は下がる一方で、自分一人も養いかねる収入しかない。もと子が今の社会を見たら、なんと言うだろうか。

1926（大正15）年の暮れ、病弱だった大正天皇が死去、昭和元年はたった5日しかなかった。この年号の前半20年が戦乱の日々となろうとは、まだ誰にも予想できていない。

立子の誕生と小学校の開校

1927（昭和2）年、羽仁家にとっては新しい世代の誕生があった。2月24日の早朝、五郎と説子の夫妻に最初の女の子が生まれ、立子（りつこ）と名付けられ、吉一ともと子にとっては初孫となった。

この頃、羽仁家は二世代、そして次女恵子のいる6人家族だったが、若い夫婦は独立して近所に家を持った。孫の誕生をきっかけに世帯は分離され、3人に減った。「いつまでも若いものを自分たちの所に引きつけて置きたいと思うのは、年寄のわがままな注文である」ともと子は言う。五郎は当時、東京帝国大学文学部の史学科を出て、そのまま史料編纂所に勤めていた。夫を送り出すと、説子は立子をつれて、婦人之友社に出勤した。

大震災からの経済復興の過程で資金基盤の弱い中小金融機関の経営が悪化する中、3月に「東京渡辺銀行が破綻」との当時の片岡直温蔵相の失言をきっかけに、連鎖的な取り付け騒ぎ

が起こり、弱小銀行はじめ次々と倒産。爪に火をともすように貯めた貯蓄がパァになり、精神を病み、自殺したりする庶民も出た。大商社の鈴木商店の破産、台湾銀行の休業、株式市場の大暴落があった。のちに昭和金融恐慌と呼ばれるこの危機の婦人之友社への影響は大きく、『婦人之友』は10月号より頁数を278ページから176ページに減らし、代わりに定価を70銭から50銭に下げている。

こんな世相の中で4月、自由学園は普通科（女学校相当）に続き、男女共学の小学校（のち初等部と改称）を設置する。これも同じように迅速だった。『自由学園一〇〇年史』は、南沢の住宅分譲事業も小学校設立の理由の一つではあったとしている。当初は、目白の校舎の一部を借りて生徒10人でスタートした。翌年から主事には岩手県師範学校教授で、附属小学校訓導だった佐藤瑞彦を迎えた。遠藤新の設計した校舎ができて、小学校が南沢に移ったのは1930年である。

著作集計画

また、その年の『婦人之友』6月号で、『羽仁もと子著作集』出版計画を発表した。もと子は大正デモクラシー期を代表する女性として、たくさんのファンと読者を持っていた。彼女は運と縁に恵まれ、知能とアイディアと丈夫な体も持っていたが、あくまで自分を特権化せず、悩み多き一人の女性として、読者に自分をさらした。

著作集についても「古今東西の名著とは違って、全然皆様と同じ境遇にある一人の女の、新家庭時代から今日に至るまでの真実な生活の記録である」と言い、「羽仁もと子という平凡尋常な一人の女が、夫をもち子をもち職業をもち世とも戦った積もる思いを、同じ思いの皆様に聞いていただこうとしているのである」(『半生を語る』)。

著作集を発行しようと決めてから、もと子は明治時代からこれまでに書いた1500篇以上あったと思われる評論や随筆を読み直し、半分ほどを収録した。私が婦人之友社で読む『婦人之友』のバックナンバーには、もと子のものと思われる書き慣れた青ペンの直しが入っている。当時はパソコンはもちろんコピーもないから、これを浄書した人がいたのだろう。そして、夫の羽仁吉一が編集に当たったと聞く。

もと子は通常の全集のように、底本、初出原稿にこだわらなかったようである。今の自分の考えを入れて、どしどし書き直していった。だから内容は『婦人之友』の初出とかなり異同がある。さらに書きおろしや、タイトルの変わったものもある。もと子は常に未来を見、過去を振り返らなかった。

第1回配本は1927(昭和2)年8月15日、落ち着いた柿色の絹に、平福百穂による梅の木の枝の絵があしらわれた『思想しつつ生活しつつ(上)』。6月に著作集発行を発表してから2カ月も経たない。この年のうちに『悩める友のために(上)』、『家事家計篇』、『夫婦論』、『子供読本』の5冊が発行された。28年には『家庭教育篇(上)』、『思想しつつ生活しつつ

（下）』、『悩める友のために（下）』、『若き姉妹に寄す』、『家庭教育篇（下）』、『続悩める友のために』、『半生を語る』、『続思想しつつ生活しつつ』の8冊、29年に『人間篇』、30年には苦心して何度も書き直したという『信仰篇』が続き、最初の15巻が完結する。

32年に『みどりごの心』、33年『家信』。戦後になって50年に『教育三十年』が、55年に『友への手紙』が。そして、羽仁吉一ともと子の逝去後、63年に『自由・協力・愛』、83年に『真理（まこと）のかがやき』が刊行され、全21巻となった。著作集を概括しておく。

1巻　『人間篇』　人間を深く知るために欧米の文学作品の分析、鑑賞

2〜4巻　『思想しつつ生活しつつ』　大正年間のもと子の書いたものの集大成

5〜7巻　『悩める友のために』　もと子に寄せられた人生相談

8巻　『夫婦論』　独立自由の人格が一つになって使命を持つこと

9巻　『家事家計篇』　家計上手な主婦になるために、家庭経営の実践

10〜11巻　『家庭教育篇』　自身の経験、自由学園の教育を通して生活即教育の理念

12巻　『子供読本』　子供たちへのお話集。新選いろはかるたとむかしがたり

13巻　『若き姉妹に寄す』　少女たちの迷いや悩みに答える

14巻　『半生を語る』　記者として出発してからの自伝

15巻　『信仰篇』　著者の思想の根底に流れるキリスト教の信仰について（書きおろし）

16巻　『みどりごの心』　ありのままの思いの跡、1929〜31年の『婦人之友』巻頭文

17巻『家信』 イギリスに留学した恵子に宛てた手紙と返信
18巻『教育三十年』 自由学園創立からの経験、その背後にある信仰と思想の記録
19巻『友への手紙』 戦後10年間の随筆
20巻『自由・協力・愛』 欧米旅行の際の手紙から戦前戦後、絶筆まで
21巻『真理のかがやき』 昭和初期から晩年までのエッセイ未収録のもの

1巻から順に出たわけではなく、年代順でもない。あえて言えばテーマ別編集だろうか。私がいちばん興味を引かれるのは14巻の『半生を語る』で、場所や名前など具体的な記述がある。また12巻の『子供読本』はわかりやすく、もと子のユーモラスな面がよく出ている。「ローマは一日ではできない」「なまけものの節句ばたらき」「労するものにむくいあり」「力は出るもの出せるもの」「まかない種子がいつ生える」などの言葉には、もと子の考えが見て取れる。

それ以前、岩波書店が羽仁五郎を通じて、もと子の著作集を出したいと言ってきたことがあったそうだ。創業者岩波茂雄の二人の娘は自由学園に学んでいた。しかしもと子は、あくまで自分の事業としてやろうとした。現在に至るまで、婦人之友社刊の著作集が版を重ねていることを思えば賢い選択であったといえよう。一般の書店から出していたら、絶版にならなかった保証はない。

つまり羽仁もと子は自ら創業した婦人之友社が今も存在することによって、『婦人之友』読者が著作集を読み続けることによって、一世紀の間、たゆまず新しい読者を持ち続けたきわめ

てまれな例になる。私の9つ年上の友人は高校時代にお小遣いを貯めて、全集を買った。「布地の装丁が美しくて上品で、持っていたかった」と言う。

若い編集者が自由学園卒業生から補充された。高等科第1回卒業生の内藤貞子は、自由学園助手を経て、婦人之友社に入社。また池辺郁子、岡田礼子、岡内（村山）籌子、松井志づ子の4人も婦人之友社に加わって、この著作集事業を支えた。この1回生からはほかに孝橋和嘉が教師に、横山まつ子と田村蕙子が社会事業に携わり、清水愉喜子が幼稚園の先生になった。ことさら職業教育を言わなくても、当時、多くの「職業を持つ婦人」を輩出したことになる。

1927年7月2日に著作集刊行記念女流大講演会が日本青年館で行われ、5000人が集まった。歌人与謝野晶子は次のような歌を寄せた。「涙してうなづかるべきことのはを誰にか得べきこの君の外」。この頃の羽仁もと子の知名度と人気はたいしたものだった。1933年頃に吉一は、著作集は6年間に総計64万9180冊売れたと記している。

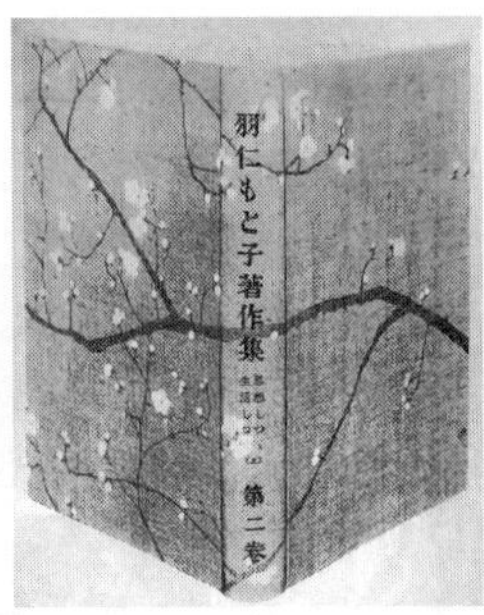

[上右]第1回配本『思想しつゝ生活しつゝ』
[上左]羽仁吉一デザインの折り込み広告
[中]婦人之友創刊25年著作集刊行記念女流大講演会「現代の女性に何を望むか」1927年8月号　左から、和田富子、久布白落實、羽仁もと子、帆足みゆき、河井道子、大江スミ子、二階堂とくよ
[右]著作集の刊行に際し、羽仁もと子直筆の署名の入った写真

22 よい物を安く——消費組合の結成

芥川龍之介の予感

1927（昭和2）年7月24日には田端で、芥川龍之介が「あるぼんやりとした不安」を覚えて36歳で自殺した。芥川は鋭敏な感受性を持った当代一流の作家であった。彼は1917年のロシア革命以降、無産者である労働者、農民が革命を起こし、政権を奪取したことで、資本家はおろか、中産インテリゲンツィアである自分たちが没落する時代を予想していた。彼は作品『或阿呆の一生』で、ロシア革命の指導者、ウラジーミル・レーニンについてこう書いている。私は初めて読んだ時から、芥川の余りにも的確なポルトレに舌を巻いた。

誰よりも民衆を愛した君は誰よりも民衆を軽蔑した君だ。
誰よりも理想に燃え上つた君は誰よりも現実を知つてゐた君だ。
君は僕等の東洋が生んだ草花の匂のする電気機関車だ。

ロシア革命によって、このような自由、平等、社会主義待望の気分は大正末から昭和の初期には強く、労働運動も高まっていく。この辺までを大正デモクラシーと呼ぶ。「あの当時は誰

もがボルシェビキを気取り、その方向へ行かないと、古いだのブルジョワだとか言われたものだ」と、老アナキストに聞いたことがある。ナップ（全日本無産者芸術連盟）、コップ（日本プロレタリア文化連盟）といったプロレタリア芸術団体も創立され、築地小劇場では「民衆のための演劇」が上演された。

この頃、もと子も時代は変わりつつあると意識し、書くものの中にも唯物史観の影響があらわれている。例えば「自由学園の創立」（『半生を語る』）では「よい頭脳（あたま）、よい趣味、現在のプロレタリアらしい少ない費用、その中からよい新しいものを生み出して行くこと」「国も家も人も、めいめい手前勝手な都合や愚痴と競争の気持で生きている旧（ふる）い世界の空気よりは、唯物史観の立場は、より合理的で厳粛であろう」と述べている。もと子は当初「プロレタリア」とはまじめに働く質素な人々として共感し、「プロレタリア週末旅行」を勧めたり、自らの洋行も「プロレタリア自由旅行」と名付けたりした。

1927年の夏の終わりを、もと子は軽井沢で過ごした。「九月の軽井沢はまた避暑客の引き揚げた閑（しず）かな時である。あたりの山々が日増しに近く鮮やかになって来る。朝夕の散歩が楽しみである」。休暇中でも、彼女は社会的な関心を失っていない。「軍縮会議は徒労に帰した。米国は新たに軍艦をつくるという」「いかなる場合にも殺し合いたくない、その心が我々の中（うち）に眼覚まされて来たのは事実である」。もと子は、この時点では戦争という暴力ではなく、軍縮会議という外交交渉の場を支持し、その成功を願った。「理想は空想だという人は、一寸（ちょっと）し

たつまずきにあうと、いつまでもたやすく望みをすてようとする人である」

1928年8月、初孫の立子（女児）が亡くなった。もと子はかつて、二女の凉子を亡くしている。今回も祈ることしかできなかった。そして10月、入れ替わるように、男の子が生まれ、進（すすむ）と名付けられた。「悲しみに執着してはならない、喜びに有頂天になってはならない」と、もと子は書いている。

進歩と反動

1928年2月、第一回普通選挙が行われ、第一党は田中義一の立憲政友会、第二党は浜口雄幸の立憲民政党、この二党の議席が9割5分を占める中、羽仁夫妻の友人、安部磯雄は社会民衆党から立候補して当選。もと子は立ち会い演説会に参加、労働農民党から出た大山郁夫の夫人に会って「どうぞしっかり」と励ましたという。羽仁もと子は民衆の生活安定を訴える無産政党を応援した。ちなみにこの時の投票率は80・36％。

一方、財閥とそれを代弁する政治家たちは危機感を深め、反攻に打って出た。「3・15事件」といわれる共産主義者への大弾圧で数千名が検束、300名が検挙され、治安維持法に触れたとして30名が市ヶ谷刑務所に収監された。行動を起こさなくても、共産主義思想を持っているだけで政府は逮捕、投獄できるようになった。4月10日、治安警察法により労働農民党、日本労働組合評議会、全日本無産青年同盟に解散命令が出ている。

6月4日、奉天（今の瀋陽）で張作霖（ちょうさくりん）爆殺事件が起こった。日本の関東軍は奉天軍閥の首領張作霖ら十数人を鉄道爆破によって殺害、中国の国民革命軍の仕業に見せかけ、一挙に南満州の占領を狙った。まさにもと子が震災時に指摘したように、法と言論によらず、軍部が張作霖に勝手に行った私刑であった。首謀者は河本大作陸軍大佐。翌年になって責任者として、停職処分を受けたものの、当時の田中義一内閣の対応が生ぬるいとして、昭和天皇が激怒、田中は内閣総辞職、浜口雄幸内閣が成立した。しかし河本は退役後も南満州鉄道の理事や満州炭鉱の理事長に就任している。この事件は、戦争へ向かう第一歩として記憶されてよい。

消費組合の提唱

歴史は皮肉だ。片や民主主義が封殺されようとしている時に、別の側面では民主主義的で自覚的な団体や活動が生まれる。1928年10月、自由学園に初年度入学した6回生たちによって、消費組合が始まっている。これは前からもと子が願っていたことでもあった。彼らは卒業制作としてクラスでシェイクスピアの「ハムレット」を上演、公演の純益2000円で組合の建物を建てた。

もと子は言う。「物価の値上がりに消費者は抵抗できないのか。バラバラに売り手の言い値で買い物をするのではなく、地域で消費者組合をつくり、よりよい品質のものを共同でより安く購入し、分けよう」（1929年2月号）。しかし消費組合の第一義的の使命は、安く物を買う

ことではない。「自ら耕し、自ら織って生活する」ということは「多くの懐かしみを人の心に残しながら」も、不可能だから過去のものとなっていた。しかし消費組合はそれに向かう。

そこに「痛ましい破壊によらない新世界の誕生」があり得るかもしれない。資源を無駄遣いせず、「生活を手作りにする」ということ。それをもと子は南沢で実際にやってみようとした。平塚らいてうも成城で、1930年頃から消費組合を始めているし、吉野作造はもっと前に本郷の東大キリスト教青年会館を根拠地に、共同消費や健康相談、法律相談を手がけている。

現在、いわゆる消費組合は消費生活協同組合（生協）という名で呼ばれ、多くの種類がある。しかし、単なるスーパーになってしまったり、安全な食べ物を買うだけだったり、もと子が願うような、「手作りと、持続可能な環境維持をめざす相互扶助の社会」という高い理想を掲げるところばかりではない。今思うとこれはかなり先駆的な主張である。

もと子自身、それを目指した。「『野の花の家』にて」（『みどりごの心』）では、南沢の構内の羽仁夫妻の自宅・野の花庵での日常が描かれる。「今年の七月十四日からこの家で全然雇人なしの生活をしています」。大きい洗濯だけは人に頼む。昼ご飯は学校でする。「朝起きて働くことは、皆の楽しい課業になってしまいました」

1928年卒業の6回生による消費組合は徐々に扱う品目を増やし、1931年には売り上げ4万5085円。純益1833円を記録した。生徒たちは各学年に自発的特色があって、1929年卒業の7回生は、久留米村での農村セットルメント活動に熱中した。1930年卒業

の8回生は工芸研究所を設立。一方、自由学園はこの頃、学校拡張もあって経済的には厳しく、もちろん羽仁夫妻は無給どころか、婦人之友社からも資金をつぎ込むような状態だった。

これを聞いた父母たちは「自由学園協力会」を作って学園を支えた。

世界恐慌へ

翌1929年にも政府による大弾圧4・16事件が起きた。警察は検挙した活動家を拷問して

完成に近づく自由学園消費組合と少女たち。1929年1月号

情報を入手、4942人という一網打尽の大検挙を行った。また、その前3月5日、衆議院で治安維持法改正反対の演説をしようとして阻止された労働農民党の代議士山本宣治が、その夜、神田の旅館で右翼に暗殺された。なぜ山本に護衛をつけず、一人で旅館に泊まらせたのか、無警戒が悔やまれる。

そして日本の金融恐慌から2年、1929年9月4日、ニューヨークのウォール街で株式が大暴落、世界大恐慌が始まる。6000の銀行が倒産、アメリカの失業率は25%に上った。それでも米政府は対策を立てず、「なにもしないフーバー」と大統領を批判する声が高まった。民衆の不満に、フーバーに代わって1933年に大統領となったフランクリン・ルーズベルトはニューディール（新規まき直し政策）で公共工事などに失業者を吸収する一方、「社会が進歩しているかどうかは、貧しい人々がより豊かになっているかどうかだ」と富の再分配を施策とする。

しかし日本の政府にはさしたる景気振興策はなかった。浜口雄幸内閣は各界の女性リーダーを招き、消費の節約を要請する。これに対して、もと子は「お膝元の官吏の宴会費を節約することを先ずして頂きたいものですね」と突き放している。

1930年、未曾有の世界不況の中で、日本でも人員整理が始まり、解雇される者が増えた。小津安二郎の『大学は出たけれど』という映画が流行したように、大学を出ても職はなかった。夫が解雇され、息子も職がない。女性たちも苦しんでいた。

23「友の会」の誕生

少し時代が戻るが、すでに1919（大正8）年1月、もと子は全国の婦人を地域ごとにつなげて「主婦の会」を作ろうとした。

物価騰貴の中で、中流家庭でも夫だけの収入では生活は苦しくなっていく。そこで、暇のあるもの、手先が器用なもの、家事が得意なもの不得意なもの、子供の多いもの、彼らが地域でお互いの才能と時間の利用をしあったらよいではないか、もと子はそう考えた。しかしこの時、すぐに大きな反応はなかった。

さらに4月には「女学校同窓連合会」の発起人となっている。女学校での学ぶ習慣を卒業後も継続したい。具体的には学術講演会を開いた。よいアイディアだと思うが、これも自由学園の創立などに追われ、長続きはしなかった。

「読者組合」を組織

1923年には『婦人之友』読者を横につなげて「読者組合」を組織、震災後は長女説子が担当した。一方、もと子は1924年1月、震災後の救援活動を通じて組織された「東京連合婦人会」の委員長に就任。これは上流婦人たちの慈善事業でない、日本初の市民的婦人団体で

ある。社会部、授産部、労働部、教育部、政治部の五つに分かれて活動し、もと子は社会部として震災支援に働いた。

しかし中心メンバーが地域や家庭、暮らしから遊離した上からの改革を目指す少数のエリート運動になりかけたことに失望、この年のうちに手を引いている。「東京連合婦人会」政治部は、この年の12月から「婦人参政権獲得期成同盟会」として久布白落実（くぶしろおちみ）、市川房枝らが中心になっていく。彼女たちは震災で焼失した吉原遊郭再建の反対運動も行った。もと子はこれに対し、ゆっくりでも暮らしの内部から、女性そのものを変えていくことを考えていた。

1925、26年は不況の年だった。読者から寄せられる便りには、生活の苦しさを訴えるものが多く、25年1月号で病気の夫を持つ読者がコートを売りたいといったことをヒントに、「読者組合」は「不用品交換会」を企画した。

全国の女性をつなぐには

このような世情の中で、羽仁もと子はさらに、『婦人之友』読者の、ひいては社会全体の友愛と相互扶助のための「友の会」設立を呼びかける。『羽仁もと子著作集』の広汎な普及がこの下地となった。1929年2月には関西友の会、5月には東京友の会が大会を開く。12月には、東京友の会が自由学園講堂（現・明日館）で、初めて不用品の販売会を行った。2台のピアノと1台の蓄音機が出されたが売れていない。旧式のフロックコートは生地がよいと、リ

フォームする人が買っていった。午前中にきた労働者のおかみさんも午後は仲間を連れてきて、綿入れはないか羽織がないか襟巻きがないかとさがす。洋菓子を作るのが得意な人も持ってきて売る。

このように、家庭にある不用品、また製作品など人の役に立つと思うものを出品し、地域の人に買っていただきたいと行われた販売会は「友愛セール」と名付けられ、現在に至っている。（「全国友の会 90年史」）

そして1930（昭和5）年11月11日から16日まで、第1回「全国友の会」の大会を自由学園講堂などで開催した。この時点で友の会の数は39、会員数は約1000名、その代表の80名が出席した。そこで話し合われたことは、

・同志2名以上あれば友の会ができる。
・各友の会にリーダーを置き、各地の友の会の指導、教育のために中央部を置く。
・各地から家庭生活のあり方を持ち寄り、「家庭生活合理化展覧会」を開催する。
・青年部、職業婦人の日曜会、商家の主婦の会も開く。
・読書の時間を確保する。
・友愛セール、託児所、海の家、旅行係、映画会などの開催、遊学する青年のために寄宿舎を作る——などの具体的な計画であった。

15日には日本青年館に会場を移し、河合栄治郎、片山哲、杉森孝次郎、長谷川如是閑、山室

民子、高橋亀吉、帆足みゆき、山本忠興、奥むめお、齋藤勇、千葉亀雄、三宅雪嶺、ガントレット恒子が来賓としてスピーチを行った。決議文が読み上げられた。

「私どもは家庭における封建的・個人主義的の気風を清算して、愛・自由・協力による新家庭精神の樹立に努力します」

「私どもは志を同じうする女性の団結によって、愛・自由・協力による新社会の建設に努力します」

「私どもはこのために各人の有する機会、才能及び労力を惜しみなく献げんことを約束します」

舞台に掲げられた旗「ＴＬＰ」は、友の会の標語「思想しつつ 生活しつつ 祈りつつ」（Thinking Living Praying）から、友の会のシンボルマークとして制定された。それまでにあった読者組合は解散して「友の会」に吸収された。

家庭生活合理化展覧会

大会で決議された「家庭生活合理化展覧会」は、さっそく翌１９３１年11月に、「小より大へ」「孤立から協力へ」「家庭から社会へ」の標語を掲げて、婦人之友社、自由学園と協力して開催され、自由学園講堂を皮切りに全国60カ所を巡回した。

羽仁もと子は、人間生活の基礎工事のための最もよい仕事場は社会の最小単位である家庭であり、家庭生活を合理化することで、社会が合理的になると考えた。具体的には、家族５人22

坪半の住宅や、和洋区別のない食器などを展示。入場者は東京展は2万3000人、全国では55万人に上った。ここで主張されたことは、

1　なるべく物を持たず簡素な生活を心がける。不用な品は交換会に出す。

2　家族は男女の別なくできるだけ自分のことは自分でする。床上げ、皿洗い、洗濯、ボタン付け。そうすれば主婦の時間にゆとりが生まれ、別の仕事や学びに使える。

3　自分一人でできないことは地域で協力して、理想的な遊び場や託児所を作る、など。

もと子は東京の「友の会」例会に参加するほか、望まれればできるだけ各地の友の会に出張もした。もと子の話が八戸弁で聞き取りにくかったとか、少し引きずるような下駄の音を覚えている人もいる。

『羽仁もと子——生涯と思想』の著者、斉藤道子は第五章「友の会」に50ページを割いて、その思想と活動を次のように詳しく紹介している。

1930年頃は婦人参政権獲得運動が最も盛り上がった時期なのに、もと子は政治活動にそれほど期待せず、共同歩調を取っていない。富の再分配と無産者が力を持つ社会の実現を望んでいたが、マルクス主義には激しく反発した。友の会の中でももと子の階級問題の理解に対して批判があり、離れていく人もいた。いずれも大事な指摘だといえよう。

もう一つ斉藤による重要な指摘がある。友の会は日常生活に密着しながら、女性の封建的生活からの解放を主張した。にもかかわらず、友の会自体が、「羽仁宗といわれるような一種の

封鎖性」を持っていたと斉藤は厳しい。「もと子が古くからの読者や学園卒業生の中から中央委員を選び、中央委員が中心となって友の会を運営するのであるから、これはもと子と学園と友の会が三位一体となった自己完結的、封鎖的社会である。もと子崇拝は以前からあったが、この大会のときからもと子の教祖性は制度的にも成立したといえる」

たしかに第1回の中央委員7人には、羽仁もと子、もと子の長女・説子、弟の妻・松岡久子、妹の息子の妻・千葉貞子と、4人の親族が入っている。あとは自由学園卒業生が2人、愛読者が1人。身内で固めたといわれても仕方がない。しかし、友の会は「上下関係のある組織ではなく、中央委員は仕事がたいへんなくらい。当初は事務所もなく、実務を身内に引き受けてもらうしかなかったのではないか」とも聞いた。

1930年の3月から、『婦人之友』は予約販売制となった。これは、家庭の合理化を唱える前に、まず自分たちの事業を合理化する必要を痛感して、返品の無駄をなくそうとしてのことだった。減少が心配された注文数がかえって増えたことで、「婦人之友の読者というのは、ただの読者ではなく、皆羽仁宗の信者だからこういったのだ」という取次店の言葉を、のちに羽仁吉一はエピソードとして「雑司ヶ谷短信」（1953年5月号）で伝えている。敬愛が個人崇拝、盲従にならないようには、常に気をつけなければならないところだろう。それは世界の歴史も示している通りだ。もと子自身、そうした批判的精神は持っていた人だと思う。

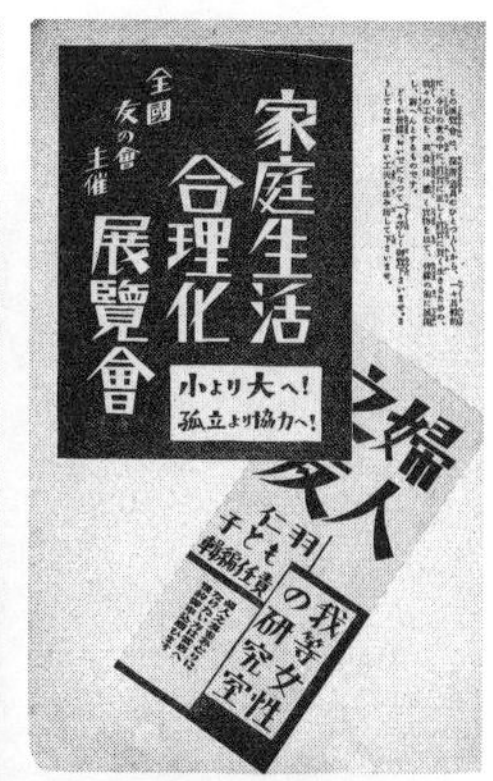

[上左]1930年11月、第1回全国友の会大会の開会式、自由学園講堂で
[下]大会5日目には、来賓を招いて「全国友の会成立を告ぐるの会」を日本青年館で
[上右]1931年、「小より大へ」「孤立より協力へ」「家庭から社会へ」を標語に、友の会は婦人之友社、自由学園と協力して「家庭生活合理化展覧会」を開催

24 ただ一度の外遊

孫と愉しむ

1929（昭和4）年、もと子は56歳となり、いちばんの楽しみは孫の進ではなかっただろうか。

進とおばあちゃんは親しいものです。
おばあちゃんと進はよく似ていると皆がいいます。
……
進は知ることをはじめました。
そうして彼は、
毎日新しい知識を語ろうとします、
あふるる思いを高く叫ぼうとしています。
進は毎日忙（せわ）しゅうございます。
そうして疲れると、熱心に呼びかけていた

親しいジョン（犬）にも電車にも会釈なしに、
誰(たれ)の背中の上にでも眠ってしまいます。

（1930年1月号「おばあちゃんと進」）

この頃について、羽仁進氏は私にこう話してくださった。

「僕はおばあちゃんに似てたんですよ。顔も性格も。それでとっても可愛がってもらった。うちはおじいちゃん（吉一）もハンサムだし、お父さん（五郎）はもっとハンサム、妹二人（協子・結子）もそれに似て立派な顔をしていた。ハンサムでないのは、おばあちゃんと僕だけ。ただ、おばあちゃんは、僕が頭がいいことだけは早くから認めていたんだ。2、3歳で字が読めたからね。おばあちゃんは目が悪いんで、よく僕に『新聞を読んでおくれ』と言ったの。おばあちゃんはお話が大好きで、僕も好きだったから、一緒によく遊んだ。僕がブランコに乗って、おばあちゃんが押して遊んでくれている写真がありますよ」

まず恵子の留学

1930年11月、「全国友の会第1回大会」とほぼ同じ頃、もと子の次女恵子は自由学園の生徒として学んだ消費組合研究のため英国へ留学した。22歳だった。神戸からうらる丸で大連へ、満鉄で満州里まで、シベリア鉄道に乗り継いでモスクワ、さらにロンドンからオックスフォードまで、16日の長旅だった。

「恵は昨日の夕方モスコーについたか、それとも汽車が遅れたか、風邪を引かなかったかとしきりに思っています」(11月17日)

「これから毎日毎日好本(よしもと)さんご夫婦にどんなにお世話になるでしょう。人を世話することの容易ならない心づかいを感謝して、決して不足に思ってはなりません」(11月21日)

「姉さん(説子)は鎌倉に、そしてあなたは英国に、涼子と立子は天国に、それぞれのよい場所でそれがあるのだと思いました。……三越に進、協のきものを買いに行きました」(1931年1月1日。この日、進の妹・結子が生まれた)

「家(うち)の子供らは責任は人一倍重いけれども、いつでも親の七光を背負っている。それでどうしても本当の苦労を人がさしてくれないのだ」「ああ、恵ちゃんは今私のさせたいと思っていた種類の苦行をしているのだな」(1月27日)

　異文化間のコミュニケーションについて悩む恵子に、母はこう書き送る。

「ついいろいろのことを遠慮してしまって、自分では上品につつましやかにしているつもりでも、それがはたの人にはなんだか気持ちわるく、朗らかでなく見えるのでしょう」「旅人が来て何も要求を出さないのは、かえって向こうの人たちに物足らないのではないかと思います」

「自分の心の中(うち)に悪いことがないようにと、ただそのことだけいつも心がけていて、少しも躊躇せずにまた技巧なしに、いつでもありのままの行動をしたいものだと思うのです」

　この手紙は実に勉強になる。欧米人は自分の信念を曲げず、相手の気持ちを忖度せずに言い

たいことを言う。また、英国は日本よりはっきりした階級社会でもあり、オックスフォードの人々にはインテリゲンツィア特有のプライドと他を睥睨（へいげい）する態度があったようだ。恵子はイギリスでの消費組合運動の根拠地、マンチェスターのコーポラティブ・カレッジに学びに行きたいと言って、オックスフォードの人たちに反対されている。だが、それを押し切って行った。

もと子は融通無碍な面白い人で、時に横紙破りも辞さなかったが、恵子は苦労知らずでまじめだった。もと子は最初、恵子に詰め込みではない教育を与えたいと自由学園を創立したのだったが、「父母の建ててくれた学校の生徒であることは責任の重いこと」だったと恵子は言う。のちに恵子は父母の事業を継いで自由学園の学園長となる。もと子は「おまえのために学校を建ててあげたつもりだったのに、それがかえっておまえに苦労をかけることになったようで気の毒だ」と言ったという。

イギリスの工場経営者の理想

私も見学したことがあるが、マンチェスター周辺の織物工場はイギリスの産業革命を牽引した。その中で1853年にタイタス・ソルトという進取の経営者がウエストヨークシャー州に理想的な工場、住宅、病院、託児所、運河など暮らしに不可欠な施設や、公園、ホール、図書館、スポーツジムなど労働者の教育・文化施設を作った。その一帯はソルテアと呼ばれ、岩倉使節団も見学しているが、現在は世界遺産になっている。

スコットランドには19世紀初頭にロバート・オーウェンという、これまたユートピア的社会主義者が実現した理想的な綿紡績工場、住宅、病院、人格形成学校がある。オーウェンは児童労働や公衆衛生の問題に取り組み、労働法を進め、一方で、相互扶助の協働社会を目指した。彼の共済店舗は、もと子の考える消費組合と似ている。

さらに恵子はロンドン大学の夏期学校、スクール・オブ・エコノミクスに在籍、フランス語の個人教授も受けるなど勉強を続けた。

恵子からの便りを通じて勘のいいもと子の視野は広くなったであろう。そして日本では珍しい自由主義教育の自由学園には世界各国からの来訪者が絶えなかった。１９３０年11月にはロンドンに本部を置く新教育連盟の機関紙にシルビア・ベッカーの「日本に於ける進歩的な学校」として紹介された。これは自由学園が国際的に紹介された初期の代表的な記事である。翌年には『日本の基督教教育について』の中で、クリスチャンから成る日米合同委員会が自由学園について詳述している。翌１９３１年は自由学園創立10周年で、羽仁もと子はこの学園の基本にはキリスト教があるとあらためて言明、目白の明日館ホールには生徒たちによって聖書の「出エジプト記」（モーゼの十戒の物語）に題材をとった壁画が描かれた。

傀儡国家の建国

１９３１（昭和6）年9月18日、日本が権益を持つ南満州鉄道で起こした鉄道爆破（柳条湖事件）に端を発する満州事変は、これも関東軍の策謀によるもので、満州を日本の植民地にしようとするものだった。そもそも関東軍は鉄道守備隊のはずで、このような軍事行動は本来、許されていない。国際的批判は高まったが、言論統制もあり、日本国民は詳しい情報を知らされなかった。真実を知らずして国民は「満蒙は日本の生命線」といった軍部のスローガンに踊らされるばかりであった。

１９３２年1月28日、上海日本人僧侶襲撃事件を機に第1次上海事変が起こる。この襲撃も中国人ではなく、日本軍による自作自演だった。２月29日には前年の柳条湖事件を調べるため、国際連盟からリットン調査団が来日、10月１日に日本に厳しい報告書を出している。軍部は戦線を拡大し、１９３２年３月１日、清朝の末裔溥儀を執政に傀儡の満州国建国を宣言する。国内においては右翼による前蔵相井上準之助、三井合名会社理事長團琢磨（だんたくま）の暗殺（血盟団事件）、青年士官らによる犬養毅（いぬかいつよし）首相暗殺（５・15事件）が起こる。

もと子はこの行く末を憂慮していた。「今にして世界中が悔い改めなければ第二第三の満州事変、上海事変も世界戦争も起こりうるでしょう。いずくも同じ窮乏の中で、世界中は軍備をし、軍備ばかりでなく、精神的にも始終敵対意識をお互に刺激されてゆくのは、全世界にさまざまの不幸が起こるもとです」（１９３２年３月18日、恵子宛て書簡）

１９３２年、アメリカの新教育運動の活動家で、コロンビア大学の教授、ハロルド・ラッグが自由学園を訪れ、もと子と日中問題を話し合った。

新教育世界会議

そのような国際交流の中で、羽仁もと子は1932年夏、フランスのニースで行われる第6回新教育連盟世界会議に出席することを決める。日本の新教育協会の野口援太郎からの要請だった。4月1日に羽仁もと子著作集第16巻『みどりごの心』が出版され、その収益が旅費に充てられた。ここには旅を控えての1932年の『婦人之友』3月号巻頭言「あこがれの旅」が収められている。それは4月号「戦への旅」、5月号「祈りの旅」へと続く。

5月号には、「ミセス羽仁に観て来てもらいたき事、会って来てもらいたき人」という特集があり、三宅雪嶺、石原謙、今和次郎、沖野岩三郎（牧師・作家）、正宗白鳥、河井道子などの要望が載っている。

4月29日、自由学園で盛大な壮行会が行なわれ、もと子は着物で長旅をするので、「例えば足袋が三十足、草履が十足ありますが、もしその鞄一つとられても私は大困りです」と笑わせた。「私は世界を歩いて新しい刺激を受けてきます。……そうして私の中に動いたものが最も新しいものです……」と結んだ。

5月1日、日比谷公会堂で近衛秀麿指揮のハイドン「天地創造」が自由学園の在校生、卒業生によって歌われた。羽仁もと子はいつもの着物姿で、好奇心旺盛な少女のように旅立った。横浜の埠頭には石川千代松（動物学者）、安部磯雄、山室軍平、近衛秀麿、平福百穂、奥むめお、吉屋信子などが花束を持って見送った。

24 ただ一度の外遊

諏訪丸——
私の船が岸壁を離れる。
無数の虹のテープがきれる、
自由の歌がかすかになる、
星のようにふられていた旗も見えなくなる、……

（1932年6月号「船出」）

着物で世界を闊歩

横浜から名古屋、4日に大阪で下船して奈良ホテルに泊まる。大阪、神戸、夫の吉一と一緒に下関まで送っていった人もいる。それくらい昭和初期の洋行は大事業だった。各地の友の会も見送った。「ミセス羽仁、行ってらっしゃい！」。上海「船は揚子江の褐色の泥水の上を走っているのですが、両岸の緑の平野は美しいものです」。香港「香港の町をのせている山々が、暁の空に今朝日を吐き出そうとして私の目の前に立っていました」。シンガポール「昨日の海は出したばかりの茄子の漬物の色でした」。はつらつとした旅の報告が続く。ペナン、コロンボ、アデン、スエズ運河を抜けて地中海に入り、6月11日、ナポリに着いた。ほぼ40日の船旅は明治の頃と変わらない。

羽仁もと子はいつもと変わらず、楽（らく）そうに着物で日傘をさして、エジプトではスフィンクス

を、ナポリ近くではポンペイの遺跡を見物。「ウレシ カンシャ タノム」という電報を打つ。あこがれの西洋に来た喜び、「皆様にも共に神様に感謝していただきたいと願う心だった」。もと子は旅行中、美しい写真を見るたびに「父さんにお見せしたい」と言った。

「雑司ヶ谷短信」

イギリスから恵子が「通弁兼鞄持ち」として、ナポリまで迎えに行く。旅行中のことは『婦人之友』に毎号、「旅のたより」として掲載され、読者は自分たちを代表してミセス羽仁がヨーロッパに見聞していると感じていただろう。

ローマに6日間滞在、日本大使館でおいしい和食を食べることができた。この時の大使は吉田茂、夫人が『婦人之友』の愛読者で大変な厚遇を受けた。ご飯と味噌汁に漬物が好きというもと子にとって道中の洋食はつらいものがあったろう。スイスのジュネーブに40日間滞在、会議の原稿を準備した。これには国際連盟事務局次長の杉村陽太郎、後のイタリア大使原田健が助力。国連総会、軍縮会議も傍聴する。自由学園を卒業し美術を学びに留学中の山室光子、今井和子もベルリンから駆けつけ、スイスでユングフラウ登山もした。

南仏の地中海沿岸のニースでの新教育世界会議は7月29日から8月10日まで行われ、分科会の100人ほどの聴衆を前に、もと子の日本語での簡単な挨拶のあと、恵子が英語で1時間ほどスピーチを代読。その草稿「それ自身一つの社会として生き成長しそうして働きかけつつ

ある学校」は、英文も併せて10月号に掲載された。教育は社会に無批判であってはならず、社会に先駆けて新社会のビジョンを持つべきである、教育こそ新世界を作り得ると訴えた。前日に自由学園の記録映画が上映されたため、前評判が多く、小さな部屋は一杯になった。

もと子の旅行中、日本では青年将校らによる首相犬養毅の暗殺（1932年5月15日）が起こる。もと子は「平和が脅かされたら、教育家も平和のために活動しなければならないが、それはまず『教育を通じて平和を実現する』のでなくてはならない」と主張した。そのあとフランス、ドイツ、デンマーク、ベルギー、イギリスと巡り、船で大西洋を渡ってアメリカに足を伸ばし、各国の新しい教育を視察した。

留守中、夫羽仁吉一は、『婦人之友』に「雑司ヶ谷短信」の連載を始める（初回の32年10月号のみ「目白短信」）。

「ミセス羽仁が普段の着物を着て、草原の中に身をかがめて花を摘んでいる。南沢で見慣れたいつものミセス羽仁だ。説明がなかったら、それがスイスとフランスの国境だとは誰も気がつくまい」（10月号）。「草履履きでユングフラウに登ったり、銀座を歩くつもりでシャンゼリゼーを歩いている」「英語も話せないミセス羽仁が、西洋のどんな人とでも自由に応酬して、思ったことは遠慮なしに言ってのける、それでいて女性のデリカシーが、何処（どこ）となしににじみ出ている、あの自然な態度が、対手に深い尊敬と親愛の心を起こさせるのであろう」（12月号）。もっともパリで恵子がオペラの券を手配したが、もと子は客席でグウグウ寝ていたという。疲

れていたのか、興味がなかったのか、それくらい天衣無縫であった。

恵子はニューヨークから葉書を書いている。「今、世界一のエンパイヤ・ステート・ビルディングの八十六階で、アイスクリームをのんでいます。父さん度々、お手紙をありがとう。紐育(ニューヨーク)についてからは、とてもとても忙しくて大変です。サンフランシスコをでて、一路横浜にむかうことのみ待たれます。母さんも丈夫です。十月十二日」(12月号)

お互いへの愛情、尊敬、信頼、それが共に事業を興して30年余のこの夫婦には深く根付いていた。

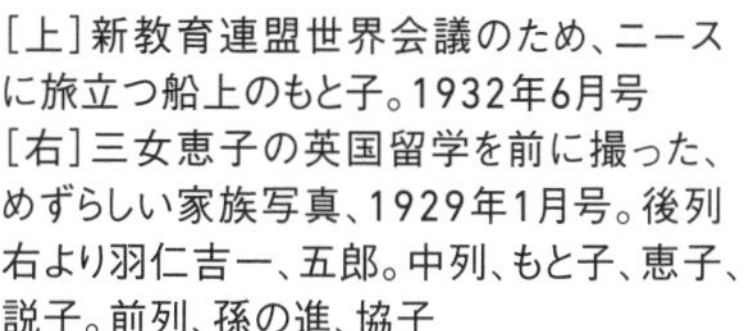

［上］新教育連盟世界会議のため、ニースに旅立つ船上のもと子。1932年6月号
［右］三女恵子の英国留学を前に撮った、めずらしい家族写真、1929年1月号。後列右より羽仁吉一、五郎。中列、もと子、恵子、説子。前列、孫の進、協子

25 羽仁五郎の受難

羽仁もと子は1932（昭和7）年12月半ばに帰国した。吉一はさぞかし心配していただろう。しかし「はたのものが考えるよりも気楽な自由な気持ちで」もと子はあこがれの旅を楽しみ、持っていったいろいろな薬も、袋の口も開けずにそのまま持ち帰って来た（「雑司ヶ谷短信」1933年6月号）。

それは激動の世界史のただ中をゆく旅であった。ニースでは中国人代表何艾齢（アイリン・ホウ）から、満州における日本の軍事行動を非難されている。「今、両国の現状のために、我々は何をなし得るか」について、もと子は「何の考えも与えられていないのです。私はそれをまた限りなく苦痛に思っています」と正直に答えるしかなかった（1933年4月号）。それからの『婦人之友』には国際情勢や外国との交流の記事が多くなっていく。百聞は一見に如かず、もと子も現場を見ての発言を続ける。帰国した恵子は、自由学園の英語教師となる。

一方、政府は治安維持法などを盾に10月30日には熱海の共産党会議を一斉検挙、もと子帰国後の1933年1月には東京商科大学の大塚金之助や経済学者河上肇を検挙、2月に長野教員赤化事件を弾圧、作家小林多喜二を逮捕、虐殺した。4月には京都大学で滝川事件が起こり、滝川幸辰（たきかわゆきとき）や末川博など6人が大学を追われる。これらの弾圧を指揮した文部大臣は鳩山一郎だった。

同じ年の1月、アドルフ・ヒトラーがドイツの首相になる。国民社会主義ドイツ労働者党という党名だが、「社会主義」や「労働者」を看板にしながら、実際にはファシズムの独裁政権であった。中国戦線を拡大する日本は世界から孤立し、3月27日、国際連盟を脱退。全権だった松岡洋右は「栄光ある孤立」といって席を立った。この行動を記念して日比谷公園での集会に学生2万人が集まり、新設された陸軍少年飛行兵の募集倍率は57倍であった。

5・15事件の被告への減刑嘆願書が7万通殺到した。この時の処罰の軽すぎたことが、次の2・26事件の発生につながる。そして一般民衆は西条八十作詞「東京音頭」を町じゅうで踊り狂うことで生活の不満を解消し、あるいはルネ・クレール監督の映画「巴里祭」に逃避し、酔いしれた。

この時期、羽仁もと子は「平和への希望」を訴えはしたものの、それ以上は手も足も出なかった。「すべての人に、神の愛を中心とする立場をとらせることによって、われわれのこの国もその本当の使命を世界に果たすことが出来ます」（1933年5月号「友の会とは何ぞ」）。しかし、当時キリスト教の信者がごく少ない日本で、こうした抽象的な呼びかけに戦争を止める力があるとは思えない。

反ブルジョワ、反コミュニズム

斉藤道子は、羽仁もと子は独伊に代表されるナショナリズム、ファシズムに反対したが、同時に反コミュニズムでもあった、という。一時は自らをプロレタリアートと呼び、ロシア革命を評価していたかに見えるが、また少しずつ、もと子の思想は変わっていった。第3回友の会大会で、もと子は「コミュニズムは階級中心主義である。主義のためなら親を捨て子を捨てても、あるいは国を裏切ってもよいのである」と述べている（同前）。コミュニズムについては直感的な理解にとどまっていたように見える。

昭和初期のもと子の立場は微妙であり、ある人には「赤（共産主義者）の手先」のように見え、ある人には「中途半端で生ぬるく」見えた。彼女の得意分野は政治理論ではなく、生活の改良、男女平等の清潔勤勉な家庭、それを可能にする平和な社会と階層差をできるだけなくす相互扶助にあった。つまり反封建主義、反軍国主義であり、当時の政府とは本質的には相容れなかったが、さりとて検閲のある時代、表だった政府批判もできず、それからの十数年は苦しい時代となる。

1931年、東北は凶作によって、娘の身売りが多数行われていた。彼女たちは東京の吉原などで、遊女にさせられ、客を取らされた。1932年、もと子が帰国した12月には、官製の「大日本国防婦人会」が発足していた。

1933（昭和8）年9月、羽仁夫妻の婿、説子の夫、羽仁五郎（歴史家）が逮捕される。

私は高橋和也自由学園学園長（当時）に話を聞いた際の、「戦時中、羽仁五郎を家族としてかばった羽仁家は、大変な苦労をしたと思います」という言葉がずっと引っかかっていた。1968年、わが家の近くの東京大学で学生運動が激しかった頃、白いタートルネックにチェックのジャケットを着てステッキをついた洒脱なおじいさんが、全共闘の学生と対話していた。その人、羽仁五郎の『都市の論理』は、その時代のベストセラーだった。

羽仁五郎の評価はいまだに定まらない。中学、高校時代に著作を読んだが、私が理解できたのかどうかわからない。今回『私の大学―学問のすすめ』や『自伝的戦後史』を読んで興味を引かれた。少し繰り返しになるが、彼について書いておきたい。

羽仁五郎のバックグラウンド

羽仁五郎は1901年3月29日、群馬県桐生の織物仲買商、森宗作（宗久）の五男に生まれた。森家はもともとは桐生の機屋だったが、この頃は製造ではなく、流通商社になっており、宗作は地方銀行第四十銀行を創立もした。

父宗作からして、足利の士族の家から商家の森家に入り婿になった人で、そのことがあって五郎が姓を変えるにも偏見がなかったと思われる。また自分が学校に行けなかったことから町立桐生織物学校、桐生高等染織学校や、山田郡立桐生高等女学校（後の桐生高校）の設立に関わった。

面白い話がある。五郎の祖父は妻がわけあって家を去ったあと、幕末の土佐藩主山内容堂が愛した女性と一緒になった。平たくいうと吉原の遊女である。五郎は、維新後、桐生の機屋の女房になったこのおばあさんから、維新の際、国事に奔走する志士たちの会合の見張りに立った話などを聞いた。一方、五郎の母は「濡れた手ぬぐいをはたくな」とよく言った。そのバサッという音は武士が百姓、町人を手討ちにして、首を斬る音によく似ているから、というのである。桐生はそうした町人の反抗心の強い土地だった。

町人主流の桐生は、大阪の堺やルネサンスのフィレンツェと同じように、市民共和制の方向に立つ自由都市だったという。機織りをする女性の力は強く、1878年、桐生会社設立の際、役員を選ぶ選挙権を持つ社員の中に4人の女性がいた。機織工場の仕事が忙しいので、桐生では市民の間に共同炊事組合まであった。父も母も職工や部落の人々を差別せず、これが五郎の気風を育てた。

裕福だった森家は子女の教育のために東京に家を持ち、小学校を出ると、五郎は東京の府立第四中学校（今の戸山高校）から第一高等学校、東京帝国大学法学部に進む。しかし大学はちっとも面白くなく、休学の後、1922年にハイデルベルク大学に留学、新カント派の哲学者リッケルトに歴史哲学を学ぶ。ちょうど帝政ドイツが倒れワイマール共和国ができた、自由な風の吹く時代だった。当時ドイツにいた大内兵衛（ひょうえ）（マルクス主義経済学者、後に法政大学総長）や三木清（哲学者）と交流し、大きな刺激を受けた。1924年に帰国して、東京帝国大学文

学部史学科に転入。

当時、非科学的な皇国史観の支配する中で、まともな歴史学者が学問の自由を護るためにいかに苦労したか、大事なことなので引用したい。

「久米邦武が神道は祭天の古俗であるといっただけで東京帝国大学を追われ、喜田貞吉が日本民族の歴史のなかに部落解放の問題があったことを考えただけで排斥され、竹越与三郎の名著〝二千五百年史〟が学界では無視されていた」「当時の東大の日本史の主任教授は黒板勝美であったが、かれのまえにその地位にいた三上参次は典型的な宮廷歴史家であって、天皇制に奉仕する日本史学者であり、黒板勝美は日本の歴史を宮内省に支配されないものにしようとして、先駆者の苦労をうけつがなければならなかった」（羽仁五郎『私の大学』）

1935年、天皇機関説を主張した美濃部達吉は不敬罪で告発され、記紀神話を実証的に研究した津田左右吉（そうきち）は1940年に早稲田大学を追われ、関連の著書は発売禁止になる。

説子ともと子の葛藤

五郎は在学中に羽仁説子と出会い結婚する。五郎の妹が自由学園に学び、関東大震災後の救援活動にも参加していたのがきっかけだった。「その中心になっていた羽仁説子に尊敬の念を抱いた」と五郎は書く。一方、説子には18歳の時に出会った男性への思いがとぎれずにあった。東京帝国大学の学生であったが肺を病んでいたために結婚が無理と思われ、母のもと子が説子

を説得したのでもあった（簡単に触れることはできないので、いっそこれだけにしておく）。この失恋は「私が十八歳、母の支配からの離脱、家からの独立を意味し、ひとつの民主的な社会風潮がのびようとしている一九二〇年代の、ひとりの娘の挫折を意味します」「十九歳から二十歳にかけて、私の恋愛問題で、母の激しい干渉を受けることになって、私は翻然と、母の道と自分の道とが違っていることを認識しました」（羽仁説子『ある人間形成』）

娘は母との激しい葛藤を経て自立していく。説子にもそうした時期があったことを知って、筆者は納得と安堵を感じる。説子があの影響力の強い、カリスマである母もと子から別れたこと、二人娘の長女であるのに自由学園という両親の事業を継承せず、評論家として自立したことはそういう経緯があったからだろう。

失恋の中で説子を支えたのは友情だった。ことに級友の相良（さがら）千恵子とは一緒に本を読んだり、森豊子は花だのノートだの扇だのをくれたり、浴衣を縫って送ってくれたり、「兄がまもなくドイツから帰るから会ってみて」と言った。

平塚で療養中の説子を訪ねた五郎によれば、「二人は恋を語るのではなく、チェーホフを語り合い、揺れ動く時代について」話し合った。説子は「なつかしい人の思い出を心の奥深く埋めました」「私はふらふらする腰を立て、本当にみんなに喜んでもらえる二度目の人生を歩む覚悟をしました」。森家には優れた4人の兄たちがいたので、五郎は躊躇なく羽仁家の婿となった。大学卒業後は東京帝国大学史料編纂所に嘱託として勤務した。

暗い時代の中で

1928年、日本最初の普通選挙で安部磯雄の応援演説をしたことが問題となり、羽仁五郎は東京帝国大学を辞職した。安部磯雄は羽仁夫妻の親友である。ここにも面白いエピソードがある。史料編纂所で写字の仕事をしていた小中村という老人は、門を出ると袴を脱いで自由平等の市民の快活な顔にかえって、町を歩いて行った。この人が、大学の注意を受けた五郎に帰りがけ、袴をたたんで懐に入れ「気にすることはない、私もあなたの選挙演説を聞きにいったよ」と笑顔を見せたという。彼は小中村清矩(きよのり)という有名な国学者の息子だった。親の名声を引き継がず、市井にあって自由に生きようとする市民がここにいる。

五郎は三木清や岩波茂雄（岩波書店創業者）の娘婿小林勇らと、雑誌『新興科学の旗のもとに』を創刊した。日本大学の文学部に創立された史学科の教員となり、三木清と「プロレタリア科学研究所」の創立に参加。1932年5月には経済学者野呂栄太郎を支えて、岩波書店から『日本資本主義発達史講座』（全7巻）の刊行を始めるが、削除や発禁が相次いだ。「このとき岩波茂雄は自分で筆をとって当局にむかってこの講座が学問的価値のきわめて高いものであることを説明して抗議する文書を提出した」（羽仁五郎『私の大学』）

岩波茂雄がどれほど心ある学者、作家、活動家などを支えたかの例は枚挙にいとまがない。その一例を挙げれば、私は市川の郭沫若(かくまつじゃく)記念館で、郭沫若（中国の文学者・歴史家）が革命のために上海に帰った時、後に残された日本人女性との間の子供たちの学費を岩波が出していたこ

とを知って心底驚いた。戦後も岩波は自分の郷里の子供たちの願いを入れて、長野県上諏訪町に岩波書店で出版する本をすべて贈り続けてもいる。

1933年9月11日、羽仁五郎は治安維持法違反容疑で検束された。政府によれば、「治安維持法というのは、日本の天皇制つまり国体を変革し、私有財産を廃止するという実際行動を取り締まる法律であって、……政治活動とか、思想といったものを取締まろうとするものではない」はずだった。五郎は口を割らず、仲間を護った。

12月、釈放された時、もと子は婿に一言、「あなたは見かけによらない強い人らしい」と言った。吉一は10月号の「雑司ヶ谷短信」に「言論の自由がない。どの新聞を見ても、同じような口調で同じようなことを書き立てている」とギリギリの抵抗を示した。しかし自由学園関係者の中にも「悪い婿をもらってしまって、事業にも響くだろう」と心配する者もいたと、説子は書いている。

この辺の緊迫した日々の様子は、羽仁説子著『妻のこころ』に細かく描かれている。五郎と説子は共産党の幹部だった肺結核の野呂栄太郎を一時家にかくまった。同じ冬に街頭で逮捕された経済学者野呂栄太郎は、翌1934年2月19日、「警察の留置場のなかでかれの理論をまもり、かれの組織をまもって、三十三歳の若き天才的生涯をおわった」(『私の大学』)

ミケランジェロ

釈放された五郎は、師の黒板勝美の応援を受けて明治維新研究を続け、続いて『ミケルアンヂェロ』（1939）を書き、暗い時代の人々を励ました。最初、マキャベリの君主論について書く予定だったが、ミケランジェロの方が多くの人を動かすことができる、と助言したのは妻の説子だった。『君たちはどう生きるか』の著者でもあり、当時の岩波の編集者だった吉野源三郎は、「ルネサンスに託して民衆の解放を訴えている羽仁氏の熱情が、日ごとにつのる強圧の下にじっと息をこらしていたひとびとに、光のさし入ってくるような思いをもたらしたのです」と書いている。

私も高校生でこれを読んだ時、口絵のダヴィデ像、そして「語るならば、低くかたれ」という言葉に、胸が熱くなったのを思い出す。15〜16世紀に生まれたミケランジェロは偉大な美術家であるばかりではなかった。1527年にメディチ家に対して民衆の暴動が起きた時、彼はパトロンであるメディチ家側につかず、自由都市フィレンツェの市民的自由を護るためにサン・ミニアトの要塞の防御を指揮して戦った。

羽仁五郎は拘束される前まで、自由学園でも教えていた。

「ぼくが自由学園の高等科の生徒たちを教えていたときだが、だんだん戦争や弾圧がひどくなって講義をすることができなくなってきた。そこで生徒に勝手に読みたい本を選択させ、その内容を報告し、それについて自分の判断を述べさせるようにした。すると、やはりみんなの読む本は戦争に関係あるものが多く、日本の戦争の原因を中国の民衆が日本を排斥し、日本に

抵抗し、日本を侮辱した。つまり排日、抗日、侮日にあるというのだ。ところがそのとき、生徒のなかに留学生として中国の政治家殷如耕（いんじょこう）のお嬢さんがいたが、彼女は中国での排日、抗日、侮日は「対支二十一ヵ条」が原因だとはっきり言った。戦争をやられる側は正しい判断が下せるというわけだ」（羽仁五郎『自伝的戦後史』）

　自由学園が本来目指した自由な言論や活動が圧迫されていく中、1934年9月、女学校は目白から南沢校舎へ移転する。そして目白校舎は「明日館（みょうにちかん）」と呼ばれるようになり、自由学園の大学部として卒業生の活動拠点とする構想が発表された。

音楽の早教育

　1935年、説子は新しい事業を始めることになる。ピアニスト園田高弘の父、園田清秀はヨーロッパ留学から帰り、音楽早教育に打ち込んだ。それを新聞で見たもと子は、説子に「これはどうか」と言い出す。というのは、吉一ももと子も唱歌は苦手、説子は家で父や母が歌うのを聞いたことがなかった。五郎の兄で医師の芳郎に「あなたの家庭にはなんでもあるが、音楽がない」と言われ、説子は娘の協子と結子のためにも、自由学園で音楽早教育の実験教室をつくったらどうかと考えた。

　4月から明日館で「ピアノ学校」を開いた。娘二人のほかは、林医学博士の息子光、作曲家山本直忠の息子の直純など6人で、音楽を合奏する喜びを分かち合った。園田が監修した『新

しいバイエル』も婦人之友社から出ているが、残念ながら翌36年に32歳で急逝。その絶対音早教育は幼児生活団に引き継がれた。五郎と説子の3人の子供、進はジャーナリストから映画監督になり、協子は音楽家・コダーイの研究者に、結子はチェロを弾いた。林光と山本直純は日本を代表する作曲家・指揮者になった。

『妻のこころ』で説子は「五郎さん」と親愛をもって描きながら、家事はせず、書斎にこもって研究に熱中すると、子供たちを「うるさい!」と怒鳴る五郎の姿を包み隠さず書いている。説子は、5人目の子供を自分の体力を鑑みて中絶したことまでも率直に記述している。そこには結婚、出産、育児を通じて家庭における男女の役割分担について説子が感じた理不尽があり、今に通じる問題を提出している。また、娘より先に五郎を婿と見込んだ母もと子の干渉についても。

しかしゆとりのある実家を持つ二人は双方からの援助も得られて、暮らしに不自由はなかったようだ。そして五郎の妻として本を読んで勉強した説子の思想はもと子とは相当に違い、これも説子が学園の事業を継がなかった理由だろう。そして五郎と説子の間にも思想的な相克はあった。本書は一人の女性が20世紀を生き抜いた例証だが、羽仁五郎と説子の家庭にも、穏やかに添い遂げたとは言い難い葛藤があったことがわかる。

さて、こんな五郎と説子は子供たちから見るとどうだったのか。残念ながら、協子と結子はすでに亡くなり、回想も残していない。長男の進さんには『自由学園物語』がある。面白いの

で、少しだけ要約したい（以下敬称略）。母説子のことを進は「うさぎさん」と呼んでいた。父はいつも不機嫌で、「むやみに怖い人」だった。一家は南沢に住んでいた。

創立者の孫である進は、自由学園初等部（小学部）を受験することになった。しかし、彼も祖母もと子と同様、自分の関心のある方へ妄想が膨らみ、試験官の期待する答えができず、「知能がとても低い」と不合格になってしまったという。もと子は「進はそんなに頭が悪いわけはない」と試験官に抗弁、さんざんもめたのちに入学が許された。映画監督内田叶夢の長男と同級だったという。朝はデンマーク体操から始まる。進は頭が大きくてバランスが悪く、体操は不得意だった。初等部の昼食は、お母さんたちが当番でつくった。食事の最中にミセス羽仁が黒板に大きな字を書いた。「ヨクミル、ヨクキク、ヨクスル」。これが初等部の基本だった。

数学で、進は２＋２＝４ということがなかなか理解できなかった。鉛筆が２本、また別の鉛筆を２本もらいました。いくつになったでしょう。進は全く別の方向に考える。短い鉛筆２本と長い２本でも同じ４本だろうか。せっかくなら長いのが欲しいとか。ウマが２頭いて、また２頭来たら、みんな走って逃げるかも。そしたらウマはいなくなる。

雑木林の中のカブトムシやトカゲ、ヘビに興味を持ち、ランドセルを放り出して林の中で過ごした。動物が好きだった。幼児生活展覧会に来たロバを飼っていいことになり、進はロバとの暮らしに熱中した。座布団の鞍を置き、自分で乗ったり、友だちを乗せたり。そのロバが草の食べすぎで死んでしまい、次はオオサンショウウオを飼った。ミミズクも飼った。学校でう

[上]1932年、婦人之友社の新社屋が落成(設計・遠藤新、現在地)。羽仁吉一・もと子それぞれの仕事場、編集室、事務室、友の会中央部、自由学園事務室、倉庫などが入る
[下]1931年、自由学園創立10周年を記念して、出エジプト記13章をモチーフに、壁画を作成する生徒たち。明日館ホールのこの壁画は、戦時中は漆喰で塗りこめられた

さぎを飼った。これも伝染病でバタバタと死ぬ。そんなことで生命や死を学び、のちにアフリカやラテンアメリカで動物映画やテレビ番組を製作する。お会いした時、羽仁進さんが「ミナミサワ」という地名を口にすると、そこにはふるさとに対するような温かいひびきがあった。「毎週一回、僕たち三人兄妹は、子どもだけで祖母の家を訪ねた。祖母の家の二階のベランダで、祖母は僕たちに、いろいろな話をしたりみんなでなにかをつくったりしていた。これを祖母はじぶんで〝おばあちゃん学校〟と名付けたのである」。それは、厳しい学園長の〝ミセス羽仁〟が普通のおばあちゃんに戻る時間だった。

目が悪くなったおばあちゃんに新聞を読んであげ、「すすむの読み方はうまい。とても、よく、頭に入る」とほめてもらったことから、進は吃音から脱却し、本好きな子に育った。父のところにある本はこっそり読んだ。ついには「本を読んではいかん」という命令が下った。羽仁五郎が最初に捕まったのは1933年9月。進は「一生懸命生きている父の秘密はぼくが守る」と決意した。1944年頃、説子と五郎は北京に行き、進に言わせると中学生を頭に3人兄妹は「国際的捨て子」になった。そこに特高が調べに来たので、進たちは「父はちょっと留守」と言いながら、「桐生に知らせよう」と父方の親戚のところまで行ったという。ずいぶんしっかりした子供たちだった。

26 木を植える男―羽仁吉一と男子部設立

羽仁五郎について詳しく記したので、もと子の傍らに生涯いた男性羽仁吉一についても補足したい。羽仁もと子が欧州から帰った頃、伴侶である羽仁吉一は、婦人之友社、自由学園の経営を担うかたわら、南沢学園都市の分譲と自由学園の造園にも心を砕いた。今は東久留米市である。吉一は、直情径行で思いついたらなんでも実行しなければ気がすまない妻もと子を「悍馬（かんば）」と呼び、自分はその「御者」だと任じていた。吉一は背が高くすらりとして、頭は五分刈りで、一種の風格があった。学園ではミスタ羽仁、ミセス羽仁と呼び分けていたが、みんなの前で挨拶や話をするのはミセスの方だった。

ミセスのアドリブに満ちた情熱的な語りかけは人を動かしたが、その突拍子もない内容と八戸弁は生徒たちには理解できないこともあった。そういう時にはミスタが出てきて、「翻訳」する。落ち着いたゆっくりした話しぶりには説得力があった。そうするともと子は「父さん待って。父さんはわだすのことを全然、理解すてませんよ」と言って、話に割り込んだという（羽仁進『自由学園物語』）。吉一自身、若い時から才幹のある人だったが、それを外には表さなかったし、過去を語ることもなかった。しかし学園についての重大な決定や持続的経営は、主に吉一がしたようだ。

1925年、手狭になった雑司ヶ谷の土地から、南沢の田園10万坪を買って、その一部を学園に、残りを住宅地として売り出すという計画は、吉一の主導だろう。当時の武蔵野鉄道の経営者石川幾太郎が娘を自由学園に通わせ、羽仁夫妻の応援者だったことを除いても、これは大胆な賭けのようなものだった。最初は1区画250坪ほどの住宅地を希望者に分け、『婦人之友』の愛読者や子供を自由学園に入れたいと願う家族が買った。

防府に残る吉一の足跡

秋のある日、私は気になっていた羽仁吉一のふるさと、山口県の防府を訪ねた。

防府友の会の吉武まり子さん、饗場英子さん、重冨まり子さんが駅まで迎えに来てくださり、最初に町の高台、桑山の共同墓地にある羽仁家のお墓に詣でた。緑濃い道を上っていくと、慎ましい感じの墓が現れた。羽仁鶴助、イヨという吉一の両親の名が刻まれている。羽仁説子によると、吉一の母は丈の高い美しい人で、「明治の早い頃、山口県に布教に来たイギリス婦人の伝道師からキリスト教の洗礼を受けていた」という。

皆さんは用意周到に花と線香を携えてこられた。背後には、維新の功労者とされる野村望東尼(もとに)の大きな墓が見える。彼女は高杉晋作ら勤王の志士を助けた女傑であり、その功で明治の女性としては珍しく、正五位の栄典を与えられた。

もう一人、梶山升二郎の孫の代の方もお見えであった。升二郎は吉一よりはひと回り年上、

大金持ちの廻船・米問屋の若主人だった。少年の羽仁吉一を見どころがあると、自宅２階で開いていたキリスト教の伝道集会に誘ったり、吉一の上京を資金的に応援した人らしい。「升二郎は生涯、働く必要はなかった。書家であり、クリスチャンでした」と、梶山家に残る彼の書や豪荘な屋敷の写真も見せてくださった。「上京してからはあまりお付き合いはなかった。『婦人之友』や『羽仁もと子著作集』などは送っていただいていたようです」

墓参りのあと、吉一ゆかりの地をあちこち案内していただいた。生家のあったところ、通った華浦小学校、10歳で入学した私立周陽学舎。吉一の父鶴助の住んでいた家は、かつての長州藩の公館「英雲荘」のすぐ前だった。羽仁家は毛利水軍の船倉取締の家柄であり、史跡となっている御船倉も見せてもらった。父鶴助は、英雲荘に住んでいた隠居の殿様毛利元昭(もとあきら)を、お茶やお花で慰めたとのこと。これについては英雲荘の管理をする水戸さんが話してくれた。

「毛利家は領内に16ほどの御茶屋という、藩主のみが使う別邸を持っていました。その一つが三田尻（防府の通称）御茶屋で、１６５４（承応３）年に作られました。長州藩は80万石とはいえ、外様の雄藩です。幕府に警戒され、日本海側に近い不便な萩に城を築かされ、参勤交代の時も、内陸を通り、途中一泊して三田尻に至り、ここに泊まってから瀬戸内海を船で行きました。７代目の毛利重就(しげなり)公は１７８２（天明２）年に隠居したあとここに住み、その法名にちなんで１９４１（昭和16）年からは英雲荘と呼ばれています。

この御茶屋には幕末の１８６３（文久３）年、公武合体派の追い落としにあった三条実美(さねとみ)ら

尊皇攘夷派の公家たち、いわゆる〝七卿都落ち〟の方たちが2カ月滞在したこともあり、倒幕派の志士中岡慎太郎も泊まっています。萩往還関連施設として国の史跡になっています。

幕末になって、長州藩は居城を便利な山口に移しました。維新に際し、毛利家は官軍側で勲功を立て、のちに80万石の10分の1を償還というか手切れ金みたいな形で新政府からもらったので、相当豊かだったと思われます。伊藤博文、山縣有朋、井上馨ら家臣も皆栄達しましたし。維新後、元徳(もとのり)公がここに住んでいました。そして多々良山に大きな御殿を建設してそこに移ったのですが、それが今の毛利邸です。でも、ここを特に気に入っておられた。花月楼という広々した茶室もあります。毛利邸もこちらも、羽仁鶴助が作庭に尽力したといわれます」

そのあと、私は広大な多々良山の毛利邸（庭園は国の名勝、建物は重要文化財）も拝見、あらためて長州藩の大きさ豊かさが実感できた。

庭造りの名人だった鶴助の息子の吉一にも、作庭や植樹の趣味と技能が伝わっていたのではないか。吉一が雑司ヶ谷に家を建てた際、鶴助が上京し、吉一とザクロの木をどこに植えるかで口論した現場を孫の説子が見ていた。「（祖父は）自分は茶のための庭をたくさんつくっているとか、みているとかいって、新しい私のうちに植えられた楓だの金木犀だの梅などについて大講義をはじめました」（『自由学人 羽仁吉一』）

同じく秋の晴れた日、私は西武池袋線ひばりヶ丘に降りた。駅から学園までは線路沿いの一本道で数分である。都心ではほとんど見られなくなった松の木が住宅街に高く聳える。何区画

かまとめて買った人もいれば、応援のつもりで購入して何も建てないでいた人もいる。昭和の初めに建てた洋館をいまだ住み継いでいる人もいれば、遠藤新やその息子の楽に設計を頼んだ人もいる。

戦前に羽仁もと子が夢みて実行した地域での共同購入、共同炊事は今では行われていない。しかし自由学園で焼くパンやクッキーは今も販売されており、住民たちは学園への親しみを持って、この町を育ててきた。緑を大事にし、生け垣を作り、つつましく清潔な一種の「よい趣味」が町全体に雰囲気として流れている。そして男子部の旧寮は美しい前庭を持ち、中の食堂ではランチを出し、地域住民の寛ぎの場にもなっている。新型コロナ流行の中でも子供たちの居場所を確保している。こうしたところに、羽仁夫妻の夢の跡をまだ見ることができる。

カントリー・ジェントルマン

南沢学園町と自由学園キャンパスは吉一が地道に作り上げた。1935（昭和10）年には住宅35戸、人口131人、自由学園の寄宿生74人。「道楽の絶無である自分にとって、木を植えること、道を作ること、その布置結構を考えたりすることが、忙中の一楽事である」。南沢に住むようになって、吉一は庭作りにいっそう力を入れた。一日働くと、「ただ長閑（のどか）な自然の中で気楽に暮らすことの出来た幸福を感謝しながら、めずらしく明るいうちに風呂にはいった」（「雑司ヶ谷短信」1934年3月号）。

世俗的な成功や名誉に関心のなかった吉一は、イギリス風の〝カントリー・ジェントルマン〟だったのではないか。イギリスでは、ロンドンでの政治や事業での役割を終えた紳士は、首都とほどよい距離を持つ田舎に家を持ち、自然の中で静かに暮らすことをよしとした。吉一も、すでに50を超えていた。

庭師の虎さんと相談しながら、ここにはこの木と植えていった。「目のさめるような若葉の木々の間に、躑躅の花の白いかたまりが涼しそうに咲いている。新鮮な南沢の五月の自然！」（1933年6月号）。躑躅は吉一が好きな花だったようだ。

「梅雨晴れの南沢の朝。高い合歓の木の上に、何という鳥か、朗かに啼いている。まっさおな葉をひろげた、勢いのいい若竹が、微風に揺れて、ぱらぱらと涼しい雫を落す。草の匂い、土の匂いが、どこからともなく漂うて来る」（1933年8月号）

その頃まだ周辺は農村だった。

「讃美歌の声が聞こえて来る。寄宿舎で礼拝が始まったらしい。足音がする。この辺のお百姓さんたちだ。眼に繃帯した娘。リヤカアに乗った老人。それを曳いて行くかみさん。自転車の青年。それが次々に、子供たちの手できれいに掃き清められた地内を通りぬけて、向うの丘のセツルメント診療所に急ぐ」（同）

日曜日は休日なのだが、構内の農村セツルメント診療所に慶應大学医学部眼科の植村博士が来てくれるので、このあたりの農民が通ってくる。自由学園はこのような現地の農村との交流

と協働もしていた。これはのちに述べる東北農村合理化運動の前段となる。

女子部24回生の木下久子は卒業後、吉一が亡くなるまで、吉一の園芸の助手を務めた。「ミスタ羽仁は、割に実用的な木がお好きだった。中でもお茶の木を大変好まれていた」「それから梅や沈丁花、ライラックなど、香りのいいもの、山椿、レンギョウ、ツツジもお好きだった。桜は染井吉野ではなく、山桜を好まれた」。梅は200本以上植え、梅干しにしたり、ジャムやシロップを作った(『自由学人 羽仁吉一』)。

男子部の設立

ここで羽仁夫妻が創ろうとした学校とは何か。「雑司ヶ谷短信」には、その教育観を語っている部分が多い。一つには知識の詰め込みでなく、生活に役立つ知識と実技。生涯教育、いつでも社会の現場へ赴き、必要ならそこから戻ってこられる学校。国に管理されない学校を創りたい。

1935年には南沢に念願の男子部を設立。初年度は小学校から7人、外部から16人が入学し、寮生活で家事や身の回りの世話を自分で行えるようにした。「最後の御奉公だ! あと十年! お互に健康に気をつけて、残る生涯をこの新しい使命のために捧げつくそう」(1934年10月号)と、もと子に呼びかける吉一の言葉には決意が感じられる。12歳からの7年制、最初の4年で英数国などの基礎学力をつけ、残りの年間は自活できる生活技術を習得す

る。男子部設立に伴い、女学校は女子部へ、小学校は小学部へ名称を変更した。

女子部の寄宿舎は「清風寮」という。片流れの屋根を持つ男子部校舎を「鶏小屋のようだ」と言った人がいるのを逆手にとり、吉一は「新時代のときの声を上げる」として男子寮を「東天寮（とうてん）」と名付けた。だんだん生徒数が増え、この二つのほかに女子部の分寮もできていた。もと子は朝の散歩に各寮を覗いて、生徒が自主的につくった朝食の違いを面白いと言っている。「清風寮ではオムレツにほうれん草の胡麻和え、新寮では焼魚にさつま芋の甘煮、胡瓜と春雨の辛子和、新々寮ではおでんにキャベツの甘酢、東天寮では大丼に盛った狐うどんに生節（なまり）とぜんまいの煮付」といった献立だった（1937年4月号）。

男子部では例えば地理の勉強に地球儀を作り、数学の勉強に日時計を作る。構内に2000年前の住居跡を見つけ、鳥居龍蔵博士の指導を受けて発掘調査し、生徒たちが報告書をまとめた。また構内に流れる小川を利用して水力発電を設計、工事した。その後も1938年に工作室、1940年には印刷所を「大工の先生」に教わりながら自力建設した。吉一は「自由学園は専門家をつくるところではない」と言い、「人間の基礎をつくること」を目指していた。このほか、自転車の分解と組み立て、星の観測のために望遠鏡の制作、残飯処理も兼ねて豚の飼育、養魚や養鶏もした。

「第一体力、第二気力、第三知力」。これは学園男子部における鍛錬の目標である。いずれを重しとし、いずれを軽しとしないが、順序として先ず体力の鍛錬から始める。朝々の裸体操や冬

期無暖房がそれであり、日々の生活的・工作的・農業的労働がそれである。一年二年の間はそれほどでないが、三年目頃からその効果があらわれ出す。多角的かつ耐久的なる筋肉労働を、ものともしない不敵の資質が、いつの間にか出来あがってくる」（1939年2月号）

ここで女子部も含めた学園の一日を見てみよう。

「南沢の朝は小鳥の声に明ける。近頃ミセス羽仁は五時に起きて、机の前で仕事をはじめている。この三四年来書いて来たものを、著作集第十八巻として出すために、一々読みかえしては筆を入れているのだ。「世界の旅・その前後」とでもしようかといっている。六時になると筆をおいて、念入りの冷水摩擦にかかる。八時には礼拝がはじまる。女子部男子部一週間交代で二人がそれに当たる。男子部の子供らはその前にパンツ一つになって朝の体操をする。一緒に出来ないから時々見てだけやる。女子部の講堂は小高いところにあるので、昨日今日薄雪を頂いた富士の姿が、西の窓に近く迫って見える。礼拝がおわると、女子部はチャイムの美しい響、男子部は秋田から取寄せた大太鼓の勇ましい音を合図に、それぞれの課業がはじまる。二人とも女子部はすべての組に一時間ずつ毎週八時間、男子部には各々二時間ずつを受持っているので、午前の大部分はほとんどその方にとられる。日に幾度となく坂を下りたり上ったりする」（1935年12月号）

その頃、駅から学校までの住宅地はまだまだ空き地があった。生徒たちが急いで、道を通らずに空き地を斜めに横断するのを吉一は許さなかった。「そういうずるをすると、世の中に出

てから賄賂をもらうような人間になるぞ」（『自由学人 羽仁吉一』）

野の花庵の暮らし

授業だけでもかなりの重労働だ。すでにもと子62歳、吉一55歳、白髪も目立ってきた。ミセス羽仁は土曜日は目白で卒業生と礼拝、「そのまま鵠沼（くげぬま）に行って、日曜日一日を静思と休養に送る」という。池袋から鵠沼までの移動も大変だったと思うが。またこの頃吉一が書いているものによれば、ミセス羽仁は「片付けもの」が好きで、時間と元気があれば片端から物を棄ててしまう。大事なミセスのメモや原稿をとっておくのも吉一の役目だったようである（1935年7月号）。

1928年生まれの孫の羽仁進は、「週に一回は南沢の祖父母の家にごちそうになりに行った。祖父はステッキの柄を僕の首に引っかけた。祖母はその頃目が悪く、小さな僕に新聞を読んでおくれとよくいった」と思い出を語っている。

こうした中にも刻々、時代は動いていく。1936年1月にはイギリスのジョージ5世が死去。その後、即位したばかりの息子エドワード8世が、有夫のシンプソン夫人と恋愛し退位することになる。「王冠を懸けた恋」といわれ、弟のジョージ6世が即位。エリザベス2世の父である。

1月15日、日本はロンドン海軍軍縮条約から脱退した。1月に歌手シャリアピンが来日。27

26 木を植える男—羽仁吉一と男子部設立

日に日比谷公会堂で独唱会を行った。これについて羽仁吉一は、「世界一の歌い手シャリアピンは、舞台の上で聴衆と問答しながら、その優れた芸術を、驚くべき自然さを以て展開し来るというではないか」（1936年3月号）と述べている。

底冷えのする雪の2月26日、陸軍の青年将校らによる2・26事件が起き、高橋是清蔵相、齋藤實（まこと）内大臣、渡辺錠太郎教育総監ら政府要人が暗殺され、戒厳令が発せられた。日本が軍国主義に雪崩（なだれ）を打つきっかけとなった事件である。吉一は、「二月二十六日、南沢で入学考査の最中に、払暁（ふつぎょう）の凶変を知った。真に胸つぶるる思いであった」（4月号）と書いている。この日、吉一は上野戦争のさなかでも平然とウェーランドの経済学を講じた福澤諭吉にならって、自由学園を休校にはしなかった。

「今は南沢の自然の、最も活力にみちた季節だ。したがって美しい季節の一つだ。ヤマサクラ、カエデ、エゴ、ソロ、ケヤキ、コナラのような落葉樹から順々に芽を出し始めて、今はシイやカシやモクセイやモッコクが、古葉をふるい落して、一斉に若葉をつけている」（6月号）。東京帝国大学の東畑精一教授が農学部の学生を連れて訪問。「最近駒場から本郷の市中（まちなか）に移って行った学生たちは、野趣にみちた南沢の風景を懐しんで、農科と取替っこをしたい位だといった」。その時の記念にと言って、学園の隣にある帝大農場から珍しい木を持ってきて、講堂の前に植えていった（7月号）。

7月15日から男子部、女子部などと8月末まで、羽仁夫妻は妙高山麓池ノ平の修養会に過ご

した。これを仏門にならって「一夏安居」と呼んだ。夏は静かに写経をして過ごすの意だということ。ほかにも雨期には室内で静かに過ごす雨安居、冬は雪安居という言葉もあるらしい。

面白いエピソードがある。男子部の生徒を駅に送った朝、たまたま会った福原信三（資生堂社長、写真家）夫妻が佐渡に行ってきたというので、もと子が「これから行ってみたい」と言い出し、もと子と吉一はその足で妙高から新潟に行き、港で船に飛び乗ったというのである。両津の港に泊まり、車で佐渡を一周。順徳天皇や日蓮上人の事績を巡り、夜半の一時の船でまた新潟に戻ったという。もと子は行動において、かくも自由人であった。

時代は急速に戦争へ向かっていく。１９３６年11月に、日独防共協定が結ばれた。この冬を男子部の生徒はストーブなしで頑張り通したので、体育館の前に石を畳んで、野外の大囲炉裏を作り、朝のうちだけ焚火をした（１９３７年3月号）。4月、吉一の最愛の母イヨが78歳で亡くなった。ちょうど花の盛りであった。「派手なことの嫌いな人であったおばあさんの、天国への旅立ちは、美しい景色に飾られてよかったなあとも語り合った」（5月号）

[上]羽仁吉一の母イヨの77歳の喜寿を親族で祝う。中列左から孫の羽仁進、もと子、吉一、イヨ、後列左から三女恵子、1人おいて長女説子・五郎夫妻、3人おいて吉一の弟・賢良。(1936年目白で)
[下]自由学園男子部第1回入学式。23名が入学。秋田から取り寄せた大太鼓(奥)の勇ましい音が時を告げる(1935年)。写真／自由学園資料室所蔵

27　東北の大凶作とセツルメント

1935（昭和10）年、もと子は実に彼女らしい運動に乗り出した。東北地方における生活改善のためのセツルメント運動である。

1929年に始まった世界恐慌でアメリカへの生糸輸出が激減、日本の農村にとって生命の生糸価格が暴落。1930年には、豊作で米の価格が暴落した。いわゆる「豊作飢饉」「豊作貧乏」だ。なまじ豊作になると生産物の価格は下がる。翌1931年、東北は冷害で、今度は大凶作になった。その頃、都市の不況で解雇された工場労働者などが、東北のふるさとに帰っていた。人口が生産力を超え、食べるものがなくなった。そこに1933年3月3日の三陸地震が起こり、マグニチュード8・1の揺れは壊滅的打撃を与えた。

こうして欠食児童や娘の身売りが社会問題となる。1933年の冬には大雪が降り、1934年も冷害だった。青森出身の羽仁もと子は、これを座視できなかった。

万人の食物、着物を平等に

1934年、婦人之友社は田中孝江、松井三恵子両記者を秋田県由利郡直根（ひたね）村（現在の鳥海町）に取材のため派遣。彼らは農家に泊まり込んで寝食を共にし、「東北凶作一寒村に住む」

を『婦人之友』12月号に書いた。初冬にはもと子の義妹松岡久子が東北を巡察、現地の友の会から得た情報を元に対策を立て、「凶作地の友を助けましょう」（友の会レポート12月2日付）と呼びかける。見舞い金850円と衣料品などを集め、東北の9友の会は県や市町村を通じて困窮者に寄贈した。しかし凶作地の実情がわかると、ただ物資を提供するだけでなく、それ以上にそもそもの生活改善や授産が必要なことがわかってきた。

これにはすでに経験があり、1929年卒業の7回生14人は卒業前から準備して学園のある南沢で農村セツルメントを始めていた。現在は住宅街となっている南沢は当時、農村だった。そこで生徒たちは農村を知ることから始め、村の娘たちと親しくなることから、裁縫を中心に共に学び、農繁期の託児所を行う。自由学園美術工芸展覧会には、7回生も参加して工芸品を販売した純益で、セツルメントの建物も作られ、機織りや羊毛紡ぎなどもできるようになった。ここでは農作業が楽になる仕事着が提案され、健康面から診療所も併設された。

盛岡友の会はすでに1931年、愛国婦人会と協力し、冷害で凶作の続く岩手県田山村（現在の八幡平市北西部）で給食を行い、婦人矯風会とも協力して農村援護を行っていた。愛国婦人会はもちろん戦争協力をした団体として記憶されるが、そう一面的に決めつけるのではなく、こうした同胞の苦しみを分かち合う地道な地域活動があったことも覚えておきたい。

もと子は東北各地の友の会は何をなすべきかと問いかけていた。吉田幾世（自由学園女子部10回生）は農村について何も知らない、実態を知りたいともと子に相談した。もと子の同意を

得て吉田は、１９３４年の12月26日から年を越して１月７日まで盛岡友の会内にできたばかりの「生活学校」の生徒35人と共に縁のあった田山村に行き、腰まで積もった雪を踏み分け、夜は提灯をともして詳細な生活調査を行った。家の間取り、使用状況、食事の種類や量、衣類、履き物、衛生状態、冠婚葬祭、教育娯楽まで。そして、この結果をもと子に報告して東北の窮状を訴え、助力を要請した。

これを受けてもと子は、『婦人之友』１９３５年２月号の巻頭に「家族日本を作りましょう」を掲載、東北農村生活合理化運動が必要であると訴えた。

「思えば去年はいろいろなことで暗い年でした。私どもの身に近く起ったことだけでも、函館の大火、関西の暴風、それよりも深刻なのは東北地方の凶作でした。函館の火災にも、大阪の風害にも、皆様をお力にして、婦人之友及び友の会の名において、私どもは取るものも取りあえずかけつけて、早くから特色のあるお手伝いをさしていただいたことは、その当時の報告によって皆様のご承知の通りでございます」

前年の３月21日、函館で大火があり２２６６７戸が焼失、２１６６人が死亡。ここでも函館友の会は被災者支援を行なった。９月21日、室戸台風が上陸、阪神間に再上陸して高潮や学校など建造物の倒壊でおよそ３０００人の死者と行方不明者を出した。この年はもと子自身、８月から腎盂炎で慶應病院に入院、退院後も南沢で静養と多難な年であった。「患者として病院に入ったのは生まれてはじめてであり、注射というものをされたのも恐らく最初の経験であろ

う」(「雑司ヶ谷短信」1934年9月号)と、吉一は年上の妻をいたわっている。

青森八戸出身のもと子は、生まれ育った東北をこう描写する。「ほんとうに経済的観念の乏しい所」「生活術の非常に拙(つたな)い所」「鼻汁(はな)たれの子供」「不潔なだらしない生活」「窓のない小屋の中に、馬と同居して、藁を敷いて寝ている」……「自分もあの鼻汁たれ子供の仲間でした」「今東北の冷害凶作地という一番のどん底生活が目の前に現れて来ました。そこから徹底的に手をつけて、更生のよい見本を作り出していきましょう」。指導などという風ではなく、「心からの友達となって……」。

六つの県に一つずつ村を選ぶ

1月から3月までに1558円の募金が寄せられた。そしてもと子は東北6県の県ごとに、地元の友の会、県や村などと調整して開催する村を選び、そこに「五年計画」でセツルメントを開設することにした。友の会中央部に芹川嘉久、落合うの、御牧恵3人の東北係が決められた。

各村と場所、リーダー、担当友の会を記す。

岩手県二戸郡田山村(現在の八幡平市北西部) 盛岡から花輪線で4時間(当時・他も)の豪雪寒冷地、米はとれず稗(ひえ)が常食。400戸。吉田いま、平野みほほか、盛岡友の会。

福島県信夫郡鎌田村(現在の福島市内) 福島駅から電車で15分の農村、15年前に村が鉄道の油煙で全焼。426戸。藤田阿津、福島友の会。

秋田県仙北郡生保内（おぼない）村（現在の仙北市内）上野から乗り継ぎを重ね一昼夜かかる、秋田県最奥の山村。人口4300人。林喜美、秋田友の会。

青森県東津軽郡小湊町（現在の平内町）半農半漁の村で樺太、北海道への出稼ぎが多い。924戸。関もとめ、青森・弘前・黒石・八戸友の会。

宮城県伊具郡藤尾村（現在の角田市内）1日3便のバスのみ。バスがないと、常磐線浜吉田駅から歩いて10キロの峠越え。米作と養蚕地帯だが、冷害と繭の価格暴落で農家も村の財政も逼迫。605戸。大沢茂子、仙台友の会。

山形県東村山郡中村大蕨（現在の山辺町）山辺駅から山に入り8キロ、冬は積雪で車が入れず徒歩。県下で最も凶作がひどかった村の一つ。130戸。御牧恵、山形友の会。

「お母さん学校」を開く

どんなことをしたか。その経過は『婦人之友』誌上や、全国友の会刊『東北セットルメントの記録』に詳しい（当時はセットルメントと表記していたが、以下は現在の一般的な表記にする）。全国から集まった中古衣料を、まず北里研究所に送って完全に消毒してからほどく。布団がわ用と子供服用に分類して現地に送る。現地では村のおかみさんを集め、これを材料に手縫いで学童服にリフォーム。昼食は手作りで出し、連れてきた子供にも食べさせる。仕事に対しては日当20銭か、衣料券の形であげ、作品は村内で友愛セール（バザー）をして安く売る。

しかし、決めた通りには運ばなかった。1月27日に事前視察に旅立った芹川、御牧は、予想以上の貧しさに驚き、「農村の主婦に仕立てはすぐにはできそうにない」と報告。まずは中央部で男女一揃えの学童服を考案、試作した。洋服、下着、靴下、パジャマなどで、ハンガーに吊されたポケット付きの整理袋も付いている。学童服の製作は東京友の会が100組を引き受け、各地の友の会にも依頼した。

3月14日、その学童服の展示会が自由学園明日館で行なわれる。「これ自身が一つの工芸になっていますよ」と農業経済学者の東畑精一東京帝国大学教授は言った。18日、学童服240組を6セツルメントに発送。これができたのは、『婦人之友』が関東大震災後、特に洋服を奨励し、作り方を誌面に載せてきたからでもあろう。

3月には各セツルメント開設に動く。田山（岩手）では役場の斡旋で空き家を借りたが、ガラス戸もなく、部屋は板敷き、水は外の井戸から汲み、もちろん風呂はない。便所は二丁（200メートル）も離れていた。このようなところに若い女性リーダーは住み込んだのである。

（以下、日報より）

3月17日、田山セツルメント開所。「毎日十五人のおばさんが子供をつれて集まって来ます。来る人たちにとっては生まれてはじめての大変化の生活ですから、それだけで頭が一杯らしく、一時に沢山のことをいうのは無理なので、毎日一つずつ守ることをきめてしています」「食前食後の挨拶、手を洗うことからはじめ、今では子供たちもできるようになりました」

言ってみれば、それは〝お母さん学校〟のようなものであった。春休みには自由学園高等科の生徒から自主的に申し出があり、10名が各地に派遣され、開所準備を手伝った。

学童服で入学式へ

3月26日、鎌田（福島）セツルメント開始。新入学児童のいる主婦11人に学童服一揃いを見せたら、「皆大よろこびで大変だった」。これは事後の仕事で支払う。27日から11人で作業開始。「手のよく働く人ばかりで、教えるとどんどんはかどり、一人が一枚ずつふとんがわを仕上げた」

昼ご飯は皆が家から持ってきた野菜などで、当番が料理をして出す。夕方、区長や校長も様子を見に来た。自由学園から派遣された少女たちはパンツのゴム通しを教えて、おばさんたちに「こりゃいいことを教わった」と喜ばれたり、農村の主婦の手が象の皮のようにがさがさし汚れていることに驚いた。子供たちが頭のシラミを取り合う姿、着物の臭さ、ノミが飛び出すことなど、初めての経験にとまどいながら、「もっと村の人と親しくなりたい」と感想を記した。

3月27日、小湊（青森）セツルメント開始。「毎日欠席者がなく、十一人の中年の人が赤ん坊を背負ったり子供の手を引いたりして集っています」「九時からはじめ、三時半から後始末をし四時には元気に別れます」。昼食は麦3分、米7分、海辺なので鰈（かれい）の煮つけ、若布（わかめ）の佃煮な

ども出した。香物は家で漬けたもの。「はじめ私がまだ箸などそろえているのに、がつがつ食べはじめる人がいて心が暗くなりました」

3月28日、生保内（秋田）セツルメント開始。最貧の家庭から10数人が通い、ふとんがわ、雑巾縫いなどをさせ、1日20銭を現金ではなく衣料券として支払った。「今まで衣類は古着市などから買い、破れれば布きれをあてがい、雑巾のようになったものを洗濯もせずにまとっていた」。衣料券でまず学童服を買い、寝具を得、次には友愛セールで家族の服も整える。「三度の食事も満足に食べられない人が、つれて来た子供と一緒に温かい昼食を食べられることは夢のような喜びである」

3月末に6セツルメントで新入学児童服の友愛セールを開催。学童服、ハンガー付きの整理袋、下着、パジャマ、靴下の一揃いで、値段は驚くほど安い80銭。当日は貧しい家庭の中から1村40数名を選んで、母親と子供を呼び、一人一人寸法を合わせ、着方の説明をした。

当時の農家は農作業に疲れ果て、板の間にわらをそのまま敷いて寝ていた。わらに布団がわをかぶせて、毎日床を上げ、部屋を掃除することも教えた。こうしてダニやノミ、南京虫に喰われる生活を改善し衛生的にしていく。

4月1日、6カ所の村で、これまでボロを着ていた250人の子供たちが、洋服姿で小学校へ入学。親は「私たちの姿を見ると「見てけへ」「見てけへ」と口々にいいながら子供を前へ押し出します。他の人たちも「めごい」「めごい」と自分のことのようにほめました」（小

湊）。「この日の小学校は新入生の父母と、この洋服を見たいという村人でお祭りのようだった」（田山）。ここでは全国友の会から送られた40着のほか、セツルメントでお母さんが縫った服を着た子供も7人。まだ洋服が行き渡らない20人からは予約をとって縫うことにした。平等が大事である。

4月4日、藤尾（宮城）セツルメント開始。配られた学童服の代金を払うため、29人のおかみさんたちが仕事に通い始めた。派遣された洋装の若い指導者を見て、村の子供たちは「すなずん（支那人）だべか」「せいようずん（西洋人）だべか」とぞろぞろ後を追ってきた。東北ではシがスになる。また戸籍上の姓名と実際の呼び名が違うなどで、セツルメント参加者の名簿は必ずしも正確ではない。

子供たちに夏服を

これらの子供や家族の喜びを見て、もと子はさらに「1000人の貧しい家庭の子供に夏服を着せよう」と提案、たちまち全国59の友の会がこれに応じた。各セツルメントでは広く村のためにも友愛セールを実施。村長以下、みんなの理解と協力を広めていった。

4月中旬に各地を巡回した落合うのはこう書いている。「村一番だらしないことで名物になっていた家の主婦が、セツルメントに来てから家の掃除をし、身じまいもきちんとするようになり村人を驚かせた」（田山）。「友の会の精神を学ぶようにと校長先生に送り出されて来た

セーラー服の秋田家政女学校の卒業生二人。五月からは秋田県が託児所として認め、助成金を出すことになった」（生保内）

4月から6月にかけては、各地で友の会の協力で『ドン・キホーテ』『商船テナシチー』などの映画会も行われ、その収益も活動に組み込まれた。7月10日、東京の日比谷新音楽堂で東北のための音楽会「ベートーヴェンの夕」が開催される。近衛秀磨の指揮による新交響楽団、レオニード・クロイツアーのピアノ、自由学園の合唱で5150人を集め、1982円の純益をあげ、東北での活動費用に充てられた。クロイツアーはサンクトペテルブルク生まれ、ベルリン音楽大学教授であったが、ロシア系ユダヤ人としてナチスに追われ、1933年、日本に亡命。1953年に亡くなるまで、東京音楽学校（現・東京藝術大学）の教授であった。

生保内村の火事

この年の5月17日、秋田の生保内村で大火事が起き、セツルメントの借りていた家も全焼。しかし村人の協力で荷物は運び出され、ただちに罹災者調査をし、焼け残った店先を作業所として布団を作り、衣類と共に分配した。友の会は1000円を贈り、今和次郎（弘前出身、早稲田大学建築科教授）に設計を依頼してセツルメントを新築することに決めた。

7月1日、秋田県が生保内村復興のため更生施設を計画、敷地は村が提供し、県が建物を建て、友の会に任せるので建築費2000円、設備費1000円、経常費1000円を予算化

したと知らせがあった。友の会では自分たちで集めた1000円で、その敷地内に模範住宅を建てることにした。それというのも高齢の鬼川村長が医師で、クリスチャンで、理解があったからできたことである。

12月7日に建物が完成。建坪15坪の附属住宅に実験的に住んでもらう家族は、セツルメントに通う心がけのよい羽川とくゑさんに決め、夫も説得した。7人家族に足りない食器や家具などを引越し祝いに送り、中央部から三堀光子が派遣され、新しい合理的な生活を指導した。

「今日から井戸にはポンプがつき、川の水を使わないですむ。部屋にはストーブもあり本当にうれしい」

もと子は自分を生んだ東北に厳しかった。関西の暖かい土地では1年に何回もいろいろな作物を穫る。目が回るような忙しさの中で、彼らは自然と勤勉になっていく。寒い信州地方でも年に何回も養蚕をする工夫をし、果樹を育てて収益を上げる。「東北の人たちはその間何をしているのでしょう。彼の人達は、耕作のために働くことが殆ど少ないばかりでなく、家の中にもする仕事はなく、実に驚くべき閑人(ひまじん)です」(『婦人之友』1935年9月号)

それがセツルメントができてから、見違えるように変わった。「今までおれたちは何をしていたんだべ」とおかみさんたちは言う。もと子はさらに「セツルメント5町村の500人の子供たちに冬服を」と提案。ぐんぐん腕の上がったセツルメント内で30組ずつ、各地の友の会で330組、自由学園で20組が作られた。

卒業式とクリスマス

10月にはこうした指導を半年間、みっちり受けた主婦たち第1回生の卒業式が行われた。「この頃おばさんたちの家に病人が多いことが残念である」（生保内）。「卒業後、苦しい冬の生活をしなければならないと不安になり、一人はセツルメントへ来られなければ死ななければならないといっている」（小湊）

卒業式には「小母（おば）さん」一人ひとりに似合う晴着が、担当友の会の仕立て直しで届き、それを着た各人に小学校卒業以来の卒業証書が授与された。婦人之友社から提供された紅白のおまんじゅうとビスケットで、お茶の会が開かれた。「来賓の方たちは村中で最も貧しく、髪を振り乱し汚れた身なりをしていた人たちが、セツルメントで学んだ半年の訓練で姿も顔つきも、話す言葉も輝くばかりに進歩した様子を目のあたりにして驚嘆した」

11月には各セツルメントで10人ほどずつ、第2回生の教育が始まる。卒業生は引き続き製作部員として衣類のリフォームをしてもらい、工賃は出来高により支払われた。セツルメントではこのほか、字が読めない書けない主婦に文字を教えた。卒業式には、各人が覚えた字で感想を書いた。

字の読める夫には、妻に本や新聞を読んであげるように指導した。学校で字を習っている子供たちが、家に帰って夕食の支度をする母親に本を読むことも奨励された。農業の改善としては、自家消費のために鶏を飼って卵をとる、家の周りに果樹を植える、原野をみんなで開墾し

て農地を増やすことも提唱した。また、各地の友の会会員の夫たちが専門性を生かし、無料で診察や建築に協力したことも特筆しておく。

クリスマス、裏山から樅（もみ）の木を切って立て、「皆さまから贈られたデコレーションやお菓子の包を下げたら見事なクリスマスツリーになった。セツルメントの家族が七十九人も集まり部屋は一杯になった」（藤尾）。讃美歌を練習して合唱。お母さんがここでしている勉強について子供たちに話して聞かせ、家事を手伝うようにと言う。そして仙台友の会からのプレゼントを配り、お母さんたちは裁縫鋏（ばさみ）やこて、子供たちは見たこともない美しいノートと鉛筆をもらい、驚き喜んだ。

このようにして、「東北農村生活合理化五カ年計画」は、大きな成果を上げた。１９３７年5月には、羽仁もと子も鎌田、生保内、小湊を訪問し、農家と交流した。そのいちいちの成果、農村の変化はここに書き切れない。１９３９年までのセツルメント修了者は２１１人、住み込んで働いた友の会会員は延べ87名、自由学園の卒業生は１５７名である。

しかし、もう少し考えると、「都会の近代的な価値観」だけを「迷妄で怠惰な農村」に持ち込んで暮らしを変えてしまうことに、１００％の賛意を示していいのだろうか。東北の村には村なりの暮らしに根ざした知恵があったはずだ。生業に関わる技術も言い伝えもあったはずだ。現代ではむしろ、都会の側がこうした知恵に学ぼうとしている（一条ふみ著『草と野菜の常備薬』など）。また村には共同体として、冠婚葬祭、信仰や民俗芸能、民話など豊かな文化が

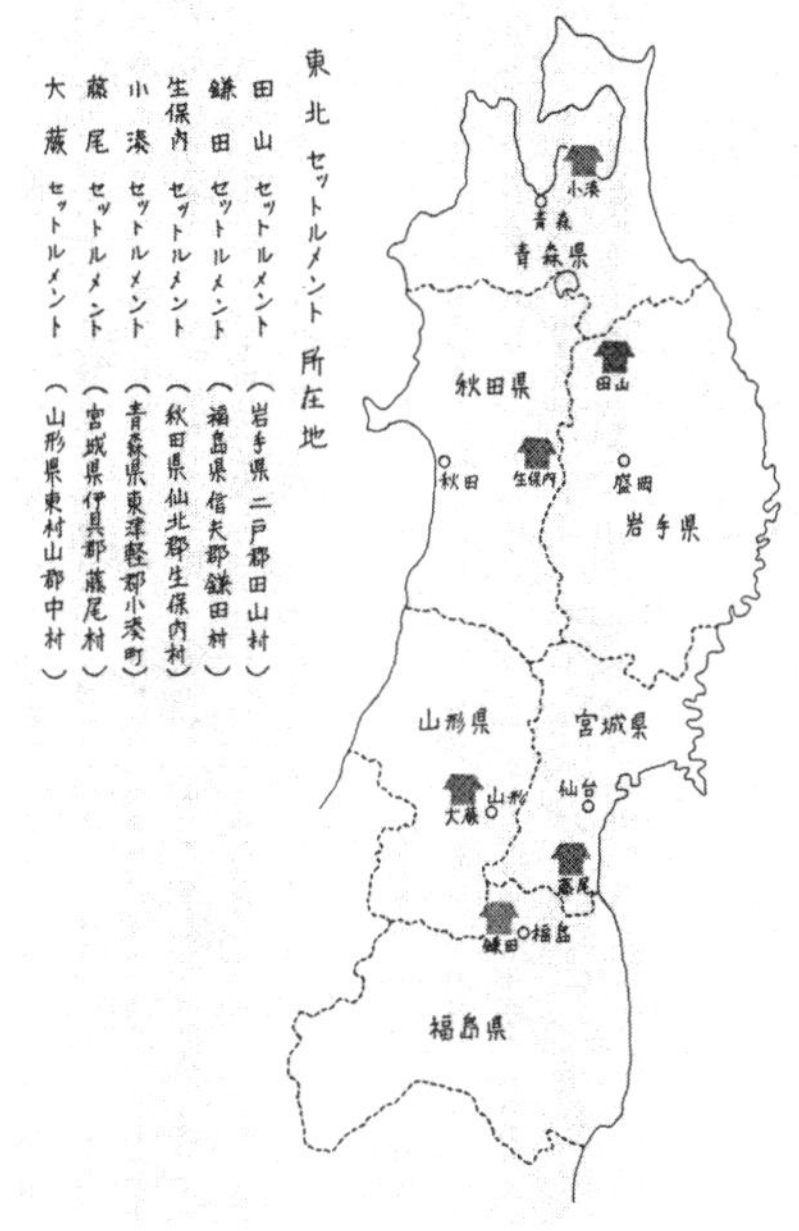

［上］雪にとざされた小湊セツルメントのおばさんたち
［下］できあがった洋服を着た鎌田の子どもたち。1938年5月
写真・説明・地図とも、「農村生活合理化運動　東北セットルメントの記録」全国友の会中央部刊より

あったはずだが、彼ら指導者の報告にはそこに興味を持ち、学ぼうという姿勢があまり見られない。たしかに、農村の母親と子供たちは、子供を連れて働く場所があり、働けばお金がもらえ、おいしい食事も出て、こざっぱりした服を着せられる。文字を覚え、文化に触れ、自分たちの家もきれいになる。生活水準が上がり、じゅうぶん満足はしていただろうけれど。

当初の5カ年のセツルメントはそのまま農村女子生活講習所に発展し、小学校や高等小学校を出た子供たちへ、衣服や食事の講習を行うことになった。さらに農村での農繁期託児所や戦時下の共同炊事も行われて、自由学園の生徒たちが実習に行くなどして戦後も継続した。都会と農村がこのように交流し、協働するのはよいことだ。

この頃の『婦人之友』の部数について、もと子は「心の東北のために」（１９３５年12月号）の中で「五万にも足りないのです」と言っている。しかし現在、5万部売れている女性誌はあるだろうか。しかもその読者たちはただ読むだけでなく、もと子の呼びかけに応えて、社会改良のためにこれほどのお金や力を提供したのである。戦争へと進みゆく日本において、これは信じられないほどの民間の大事業であった。

28 戦争への道

婦人之友社に、バックナンバーを読みに通う。池袋の雑踏を抜ければ冬の気配。1933（昭和8）年頃の『婦人之友』は、毎号300ページ前後ある。急いで繰っても1日に2年分見るのが精一杯。古い雑誌の紙埃が目に入ってかゆくなる。目も痛む。戦時下では、どんどん紙の配給が悪くなり、雑誌は薄くなっていく。

羽仁夫妻は知名人士を招いて毎号のように座談会を行い、国際情勢、経済、軍事、資源不足などの情報収集に努めている。洋装のページのスタイル画は中年婦人向けなのに、10頭身でやせているのが面白い。一方、「同志獲得運動」も始まり、新しい読者を紹介してくれた人の名前を載せている。また、せっかく南沢に家を新築したのに訳あって手放す人の住宅広告が載っていたり。「報告小説」と銘打って女優山本安英、森律子、吉岡弥生、平塚らいてうらの伝記が掲載され、今も版を重ねる相馬黒光『黙移』も連載される。

戦争協力の表明

1937（昭和12）年6月、第一次近衛文麿内閣が成立。7月7日、盧溝橋事件で日中戦争（当時は支那事変、または北支事変）が始まる。8月13日、第二次上海事変。8月24日、国民精

神総動員実施要綱が閣議決定。この時、羽仁もと子は「衣(ころも)を売りて剣(つるぎ)を買え」（1937年9月号）を書き、戦争への協力を明らかにした。これは聖書にある言葉だという。「隠忍に隠忍を重ねましたけれども、遂に戦場に引き出されてしまいました」「救いも試練(こころみ)も神から来ます。剣を取って戦えと言われているのです」「わが軍隊の壮烈無比なる働きに感謝して、目にあまる敵の中に、彼等は唯死力をつくして、神の助けを呼びつつある心情を思いやることが出来ます」。この後にもと子は、「必ず神の助けが来ます。それがすなわち神風です」と断言している。ここでは日本古来の神とキリスト教の神が混同されているように感じられる。

ついこの前まで暴力反対、絶対平和を主張していたもと子の論調は微妙に変わっていく。日本は我慢に我慢を重ねたのに戦場に引き出されてしまったように書いているが、これは当時の政府の主張、メディアの報道を真に受けたものである。

実際は、日本は1895年に台湾を清国から割譲させ、1910年に韓国を併合、さらに1932年に中国東北部にも傀儡国家「満州国」を作って、国策として移民を奨励した。日本は狭い島国で国土の約70％が山林である。たしかに耕せる土地は少ない。明治維新頃、3300万人だった人口が、明治末年には5000万人を超え、1936年には7000万人と増えていた。

人口増加で、ハワイ、ブラジルなどへの民間の移民が増え、行く先で排斥や差別にあい苦難の暮らしを強いられた。それで中国、韓国、台湾への移住も奨励された。「狭い日本にゃ住み飽いた」（馬賊の唄）というのは、いわゆる大陸浪人のスローガンだ。移民が国策となり、ハワイやブラジルとは異なり、満州では軍隊（関東軍）がそれに張り付いていた。彼らは三井財閥などと組んで、中国市場に武器やアヘンを売り、その金で傀儡国家を運営した。

こうした政策が、中国民衆の反日感情を煽らないわけはない。張作霖爆殺、柳条湖鉄道爆破事件、上海事変など日本軍はいくつもの謀略事件を起こし、この後１９３７年12月、南京陥落時には市民も数多く殺害、１９３８年に民間人に対する無差別空爆である重慶爆撃を起こす。「隠忍自重」していたのは中国の民衆である。これらを日本の新聞は伝えなかった。メディアの罪は重い。

三女恵子は、「国家がすでに戦端を開いた以上、国民としてこれに従うのは当然の義務」と母は考えていた、という（「羽仁もと子評伝」著作集21巻に掲載）。

皇室への崇拝

同じく12月号では「われらの目標は明かなり」と称して、中国戦線で日本が「戦いに勝ちつつある」ことを喜び、「今頃英国をはじめ列国の日本に対する圧迫と軽侮（けいぶ）はどんなであったか」と「有色人をどうしても対等に見ることが出来ない白人の罪」に言及する。日清・日露戦争で存在感を増した日本ということも、過去の戦争への反省はなく語られている。そして反共主義

を強めた。

「日独伊の防共協定が成立しました」「世界の赤化防止に役に立つなら、ファッショの国とも、そのために提携しましょう」。「ムソリニやヒットラーのえらいところ」についても言及する。このくだりに至っては文意も理解できず、今読むと驚くべき結論である。もと子の誌上での発言が、時に論理が粗雑なように感じるのは、もしかすると書かれたものではなく、集まりや学園での勢いで話した発言の筆記だからではないか。この文も、（婦人之友愛読者大会において）とある。

　彼女は、世界には赤化勢力、ファッショ勢力、民主主義国家のほかに、日本という「皇室を中心とする家族主義の国家」があるという。これも当時の政府の、天皇が親で国民はその「赤子（せきし）」という見方と重なる。その現人神であり国の主権者である天皇は「教育勅語」（１８５０）で「一旦緩急（かんきゅう）アレバ義勇公に奉シ」と述べていた。

「そうして今は各国連盟の名において、公然侵略国と呼ばれることになりました」「しかし大丈夫です。我々の面目は他人によって潰（つぶ）されるものではありません」「今の支那事変は、どんなに長くかかっても、遂に日本の勝利を以て、いつかは終局に達することは明らかです」。これはまさしく実現しない予想となった。

「朝鮮の民も台湾の民もいま一層の皇化に浴し得べきである」。ここには他の民族を政治的にも文化的にも支配し、自国に従わせる植民地制度に対する疑問はみじんもない。

私は伝記作者として、対象人物の過去の間違いを看過、もしくは隠蔽することはできない。それから目をそらさないことこそが、再び間違いを起こさない最も確実な方法だからである。もちろん当時『婦人之友』に対しても厳しい検閲があり、ゲラは真っ赤になったとも聞く。当時の雑誌にところどころ伏せ字も目立つ。だからと言って、これらの発言は政府の検閲・弾圧をしのぐ戦略戦術ではないだろう。長らく『婦人之友』で欧米の事情や文化、自らの旅の感想を紹介しつつ、また欧米の人々と友情を保ちつつ、心の中にこうした欧米によるアジア人差別への根深い怒りが潜んでいたことに驚く。

ここに語られたことが彼女一人でとどまる思想ならともかく、全身全霊をかけて読者や友の会に向けて発し、行動を呼びかけた以上、羽仁もと子になんらかの戦争協力への責任が生じるのは避け得ない。

この頃、同志社大学では高等商業学校で神棚事件（1935）、国体明徴論文掲載拒否事件（1936）、紀元節の教育勅語誤読事件（1937）が起こり、盧溝橋事件（1937年7月）以降は思想や信教への統制が厳しくなる。日本基督教連盟も1937年7月に「時局に関する宣言」を発表、戦争協力を表明した。

1936年の神嘗祭に、羽仁夫妻は伊勢神宮を参拝。関西・名古屋での自由学園「音楽とデンマーク体操の会」に参加の途中であった。1937年10月17日、自由学園男子部は夜中の零時に南沢を出て20キロの道を歩き、東京の明治神宮に朝5時の開門と同時に参拝した。いわで

もだが、明治神宮は明治天皇と昭憲皇太后を神としてまつる神社で、大正の終わり頃に完成した。10月15日から小学部ではキリスト教に基づく朝の礼拝の前に、「皇居遙拝」と「君が代二唱」を行うこととした。政府による強制もあり、あらがえないことではあったが。

男子部にはこの頃、軍事教練のための教官が配属された。11月20日、政府は大本営を設置。12月13日、日本軍は南京を陥落させ、ここで多くの中国民間人の犠牲者が出た（中国側は30万人と主張し、日本の研究者には1万から数十万まで諸説ある）。1938年1月号の「日本のために欣ぶ」には、識者の言として「挙国一致」「軍人の忠勇」「滅私奉公」「民族の自覚」「皇軍の優勝」「名誉の戦死」などの言葉があふれている。

これについても、もと子は「上海や南京を落とした兵隊さんたち」「広東や漢口に超人的の進軍をしている人たち」を賞賛し、「日本の軍隊は精鋭を作ることができるのに、日本の教育家政治家にはなぜそれができないのか」と歯がゆさを隠さない。そして「唯物主義のロシア、そこから出てくるすべてのやり方と私たちは戦わなくてはならない」と結論づける。

反共主義の帰するところ

わずかな救いは、『婦人之友』で時局や政治について執筆した有識者に、立場はさまざまとはいえ、長谷川如是閑、馬場恒吾、尾崎行雄、清沢洌、三木清など戦争に懐疑的だった人が多く含まれていたことである。しかし彼らとても社会に何かを訴える際、検閲という出版統制があり、新聞や雑誌が発禁にならないよう、いわゆる「奴隷の言葉」を用いる必要があった。他の執筆者の中には自由主義者から戦争支持のファシズムに傾いていった人もいる。

自由学園にも齋藤實海軍大将夫妻が訪問したり、財部彪（たからべたけし）海軍大将、野村吉三郎海軍大将など軍人を招いて講話を聞く時代になっていた。付記すれば、齋藤實は元首相。この訪問後に内大臣となり、翌年の2・26事件で暗殺される。財部彪は元海軍大臣で、1930年ロンドン海軍軍縮会議の政府全権。帰国後、軍縮条約に調印したことで「売国奴」「自決せよ」といわれた。野村吉三郎は1932年の第一次上海事変で陸軍を側面支援、その後の上海天長節爆弾事件で右目を失明した。学習院長の後、駐米大使として日米開戦回避の交渉を続けた。二人とも、新教育を標榜し、玉川学園を創立したクリスチャンの小原國芳の支持者だった。羽仁夫妻との交友も興味深い。

戦争への「国民精神総動員運動（1937年秋）」や「国家総動員法（1938年5月）」が施行され、学校経営者として、もと子たちはさまざまな戦争協力の姿勢を示さなければならなくなっていく。それでも自由学園は奉安殿を作り、ご真影を掲げることはしなかった。

学園生の留学

一方、戦前・戦中期も羽仁もと子と自由学園、婦人之友社はさまざまな活発な動きをする。羽仁もと子は、有為の卒業生を世界各地に派遣する努力を惜しまなかった。

1930年　三女恵子（6回生）、消費組合研究のためにイギリス留学。
1931年　山室光子と今井和子（8回生）、美術工芸の勉強のためにチェコスロバキアとドイツに留学。
1933年　中嶋静江（1回生）が洋裁研究のためフランスへ留学。
1934年　立祥子、船尾信子（11回生）がデンマークのオレロップ国民高等体操学校に留学。指導者ニルス・ブックは1931年9月に自由学園で実演。デンマーク体操は今日も学園の教育に取り入れられている。
1934年　山室周平、山室善子（10回生）兄妹が「訪支家族使節」として中国へ。
1937年　婦人之友記者山室善子をアメリカ・カナダへ派遣、「世界によきホームを訪ねて」の記事を掲載。

デンマーク体操については、デンマーク大使の依頼により、李王家の若宮、李玖に教えたことがきっかけになり、高松宮、秩父宮と自由学園の関係が生じたとされる（斉藤道子、前掲書）。また羽仁進が次のように述べている。「あの頃の女子部の「お姉さんたち」は幼い僕の目には、みんな美しかった。デンマークの体操衣服はシンプルな中に、四肢を表にさらして、透明で美しかった。それがむさくるしい和服のおばあちゃん――ミセス羽仁の周りを跳ねまわっていたのが、僕の印象だった」（『自由学人　羽仁吉一』）

政治の上で戦争を押しとどめることが困難な時代、羽仁夫妻は生徒たちに世界を見ること、交流する力をつけることを重視した。民間の交流で世界に友を増やし、平和を回復する準備を進めた。ネットワークを活用して段取りをし、留学を支援した。

同じ頃、幼児教育、早期音感教育の実験を始めたことは前に述べた。石塚和子（12回生）がカナダ、アメリカの幼児教育視察。国際関係の緊張の中で、１９３９年６月２日、自由学園音楽教育発表演奏会が日比谷公会堂で行われ、英国大使夫妻、デンマーク公使、フランス大使夫

［上］ニースでの会議後に欧米を回ったもと子。スイス・ユングフラウ登山で、ドイツ留学中の卒業生山室光子、今井和子、英国留学中の羽仁恵子と。1932年10月号
［下］デンマーク留学から帰国した卒業生の指導で、自由学園ではデンマーク体操を導入。『婦人之友』誌上でも、体操講座を。1935年11月号

人、ドイツ大使夫人なども来場。クレーギー英国大使は、男子部の舞台の道具の出し入れの手際よさに興味を持ち、リーダーの生徒と会話し「今日はおかげでまだ知らなかった日本の一面を見ることが出来た」ということを言ったそうだ（「雑司ヶ谷短信」1939年7月号）。

1937年、古沢淑子（14回生）声楽でフランスへ留学、兼松雅子（12回生）・信子（13回生）アメリカへ音楽留学。小林千穂子（14回生）、森川和子（15回生）アメリカへ美術工芸で留学。

戦雲たなびく中、卒業生は果敢に海を渡っていった。それまで音楽や美術工芸に力を入れてきたこともあり、自由学園の生活を通した人格教育を受けた卒業生なら世界のどこでもやっていけるはず、という自信がもと子にはあった。資力のある親が多かったこともあろう。

1932年11月、8回生を中心に創立された自由学園工芸研究所（現・生活工芸研究所）は、日本橋三越はじめ全国各地、中国の大連でも作品展覧会を催す。1937年にはパリの万国博にじゅうたん「山と波」や室内装飾の布地などを出品、いくつもの賞を取った。12月には研究所員4人がパリ万博の帰りに、ニューヨークのドルトンスクールとコロンビア大学で、自由学園工芸教育展覧会を開催して帰国した。

卒業生は度胸のよい羽仁もと子の感化を受けて、世界の大舞台にもひるまなかった。彼女たちは1939年のニューヨーク、サンフランシスコでのワールドフェアに織物の壁掛けを出品、「東亜の黎明」という題は時局さながらだが、ニューヨーク市の保存作品になった。この年の9月、ついに第二次世界大戦が始まる。

29 北京生活学校

1938（昭和13）年4月、婦人之友社は建業35年を記念して、幼児生活展覧会の開催と、北支（のちに北京）生活学校の開校を発表。5月、羽仁夫妻は、関東大震災後の支援活動、東北での農村生活合理化運動を踏まえて、日中両国民の「相互の理解と親愛が深まる」ように、北京郊外に貧しい家庭の少女のための北京生活学校を開くことにした。

これは「政府は国民総動員の方針から、文化人や企業などにも戦争協力を強いた」。岩波書店は仕方なく赤十字機を寄付した。これに対し「自由学園は北京生活学校を寄付した」と羽仁進は書いている（『自由学園物語』）。そういう事情もあったかもしれない。3月に安部道雄（安部磯雄の次男、自由学園教授）、山室善子（山室軍平の四女、後の『婦人之友』編集長）、女子部高等科卒業を目前にした3名が先発隊として派遣され、5月にもと子は船と汽車を乗り継ぎ北京へ向かった。20名の入学者を選考し、15日に開校式を行ない、「紫禁城を見ず万寿山を見ず」、6日滞在して帰国した。12月には第1回卒業生（18人）から7人が自由学園へ留学。

6月20日、蔵相官邸で「国民貯蓄奨励委員会」が開かれ、もと子は委員に任命されて参加している。そこでの発言や果たした役割については残念ながらわからない。だが翌日、日比谷公会堂で三千余の聴衆を前に、委員の一人として「憂国の至情をぶちまけて訴えることが出来

た」と、吉一は書いている（「雑司ヶ谷短信」7月号）。もと子の築いてきた自主的な「家計の合理化」は、戦時下では政府の「倹約」「貯蓄奨励」に利用されやすかった。実際、日中戦争開戦とともに、もと子は「われらの奉公運動」を呼びかけて「一日一銭醵金」を始め、出征兵士の家族を支援する活動を始める。友の会は軍用機資金1000円を献納した。9月には「主婦生活指導隊」を発足させている。

日中戦争、そしてやがて起こる太平洋戦争が、兵民合わせて320万人という多大な同胞の犠牲をもたらすことは、まだ羽仁夫妻には見えていない。いや、ほとんどの日本人に見えてなかった。「雑司ヶ谷短信」には、ミセス羽仁が体調不良で静養との記述が増えるが、還暦を過ぎたもと子にとって、北京への往復と学校経営、そして執筆は過労をもたらしたに違いない。

北京の少女たち

吉一もたびたび、北京へ行く。「雑司ヶ谷短信」に詳しい報告がある。1939年2月19日夜9時に東京駅を発ち、翌日三田尻で下車して羽仁家の墓参り、夜そのまま下関から連絡船に乗る。午前6時に釜山着、北京行きの急行に乗る。22日の夜11時40分、北京到着、かなりの強行軍である。汽車は10分しか遅れず。北京飯店に投宿。24～25日には入学考査、23人に入学を許可する。3月1日、入学式。市の教育局長王氏とも交流し、3月3日には余市長の屋敷に招かれ、夫人の手になる家庭料理を饗せられる。庭に出て盛んな灯節の花火を見る。

29 北京生活学校

日中戦争時、中国の行政と日本の私立学校がこのような交流をしていたのは興味深い。北京市の鼓楼近くに置かれた北京生活学校は、終戦を挟み１９４６年まで続き、２５０名の少女が日本語、生活技術、工芸などを学んだ。吉一はこのように詠んだ。「あくせくと働かんより悠々と貧しく暮らす北京人かな」「ミセス羽仁六十五歳の誕生日を中国の子供に祝わるるかな」（１９３８年10月号）

最初、北京の生徒たちは自分のことしか眼中になく、目に余る行動も度々だった。その中で、指導者の山室光子、吉川奇美たちは粘り強く、生活改善や規律、マナー、仕事の喜びを教えていった。北京生活学校の創立1周年に、羽仁吉一はこう書く。

「かれらは日本語を覚えた。工芸の技を覚えた。生活の常識を覚えた。清潔の習慣を覚えた。働くことの楽しみを覚えた。血色がよくなった。顔付が変って来た」（１９３９年６月号）

当時の主任・山室光子は、日本人初の救世軍司令官山室軍平の三女、前出の善子の姉である。１９４０年４月、第４回修業式が行われ、卒業生18名のうち６名は研究生として学校に留まった。北京大学医学院の通訳や朝鮮銀行の事務員などに就職した者もあった。初期は卒業生数名を日本に招いて勉強させ、１９４０年８月には第２回の留学生８人の発表会があった。「第一回留学生の、どことなく荒削りで、気魄と才気に満ちていたのとは違って、今度の娘たちは温和しい性質の者が多く」と言いつつ、彼らの学んだ技術や研究、また精神的成長を見て「ほんとうに嬉しかった」と吉一は書く。

北京生活学校の事業には羽仁吉一が大きく関わった。もと子が北京に足を運んだのは3回、吉一は8回行って長期に滞在し、教育に当たった。日本の敗戦後、1945年10月、北京生活学校は国民党政府によって接収され、中国の学校になった。その後、生活学校の卒業生の中からは、音楽教師、編集者、ロシア語通訳、医師などの専門職に就く女性たちも育ったという。自由学園男子部と北京生活学校は、むしろ羽仁吉一のライフワークだったのではないだろうか。

山岡正子さんの話

北京生活学校について、自由学園の卒業生で英語教師だった山岡正子さん（35回生）が調べておられると聞き、お話を伺うことができた。

――どうして北京生活学校を研究なさることになったのですか。

「北京の卒業生とは、1946年の生活学校閉鎖の後も何年かは手紙の行き来がありました。1949年に中華人民共和国ができてからも続いたのですが、あるときから断絶し、再開したのは1980年代です。その手紙を読んでお返事を書くのは吉川奇美さん（8回生）でした。手紙は中国語だったり、日本語だったり。吉川先生は何年もあちらで指導しておられたので、電話でも中国語を話されました。ある時『あなた手伝って』と言われて、私は宛名書きをしたり、記録をまとめる手伝いをしました。

気がついたのが遅いのですが、今思えば私の父伊藤道機（どうき）は早稲田大学の社会学の教員で、

若い頃に調査で中国に行った時、一時北京生活学校に用心棒代わりにいたことがあったんです。父は柔道五段でした」

――お父様は学問もスポーツもなさったんですね。

「祖父が三重県の士族で、維新後北海道の美唄（びばい）あたりに屯田兵で入植したらしいんです。ところが日露戦争中、２０３高地で戦死。残された祖母は３人は育てられないからと、北海道の寺に７歳の父を入れた。そこで柔道を覚えたようですが、僧侶になるかといわれた時、もっと勉強したいからと東京に出て早稲田に入った。杉森孝次郎が指導教官でした」

――大変な苦労をされたんですね。杉森さんはジャーナリストから早稲田の教授になられ、『婦人之友』の座談会の常連です。英語もよくおできになった。

「杉森は母方の伯父にあたります。つまり、私の母の兄なんです。羽仁もと子先生と杉森はたびたび意見が衝突する。でもどこか人間的に惹かれあって、相性がよかったのでしょう」

――羽仁夫妻が北京に生活学校を開いた経緯は？

「そこがよくわからないところです。それ以前に馬伯援（まはくえん）さんという在東京中華民国ＹＭＣＡの総幹事だった方が、娘さんの必寧（ピニン）を自由学園に学ばせておられます。中国の馬家には１９３４年の６月に山室周平さん、善子さん兄妹が訪ねています」

――そうですね。行ってみたら馬さんのお母さんが危篤で、周平さんは一緒に汽車を乗り継いで、とんでもない僻地まで旅をしたと。『婦人之友』に載った周平さんの旅行記が、とても

面白いです。しかしなぜ、日中戦争の最中に、北京で日本人が学校を開くことができたのでしょう。

「北京では戦闘がなかったこともあります。両国が交渉して、宋哲元が軍隊を引き、日本軍は無血占領しました」

北京市長のはからい

――羽仁吉一が1939年に北京生活学校の2回目の入学考査のために行ったとき、余晋龢(よしんわ)北京市長の屋敷で、家庭料理をごちそうになり、庭から花火を見たことを「雑司ヶ谷短信」に書いていますね。余晋龢氏は東京で憲兵練習所、陸軍士官学校を卒業して帰国、中華民国の陸軍部参事、憲兵学校教官を務めています。公安畑を歩み、1937年7月抗日戦争が始まると、日本が無血占領した北京に樹立された中華民国臨時政府に加わって北京特別市市長に任命されています。

「北京市北部、鼓楼の近くの旧鼓楼大街小石橋にある旧警察訓練所を北京生活学校に貸してくださったのも、余市長の計らいだと思います。そこは2000坪で、12～13の建物があり、庭があったようです」

――あ、山室光子さんの「北京生活学校物語」(『婦人之友』1939年2月号)に、生徒が庭の雑草を放っておくので、草取り競争をさせるところがありますね。畑も作った。今もその建物はあるのでしょうか。

「私は5度ばかり北京に行きましたが、残っている建物は1つでしょう。その頃はまだ、生活学校に学んだ方々がご存命でいろんな話を聞けました。今お元気なのは、カナダにいらっしゃるお一人だけだと思います」

――最初に先発隊で行かれたのは安部道雄、山室善子、それから16回生の川戸俟子（まちこ）、林幹子、留学生の遅伯昌（ちはくしょう）の3人ですね。『自由学園一〇〇年史』には、その間に北京で「友の会」ができ、平生釟三郎（ひらおはちざぶろう）と出会い、訪中の目的を話して、理解を得たと。平生さんは文部大臣もなさった方ですね。

「はい。神戸で活躍した実業家で、保険畑の方ですが、甲南学園を創立され、ブラジル移民の父といわれています。日本からブラジルにたくさん移民が行ったため、向こうで排斥運動が起こった時、平生さんが政府派遣の団長として行かれ、ブラジルの綿花などの産物を日本に輸入し、共存共栄を謳うことで排日が収まりました」

――先発隊の安部道雄さんは数学教師。早大教授安部磯雄の息子ですが、北京の後すぐベルリンに留学される。

「そうです。戦時下の北京に若い女性だけでは外部との折衝ができないので、最初、用心棒も兼ねて行ったのだと思います。北京生活学校では、工芸を主として教えることになり、山室善子さんに代わって、チェコやドイツで工芸を学んだ姉の光子さんと今井和子さんが行く。いず

れも羽仁もと子がこれと見込んだ人物です」

――日本人初の救世軍司令官、山室軍平の最初の妻機恵子との間のお嬢さんですね。文章を読んでいても、使命に対する純粋さと熱誠が伝わってきます。

「山室家の子供たちはみなさん優秀です。上から民子、武甫、周平、光子、善子。機恵子夫人が早く亡くなられ、二番目の夫人悦子との間に生まれた徳子、潔がその下にいます。北京の7年間を支えたもう一人、吉川奇美さんは中国文学者の吉川幸次郎（京大教授）の従妹で、脇を固める細やかでやさしい方でした。光子さんをチェコやドイツのイッテン・シューレ（ヨハンネス・イッテンがベルリンに創立した美術学校）に留学させる時も、山室さんを軸に、もう一人の今井さんはゆとりのある家のお嬢さん。ミセス羽仁は、そういう人選をしたのではないでしょうか。その時、彼女たちを世話したのが建築家の……」

――あ、山脇巌。長崎の対馬の出身で、資産家の山脇家の婿に入り、妻道子と共に日本人で初めてバウハウスに留学します。そのあと『婦人之友』のグラビアには、モダンで颯爽とした山脇道子がよく登場し、夫妻の自邸も紹介されていますね。

『婦人之友』には、北京生活学校の入学資格は「15歳から18歳の、小学校を卒業した有望真摯なもの」とありますが、実際そうだったのでしょうか。

「そこがまた難しくて。調べたのですが、当時、辛亥革命で清が瓦解し、孫文や蒋介石らの国民党政府ができるわけですが、学校教育はなかなか普及しません。

全国で22%、北京ではもっと低く16%ぐらいしか小学校に就学していない。しかも女子は、その3分の1というのですから、もっともっと少ない」

――そうすると、小学校卒業の女の子は極貧層にはいないということになりますね。

「はい。私の会った卒業生でも、祖父が清朝の法務官僚だったけれど、清朝の瓦解後失業、そのおじいさんに論語などを教わったという人や、父親が満州の鉄道に勤めていたが日本軍の占領で失職したなど、元はよい家の出身で、政治的激動で没落した人が結構いました。中には、締め切り後に願書を持ってきた人もいた。漢方医のお祖父さんか、お父さんがアヘンを喫して没落した家庭で。ミセス羽仁は面接をして、『この子は中国４０００年の文化を背負っている』と採用したそうです」

――第1回生は20名の募集に82名の応募があり、もと子が5月10日に北京に着いて選考し、大使館や軍部にも根回しして、15日には開校しています。すごいスピード感ですね。その時代、ほかにも日本人が作った女学校はあったのでしょうか。

「はい、清水安三（桜美林学園創立者）の北京崇貞学園、東本願寺の大谷智子裏方（香淳皇后の妹）が作った覚生女子中学校などもありました。ミセス羽仁には戦争は止められなかったけれど、女子教育で日中交流に努めたい、という強い意志があったと思います」

――『婦人之友』で北京生活学校の設立を呼びかける時に、「失敗したっていいのです。それをいい経験にまたがんばっていきましょう」と書いています。でも現地で生徒と共に暮らし、

実現していく山室、吉川、今井、川戸、林、角館、遅ら7人の指導者は大変だったでしょう。

何度も海を越えて

山室光子の「北京生活学校物語」によれば、20人を数人の家族（班）に分け、一方的に教えるのではなく、学びあうことにした。やたらつばを吐く、掃除をしない、怠けたり、面倒なことをしたがらない、だらだら昼寝をするという生徒たちにあきれながら、勉強をする喜び、労働をする喜びを教えていく。染色は手がぬれるし面倒だからと機織りばかりやりたがる。そういう生徒が仕事の楽しさに夢中になって性格まで変わってくる。土曜日になると家へ帰すが、誰も時間通りに帰ってこない。家庭訪問をすれば大家族で4畳半くらいのオンドルの部屋にぎゅう詰めで暮らしている。だんだん家族にも感謝された。そういう変化を、山室は書き留めている。

1938年7月20～21日は工芸作品展覧会が行われ、8月中旬、羽仁夫妻は北京に滞在。9月3日に第1回生の卒業式、2回生の選抜と入学式を行った。18名の卒業生のうち10名は研究生として留まり、そのうち7名は12月に来日、自由学園女子部清風寮などで暮らしながら工芸の勉強を深め、翌年7月8～9日、目白の明日館で第1回留学生教育報告展覧会を行った。

羽仁夫妻はこの年の夏も北京に渡り、第3回修業式と第1回留学生報告会を行っている。留学は3回で終わったが、北京生活学校は敗戦後まで7年半続いた。

年々、応募者数は増え、４００人が応募した年もある。修業期間も最初の4カ月から、12～13カ月にも及んだ。

「2回生からは前の生徒を助手にしたのですが、そうすると助手が『こんな風にやればいいのよ』と形で教えてしまうので、生徒と指導者の触れ合いが減り、お互いの心が伝わりにくい。これはダメだと、もういちど丁寧に日本人の指導者が一対一で相手をする。日本語ができる子には座学の代わりに校内の改良すべきことを調べさせ、改良させたりした。そんな風に、いったんできたものは再び壊すということをしていきます」と山岡正子さん。

生活学校の思い出

１９３９年、20人の子供生活団を組織する。一方で地域にも働きかけ、１９４０年に映画会をしたのがきっかけで、毎朝、その子供が集まるようになり、道の掃除のあと、冷水摩擦や体操をさせる。寒くなってからは、吉一の提案で、近所の子供たちに朝のお粥を用意した。この会は「小石橋小朋友会（シャオチーチャオシャオポンヨウホエ）」と呼ばれた。山岡さんの話は続く。

「北京生活学校の卒業生は全部で２２０人ほど。１９４５年8月の日本の敗戦で、10月23日に中国側に接収された時も、まだ在校生がいました。そこは中国語で教育する女子北平生活学校になり、日本人の指導者は１９４６年に無事帰国しました。それでも卒業生の心には生活学校の思い出が長く深く残っていました。

1949年に中華人民共和国が成立すると、女も外に出て働くという時代になり、北京生活学校で学んだことは役に立ったはずです。彼女たちは中国共産党員になって活躍する例も多かった。私が会った方では、病院で70人の看護師のトップになった人、医師になって無医村を回るリーダーとして業績を上げた人も。在学時はおとなしく顔色も悪いと評されていたもう一人は、羽仁先生の『子供読本』にある『ころんだらおきよ』という言葉が印象深く、勤めた幼稚園で『ころんだらおきよ』という指人形を作って教えたといいます」

山岡さんの話を伺い、ようやく北京生活学校が私の中でリアルな実態として像を結び始めた。私も北京の現場を踏んでみたいが、今の状況ではなかなか中国へは行くことができない。かつて2度ほど訪ねた北京の鼓楼や小石橋のあたりの地図や写真をたどってみた。

山室光子は生涯独身で自由学園教員を務め、1999年に88歳で亡くなった。北京生活学校に協力を惜しまなかった余晋龢北京市長は日本の敗戦後、天津で蒋介石の国民政府に逮捕され、獄死したと伝わる。

当時の北京生活学校に学んだ少女もほとんど鬼籍に入った。その中で、カナダ在住の劉鳳祥（りゅうふぉんしゃん）さんから達者な日本語のお手紙が来た。

「『羽仁もと子とその時代』毎号、楽しみに読んでいます。私は、自由学園北京生活学校第三回卒業、第二回留学生として、羽仁両先生のそばで温かな日々を過ごしました。心から感謝致します。一生懸命働き、晩年は穏やかに娘の家で生活しております。山室光子先生と吉川奇美

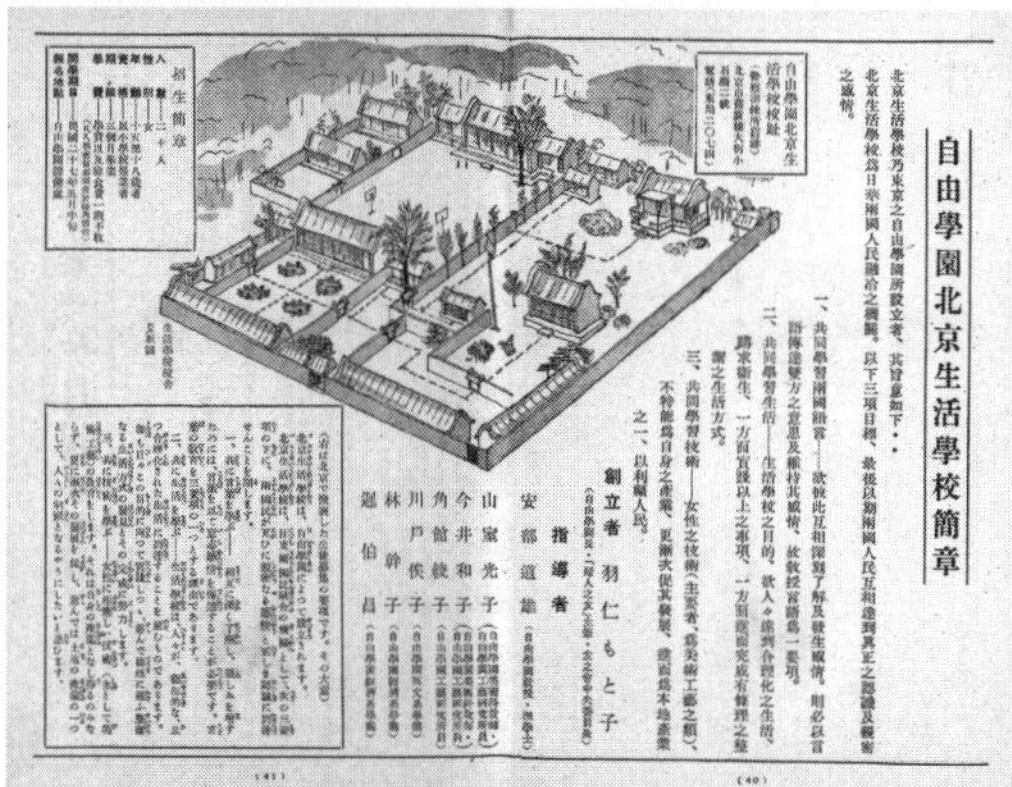

自由學園北京生活學校簡章

北京生活學校乃東京之自由學園所設立者、其旨意如下・・

北京生活學校爲日華兩國人民融合之機關。以下三項目標、最後以期兩國人民互相達到真正之認識及親密之感情。

一、共同學習兩國語言——欲使此互相深刻了解及發生感情、則必以言語傳達雙方之意思及維持其感情、故教授言語爲一要項。

二、共同學習生活——生活學校之目的、欲人々達到合理化之生活、講求衞生、一方面實踐以上之事項、一方面發明究成有條理之整潔之生活方式。

三、共同學習技術——女性之技術(主要者、爲美術工藝之類)、不特能爲自身之產業、更漸次促其發展、使成爲本地產業之一、以利華人民。

創立者 羽仁もと子

指導者

安部道雄

山室光子

今井和子

角館綾子

川戸佚子

林幹子

趙伯昌

(40)

[上左]校内を掃除する北京生活学校の生徒たち
[上右]自転車の練習。無気力だった少女たちは協力の喜びを知った。
挿絵は1939年1月号、2月号より。深沢紅子・画
[下右]機織りをする生徒たち。7月には展覧会を開くまでになり、校内は喜びに満ち満ちた
[下左]北京で発表した「自由学園北京生活学校」の生徒募集要項。1938年6月号より

先生が、ご自身の青春の日々を学校のために捧げられたことは忘れられません…」とあり、最後に、北京に来た羽仁もと子の誕生日に1回生が作った校歌が書かれていた。

私たちのお父さんは一人
私たちは兄弟姉妹
相愛し相励み
一つ家庭　北京も東京も

30 幼児生活団と生活合理化と

日中戦争が始まったのは、1937（昭和12）年7月の盧溝橋事件からとされる。日本軍は天津、南京と進軍した。翌1938年1月16日、近衛文麿首相は「（蒋介石の）国民政府を相手にせず」と声明を発表したが、これは和平工作の相手がなくなることを意味していた。その後、長期戦の泥沼に陥る。

同年3月16日、野党である社会大衆党の西尾末広は国会の国家総動員法案の審議で、近衛に「ヒトラーのごとく、ムッソリーニのごとく、あるいはスターリンのごとく、大胆に進むべき」と演説した。だが、この3人がどんな人で、実際に何をしていたのか、政治家も含め日本人はほとんど知らなかった。『婦人之友』でも何度も識者が論議しているが、そのファシズムの正体は誰にもわからない。

幼児の生活を健康に

1938（昭和13）年4月号で、羽仁もと子は「婦人之友35年記念事業」として、「北支生活学校」とともに「幼児生活団　幼児生活展覧会開催」を発表した。東北のセツルメントに加えて、また大事業が増えていく。今回もスピードは速い。「事を創める羽仁さん」と、同号で東

京女子医学専門学校の吉岡弥生が祝辞を贈っている。

5月号で「幼児生活展覧会」を予告し、さっそく目白の自由学園明日館で6月11日から7月末まで開催、好評を博した。この仕事の進め方について吉一は興味深いことを言っている。「ミセス羽仁の頭は同時に二つの事を考えられないように出来ているらしく、それだけその一つのことには無茶苦茶に徹底することが出来る」

展覧会の設計、講師の人選などについて一切妥協しない。疲れてくるとさっさと南沢に帰ってしまう。朝起きるとまた目白に出かけて昨日の続きを考えあう。そしていよいよ一分の狂いもないような設計の全貌が皆の前に浮かび上がり、実行責任者の手に企画をわたすと、急に暢気になって、会場でちょろちょろ駆け出そうとする幼児の番をしたりしている（「雑司ヶ谷短信」1934年8月号）。つまり緻密に考え抜いた企画を、最終的には見込んだ他人を信じて思い切りよく任せる。羽仁もと子がこれだけの大事業をいくつもできた神髄はこれだった。それは長年連れ添った夫の舌さえ巻かせた。

幼児生活展は、その生活からよき頭脳、よき人情、よき手腕、よき健康、よき国民をつくる、と願ったもので、建築学者の今和次郎や、上野動物園長の古賀忠道らも参観した。

ここでは、子供の自立を助けるガラガラ、玉つなぎ、組立の家、織機など、今までにない生活用具や玩具が提案され、『婦人之友』を通じて販売、全国各地の読者の家庭に広まっていった。当時、都会以外では、子供の健康によい衣類や発達を助ける遊具などがなかなか手に入ら

なかったからだ。『婦人之友』は「友の会」という強力な読者組織を持っていたので、販売はスムーズだった。これらの衣類や玩具は今も形を変えて、目白の自由学園明日館内のJMショップで販売され、カタログ注文もできる。

8月、35周年記念展覧会の臨時増刊「幼児の生活と教育」号が出ている。乳児体操、ウサギヲカウ、タケノコトセイクラベ、(幼児の)四回食、などグラビアに続き、もと子の巻頭言「おさなごを発見せよ」がある。

「おさなごは、子宝のなかの更に尊い宝です。この生きた宝物を新しい心で眺めていると、あらゆる喜びとあらゆる望みが、次々とそのなかに発見されて、じっとしてはいられない気になります」「おさなごは自ら生きる力を与えられているもので、しかもその力は、親々の助けやあらゆる周囲の力にまさる強力なものだということをたしかに知ることです」

都会の母親は過保護で神経質になりやすい。農村の母は忙しさにかまけ、感情の赴くままに可愛がったり叱ったりしがちだ。そうすると幼児も真の要求を忘れ、場当たりな訴えや表現ばかりをするようになる。泣くから抱く、泣くから乳をやるのではダメだと、もと子は言う。そうではなく、幼児の生命の本当の要求を見きわめ、おなかがすいたら乳を与えよ。

幼児に対しても、詰め込み教育には反対する。子どもの性質、情操、興味を見きわめ、それに手を添える、それが育児だという。ほとんどは賛成できるが、時代的制約として、もと子は「都会の知識階級の母親」と「農村の茅屋に棲む無知な母親」を対比的に描きすぎると思う。

また結婚が当然で、多産多死の時代が前提にある。結婚しない男女、子供を持たない夫婦も多い現在、違和感があるだろう。さらに「尊い宝」である子供を個性を自由に伸ばして育てて、その子に「剣を取って戦え」と戦場に赴かせるのか。そういう疑問もわく。

これに続けて、長女の羽仁説子が「幼児生活展覧会の出来上るまで」を書いている。幼児教育に関する事業は説子が主導した。それは彼女のライフワークになった。それにしても幼児教育への強い関心は、もと子も説子も幼くして一人の女児を失っていることと関係があるだろう。

これが発展して1939年、幼児生活団ができた。明日館に場所が作られ、『婦人之友』の写真ページで見ても、なかなかすてきである。お昼寝のためにはそれぞれベッドが用意される。冬でも窓を開けて寝る、休日の食事は庭で食べようといった記事も見られる。当時、『婦人之友』は日光をあび、自然の風にあたる野外生活を奨励していた。

この幼児生活団の登団日は、最初は週1回で、たくさんの子供がここから巣立った。現在は南沢の自由学園の門前に幼児生活団幼稚園として存在し、各地に友の会が運営する生活団もできていった。著名人だけ挙げるのは気が進まないが林光、三善晃、前橋汀子、オノ・ヨーコ、坂本龍一などが、この自由な情操教育の中で育っていった。

国民貯蓄の奨励

羽仁もと子は1938年6月、大江スミと共に大蔵省の国民貯蓄奨励委員に任命された。大

30 幼児生活団と生活合理化と

江スミはもと子より2歳年下、東洋英和女学校、女子高等師範学校を卒業。明治時代に文部省の命で家政研究のためイギリスに4年間の留学を経て、女子高等師範学校の教授となり、1925年に東京家政学院を開設した人である。同じくキリスト教を基盤とし、ユーモアも解したようで、もと子とは気が合ったのではないか。

この年の4月に国家総動員法が公布される。もと子は率先して「われらの奉公運動」として、『婦人之友』読者に一日一銭の醵金を勧め、出征兵士の家族を援護した。中には自分のお小遣いを貯めて、出征家族を応援する子供たちもいた。出征家族の子供に清潔な服を縫うことも「友の会」を中心に行われた。

同時に、引き続き「生活合理化運動」をもと子は推し進める。東北農村での経験を生かして、1938年9月には、工場労働者や出征家族の主婦を対象に生活合理化の仕方を教える「主婦生活指導隊」を発足させた。

当時、米は凶作もあって足りなかった。戦争が始まると綿花や羊毛、石油などの輸入も減少した。ないないづくしでどうやって暮らすのか。もと子は徹底的な無駄遣いの撲滅と、リサイクルを提唱した。政府は「一汁一菜運動」を奨励、『婦人之友』でその内実を豊かにする工夫を提案している。都市の中でも遊休地を利用して食料増産をすべきであるとも主張。調査に基づいた科学的な「無駄のない合理生活」「生活の簡素化、芸術化」を呼びかけた。1938〜39年の『婦人之友』はこれで満ちている。「新一汁一菜献立」を推奨し、「不要品を生かしま

しょう」では長襦袢の袖でクッションを、半衿でスリッパを、四つ身（子供用の着物）を直したブラウスなどが載っている。

こうした実践は東京市や厚生省などの注目するところとなり、「生活指導隊」に講習を依頼する会社も増えた。指導隊の紙芝居は、日活が映画化を申し入れた。この時期も賃金は低下し、物価は上昇していた。一汁一菜にしたとしても、家計はますます厳しくなるばかりだった。

もと子が主宰した貯蓄週間の生活講習会（10カ所で6日間）には、1万2000人の募集に対してのべ2万5000人の参加があった。これには大蔵省の後援がついた。東京府社会課は「上手な暮らし方」の8回講習をもと子に依頼、東京20カ所で開催され、全国49市にも広がった。「家庭の外で学ぶ」機会を持った主婦たちは、解放感を味わったのかもしれない。

資源の無駄遣いをやめ、リサイクルを徹底することは、地球温暖化の今日、当然のこととされている。健康のためにも「ご飯と具沢山の味噌汁中心の一汁一菜でよい」という料理家の提案は、2023年の現在、大人気だ。だが、それが飽食時代の自発的なものであるか、食糧欠乏の中、戦争のために政府に強いられるものであるかで、まったく異なる。

戦時中によく売れた『婦人之友』

1938年12月号の「雑司ヶ谷短信」で羽仁吉一は、「最近は毎号毎号売切で、十月号のごときは社の中に一冊もなくなった」と述べている。『婦人之友』は日中戦争下でもよく売れた。

30 幼児生活団と生活合理化と

この頃は紙も余裕があったのか、まだ300ページ前後の厚さを誇っている。

1939年1月、平沼騏一郎(きいちろう)内閣が発足。首班の平沼は、大逆事件で多数の死刑判決を出した検察上がりの政治家である。2月には、自由学園女子部の生徒による「霜柱の研究」が雪の博士中谷宇吉郎などの推薦もあって評価され、帝国学士院の研究補助金を受けた。

3月28日、政府は「国民精神総動員委員会」を設置、人々の内面まで管理し始める。パーマネント禁止、男性の長髪も禁止、ネオン全廃、中元歳暮は虚礼として禁止。その頃に下町の悪ガキだったと自称する半藤一利は「パーマネントに火がついて／みるみるうちに禿げ頭／禿げた頭に毛が三本／ああ、恥かしや恥かしや／パーマネントはやめましょう」という歌で、町行く女性をはやし立てたという(『昭和史』)。

『婦人之友』ではこの年、生活の刷新、規格化が提唱される。たくさんある商品を少数のよいものに統一する。無駄のない照明、残り炭の再利用、ゴミを出さない生活、庭に一坪菜園を、共同炊事の勧めなどである。平時ならば賛成したいことばかりだ。

5月11日、満蒙国境で日本軍とソ連軍が衝突、ノモンハン事件と呼ばれる。この時、日本軍2万のうち実に70%が戦死、戦傷した。しかも大元帥である昭和天皇はこれを知らされなかった(9月3日、大本営はノモンハンでの作戦中止)。6月7日には、関東軍が主導権を握った「満蒙開拓青少年義勇軍壮行会」が朝日新聞の主催で、明治神宮外苑競技場で行われる。彼らの国内での事前訓練が行われた日輪舎といわれる円形の建物は、今も各地に残っている。中国に送

り出されたのは16歳から19歳の少年だった。

7月、国民徴用令公布。もと子は人事調停委員に任命された。これは今でいう家庭裁判所の民事調停、「家庭と家族に関わる紛争を解決する」目的で成立したばかりの制度だった。

9月1日、ナチスドイツがポーランド侵攻、第二次世界大戦が始まる。2日後、イギリスとフランスがドイツに宣戦布告。9月末には厚生省は「産めよ、殖(ふ)やせよ、国のため」という標語を制定、子だくさんの家が表彰された。リプロダクティブライツ、子供を産むか産まないかは個人の自由なはずなのに、「未来の兵士」出産が推奨される時代になった。そもそも資源が足りず、人口急増が日本の移民や対外侵略を呼び起こしたのだから、人口抑制をするならわかるが。国力や自治体力を人口の多寡に求めるおかしな考えは今も続いている。この10月に、羽仁説子は東京市に頼まれ、大塚公園にくる近隣の子供たちを対象に生活講習を行っている。

1940年は1月14日の阿部信行内閣総辞職で始まり、16日に米内光政内閣が成立。2月2日、国会で立憲民政党議員齋藤隆夫がただ一人「反軍演説」を行った。齋藤は但馬出身の代議士で弁護士でもあった。衆議院は齋藤を賛成多数で除名処分にしてしまう。この時、羽仁夫妻と近い尾崎行雄や田川大吉郎は棄権、安部磯雄や片山哲は議場を欠席した。長い目で見れば、この勇気ある演説で、彼の名は国会史上に燦然と輝いたのだが。

4月、政府は生活必需物資の切符制を決定。もと子は5月には商工省から木炭配給について意見を求められ、友の会の燃料消費実態調査で協力した。政府の方も、もと子と彼女の持つ

『婦人之友』や「友の会」の組織の強さと科学性、実践性を認識し始めた。その後も農林省、大政翼賛会、内閣統計局などがもと子に協力を求めている。戦争協力にはいろんな形がある。

この年、独ソ不可侵条約で背後を固めたドイツは、春先4月9日から破竹の勢いで進軍。日独防共協定を結んでいるドイツがソ連と不可侵条約を結ぶのはどう見ても矛盾だが、西向きに攻略したいドイツ軍は背後の憂いをなくして、デンマーク、ノルウェー、オランダ、ベルギーを次々と破っていく。ブリュッセル陥落、パリ占領、フランス政府はヴィシーに待避、ドゴール将軍はイギリスに亡命して自由フランスの旗を掲げる。日本では、日独伊ソの四国同盟に期待をかける者さえ出てきた。

5月、高松宮夫妻が自由学園に来校、教育視察を行う。この時期、皇室との交際を深めたのは、学園を軍部から守るためには必要なことだったのかもしれない。小学部での実践が「国民学校」教育のモデルとされ、文部省や教育関係者の見学が増加した。この頃のもと子は政府に協力しながらも、彼女らしい率直な目で、言葉を選びながら政府批判をしている。貯蓄については「強制は家族日本の最も忌み嫌わなくてはならないこと」「すべての同胞を無知か非国民のように考えている」「よい政治を与えよというのです」などと……。

7月22日、第二次近衛内閣成立、首相の周りには親英米派が多い。その中で三宅雪嶺は羽仁夫妻とも親しく、『婦人之友』の常連執筆者である。羽仁もと子と縁の深い作曲家近衛秀麿は首相の弟だった。7月31日には救世軍幹部7名がスパイ容疑で検挙、山室軍平の著書が発禁と

なった。もちろん山室は羽仁夫妻とは親しいキリスト者であり、その娘の山室光子は北京生活学校の運営に大きな役割を果たしていた。羽仁夫妻にとっても、一挙手一投足に厳しい煩重（はんちょう）な選択と用心を迫られる時代となった。

9月27日、山本五十六ら海軍幹部も危ぶんだ日独伊三国同盟調印。10月12日、大政翼賛会発会。31日にはダンスホールが閉鎖され、煙草のゴールデンバットは金鵄（きんし）に、チェリーは桜に改められた。11月23日、大日本産業報国会設立。

11月24日に元老西園寺公望が死去、国葬が行われる。西園寺は堂上華族ながら、10代で戊辰戦争を戦い、その後長くフランスに留学して、ジョルジュ・クレマンソーら、フランスの政治家たちとも親しかった。天皇と政府の間で調整ができる最後の元老が逝った。

すでにロンドン海軍軍縮条約を締結した山梨勝之進、堀悌吉、財部彪ら「条約派」といわれる戦争回避派の海軍軍人は、すべて現役を追われている。上海事変を迅速に収めた白川義則大将も、その後に起きた上海天長節爆弾事件の怪我がもとで亡くなった。もはや戦争をとどめる力がない。こうして日本はロンドン海軍軍縮条約を破棄し、軍拡への道を進んでゆく。

幼兒生活展覧會で考案された新しい子供用品

婦人之友社買物案内

◇御送金は振替によるのが一番確實です。但し貯金局に一度廻りますので、爲替より四五日は遅れますから御承知下さい。
◇御註文の品名、個數等はお忘れなく。
◇字は楷書に、住所氏名は分り易くお書き下さい。

【宛名】東京市豐島區雜司ヶ谷町六丁目 婦人之友社
【電話】大塚三七一八・三七一九【振替】東京壹六〇〇番

子供機 90錢

組立の家 4圓30錢

玉つなぎ 80錢

ガラガラ 80錢

コマ 1個15錢

ペダルなし三輪車＊ 6圓00錢

砂遊び道具 1圓50錢

砂車 3圓00錢

叩く玩具 1圓40錢

大工あそび 90錢

すべり台＊ 5圓20錢

薬品戸棚＊ 15圓50錢

便器 1圓50錢

お庭幕 20錢

お座敷幕 80錢

持物カード 25錢

机と椅子 6圓60錢

ランチ皿 1圓00錢

玩具箱＊ 8圓50錢

お握り入れ＊ 4圓30錢

＊印は豫約に應じます。

［上］幼児生活展覧会で考案された子供用品のカタログ。1938年10月号より
［左］幼児生活展覧会の内容を伝える、『婦人之友』臨時増刊「幼児の生活と教育」号。1938年8月発行

31　那須農場開拓と戦争の犠牲

日中戦争中の1941（昭和16）年初め、自由学園男子部は南沢の校内の空き地2500坪を食糧増産に充てる計画を立て、女子部と分担して開墾が始まった。4月、小学部は国民学校に準ずる学校として文部省に認可され、自由学園初等部と名前を変えた。物資統制が進み、消費組合も「食事中央事務局」として、学内の食材を仕入れて分配する組織となった。

男子部は1935年に1回生が入学し、1941年5月、生徒が初めて年齢に達し、徴兵検査を受けた。3名が甲種合格し、翌年出征した。軍事教練はすでに1938年の10月から始まっていた。

より広い土地を求めて

同じ5月、羽仁吉一は栃木県那須野ケ原に学校用農場用地を取得、男子部生徒が専門家の指導のもと、測量や建設、開墾に励んだ。戦時食糧増産のためばかりではない。

すでに1935年「どこかの山の中に、五十町歩か百町歩位の場所を物色して、そこに山小屋を建てて、一と組ずつ交代で一と月位生徒を送る。山での勉強は労働と研究と静思だ。労働は主として植林をやる。……自家用の水力発電所もつくりたい。渓流があるなら、山女魚（やまめ）のよ

うなものの養殖もよかろう」と、吉一は書いていた（「雑司ヶ谷短信」9月号）。同時に東京下町、または工場地帯の中に、物作りの腕を磨く仕事場もつくりたいと願っていた。

「それが最近那須野に七十七町余の原野の売物があって、簡単に話が進み、このほど登記も済んだ」（1941年6月号）。77町歩は、およそ77ヘクタールである。「上野から三時間半、東北本線西那須野駅を降り、塩原街道を右に折れて行くこと一里、北に那須岳、西北に高原山、その間に会津境の山々が、春になってもなお雪を戴いて、屏風のように連って見えるのを背景に、南さがりの打開けた明るい高原である」

一面の雑木林の開墾、植林、山小屋建設、晴耕雨読の生活と吉一の夢は広がる。さっそく東京帝国大学工学部の堀武夫助教授と同大学生に現地指導を頼み、男子部5年生に仕事を任せた。登山家でもある足立源一郎画伯が、山小屋の造り方を教えようと来てくれた。これは簡単な熊笹葺きの建物で雨宿りの場所にしかならず、生徒たちは村の大きな農家に泊めてもらう。朝から夕方まで重い機械を担いで歩き回った生徒は、夜は石油ランプの下、大学生の助っ人たちと細かい数字の整理に追われた。……こんな風に吉一は「雑司ヶ谷短信」に那須農場について何度も書き綴った。よほど力を傾けた事業である。

それを読むとどうしても現地が見たくなり、2月（2023年）初め厳寒を冒して那須農場に行ってみた。今は新幹線で1時間、自由学園環境文化創造センターの鈴木康平さんと農場元主任で今も那須に住む幼方（うぶかた）英次郎さんが駅に迎えに来てくださった。お二人とも自由学園の卒

業生だ。幼方さんは男子部卒業後、教育系の大学に行き、公立小学校で何年か教えた後、母校へ戻った。鈴木さんは最高学部を終えてから、別の大学と大学院で物理を学び、公立高校で何年か教えてから母校へ戻った。

「ここの土地は在校生の親の紹介と聞いています。戦後もずっと学園の農業体験に使ってきました。本物の牛に触ったり、お産を見たり、子供たちはとても感動するんです。でも2011年の福島の原発事故の影響で、子供を長期滞在させられなくなっていました。ようやく放射線量の数値が下がってきたので、今年からまた連れてこようと思っています」と鈴木さん。

遠くに見えるのが那須岳。広い畑は冬枯れだった。途中、蛇尾川という暴れ川を見たが、ふだん水は流れていない。大雨でこの川が氾濫したら、作物にどれほどの被害があったことだろう。そもそも77町歩を購入したつもりが、蛇尾川の氾濫で両岸が削られ、河川敷部分が増えて55町歩しかなかったという。

雪の残る農場では、父泉さん（男子部3回生）の代からそこに暮らす山口曜元主任が案内してくださる。場内には新しい事務所や研修施設もあるが、「これだけは見ておくべきでしょう」と連れて行ってくださったのが、羽仁もと子、吉一夫妻の滞在した家だった。那須友の会の方々によって、きれいに保たれている。「まるで最近建ったみたい」と言うと、「いえいえ、80年前の家ですよ。ほら、金物がなくてガラス窓も竹の桟やレールです。ミスタとミセスの下駄もありますよ。ミスタは農作業もなさったから、地下足袋もそのままです」

6畳と8畳、広い廊下に籐椅子、コンパクトな台所と風呂場、トイレ、それだけ。質素である。梨の花の咲く中にたたずむ二人の写真がある。「もっともお二人一緒に過ごすことはめったになく、ミセスがここで子供たちと滞在する時は、ミスタの方は東京で学園の陣頭指揮に当たっていたようです」

食堂の壁には「晴耕雨読」の書や、吉一が考えた農場経営の設計図がかかっていた。

ついに日米開戦

1941年10月16日、第三次近衛内閣は総辞職、18日、東條英機内閣が成立。日米交渉は最終段階に入り、両国の緊張は極限に達した。11月26日、ハル米国務長官は日本側の戦争回避提案を拒否、あくまで中国とインドシナからの撤兵を要求した。12月8日、日本軍はハワイの真珠湾を奇襲、政府は対米英宣戦布告。太平洋戦争が始まる。泥沼化が続く中国戦線に加え、強大な敵を太平洋を挟んで増やした。

国民は戦争が「いつ始まるか」とハラハラというか、イライラしていたらしい。例えば太宰治の短編『十二月八日』を見よう。

「大本営陸海軍部発表。帝国陸海軍は今八日未明西太平洋において米英軍と戦闘状態に入れり。」

しめ切った雨戸のすきまから、まっくらな私の部屋に、光のさし込むように強くあざやかに

聞えた。二度、朗々と繰り返した。それを、じっと聞いているうちに、私の人間は変ってしまった。強い光線を受けて、からだが透明になるような感じ。あるいは、聖霊の息吹きを受けて、つめたい花びらをいちまい胸の中に宿したような気持ち。日本も、けさから、ちがう日本になったのだ。」

　これは、三鷹に住む一人の主婦の感懐として述べられている。

「台所で後かたづけをしながら、いろいろ考えた。目色、毛色が違うという事が、之程までに敵愾心を起させるものか。滅茶苦茶に、ぶん殴りたい。支那を相手の時とは、まるで気持がちがうのだ。本当に、此の親しい美しい日本の土を、けだものみたいに無神経なアメリカの兵隊どもが、のそのそ歩き廻るなど、考えただけでも、たまらない、此の神聖な土を、一歩でも踏んだら、お前たちの足が腐るでしょう。お前たちには、その資格が無いのです。日本の綺麗な兵隊さん、どうか、彼等を滅っちゃくちゃに、やっつけて下さい。これからは私たちの家庭も、いろいろ物が足りなくて、ひどく困る事もあるでしょうが、御心配は要りません。私たちは平気です。」(『婦人公論』1942年2月号)

　これが「鬼畜米英」という言葉に洗脳された当時の国民の姿だろう。あれだけ欧米人を自由学園に迎え、娘をイギリスに留学させ、自ら7カ月も欧米を経巡った羽仁もと子も、この感情を少なからず共有していた。

　12月8日の早朝、ミスタ羽仁は数名の生徒と一緒に茫然とこの臨時ニュースを聞いた。その

あと、「ミスタ羽仁からこれからについて、悲痛な覚悟のお話がありました。男子部、女子部一緒に伺いました。『男子部で徴兵の年齢に達する人は立つように』と言われ、……一回生として一生懸命育てられた優秀な、頼もしい人々を戦地に送る辛さを淡々と話されました」（女子部20回生・鈴木恵子『自由学人 羽仁吉一』）。

男子部は各種学校のため、兵役に関する特典や猶予がなく、20歳になるや徴兵検査を受けて戦地に赴かなければならなかった。例えば理化学研究所の仁科芳雄研究室で、宇宙線の実験に携わっていた1回生の木下恰作も、戦地に赴き、帰らぬ人となった。

戦時体制の中、物資欠乏による用紙払底（ふってい）などで、『婦人之友』のページ数は急速に減っていく。1940年に結成された「日本評論家協会」が、42年12月に「大日本言論報国会」と名称を変え、内閣情報局の指導監督下で国策への協力が行われていった。

学園も勤労動員

1942年1月2日、日本軍はフィリピンのマニラを占領、23日ラバウル上陸、2月8〜15日シンガポール上陸・占領、3月1日ジャワ上陸、8日ラングーンを占領する。初戦の勝利が大本営から発表され、日本は沸いた。しかし勝利は半年と続かず、6月5〜7日のミッドウェー海戦で日本軍は多くの艦船と兵力を失った。

「国民勤労報国協力令」に基づき、6月から自由学園の生徒たちも勤労動員にかり出された。

男子部高等科1年生が大日本兵器湘南工機工場でワッシャー、ナットの製造や、80名が立川獣医器財廠に働く。南沢では前年から始めていた全校を挙げての開墾と畑作を続けた。女子部高等科の3年生は委嘱を受けて、千葉県や群馬県などで共同炊事と託児所の勤労奉仕を行う。11月、那須農場では第1回の収穫感謝祭が行われる。

１９４３年、『婦人之友』は「ボロ山くづし」という命名で、各家庭の押入れにある古着や古布を整理、再生する活動を続けている。配給が滞りがちになると、「丈夫な野良着を作るために全国から帯芯を贈りましょう」「赤ちゃんのために残り毛糸で下着を編んで下さる方はいませんか」と呼びかける。そして、焼け出された時の用意、疎開の心得なども雑誌で広めた。

１９４３年6月、男子部高等科は小平の陸軍兵器補給廠で働く。9月には普通科4年も。羽仁吉一の「雑司ヶ谷短信」は「明治以来骨の髄まで食い入っている死学問（しにがくもん）の宿弊を一掃し、行学一体の新教育道を創造する、千載一遇の好機であるとも考えられる」（１９４４年9月号）、「今や国家存亡の関頭に立って、教育それ自身すべてを挙げて、戦力増強の一途にその全機能を奉仕するの秋（とき）が来たのである」（１９４４年12月号）と悲愴になってくる。

自由学園と同じ年に創立したお茶の水の文化学院は、戦争協力に西村伊作が抵抗したため、１９４３年8月に閉鎖命令が出た。羽仁夫妻は国の要請には逆らわなかった。しかし協力の形を「北京生活学校」のように自分たちの「やりたいこと」に変えてしまったり、ある一定以上は「妥協しない」ことを貫いた。これを孫の進氏は「ハリネズミ作戦」と呼ぶ。敵が近づくと

全身の毛を逆立てて寄せつけない動物になぞらえて。なんとなく小柄なもと子がハリネズミに見えてくる。

軍部からの圧力

この時期、自由学園も文部省からはたびたび、校名を自発的に変更するように求められた。軍部からも「自由とは何だ」という嫌がらせもあった。もと子は繰り返し文部省や東京都学事部に出向いて説明したという。吉一は「自発的には決して名を変えませんとキッパリ答えた」。もと子は「どうしても校名を変更せよと言われるのでしたら、私は学校を閉鎖します」と抵抗したという（もと子と共に交渉に当たった、自由学園1回生の千葉貞子の証言）。

軍部にも自由学園に理解のある人々がいた。例えば陸軍の山下奉文（ともゆき）が、慣れない背広姿で北京生活学校に姿を現したこともある。彼はスイスやオーストリア駐在武官として国際情勢にも通じていたが、妻が『婦人之友』の愛読者であった。最後はフィリピンでの捕虜虐待などの責任を問われ、1946年に処刑された。

1940年に帝国ホテルで開かれた日本デンマーク協会の晩餐会で、デンマーク体操を学んできた卒業生の話に高松宮夫妻が興味を持ち、自由学園を長時間参観したことも有利に働いたかもしれない。さらに1944年5月20日、文部大臣岡部長景の視察を実現、元文部大臣平生釟三郎も同道し、学園の教育について理解を得た。

1944年冬、目白の明日館ホールの生徒による「出エジプト記」を描いた壁画（1931年制作）が、時局柄、漆喰で塗りこめられた。

『婦人之友』は4月号から「婦人雑誌」ではなく、「生活雑誌」の枠組みで発行されることになった。企業整備により3誌のうち1誌を残すことになり、まずやむを得ず『子供之友』を休刊にし、学園生の親が持つ日新書院をその好意で合併して、生き延びたのである。戦争協力の少ない婦人雑誌は淘汰された。大正以来の歴史がある『婦人公論』も、自由主義的な色彩の強い「中央公論社」の雑誌と見なされ廃刊に追いこまれた。

私はかつて、『婦人公論』を90周年に当たって全部読み直したことがあるが、ここに連載されていた谷崎潤一郎の「細雪」は「この非常時に有閑婦女子の贅沢な生活を描いている」と批判された。婦人雑誌として残ったのは『主婦之友』『婦人倶楽部』『女苑』の3誌だけだった。

空襲で、兵士として、学園生の犠牲

生徒たちは勤労動員や農作業を続けたが、11月4日、女子部高等科2年生が小平の日立航空機立川工場の現場に戻る途中にバスが西武電車と衝突、赤木二葉、高松和子、古川寿美の3名が亡くなり、9名が負傷する事故があった。9日に学校葬が行われた。羽仁吉一は林の中に入り、野紺菊など野の花を摘んで、遺体のそばに飾らせた。もと子は「悲しいよ悲しいよ、こんな悲しいことはないよ」と嘆いた。

11月24日、東京へB29の初空襲があり、主要軍需工場である中島飛行機武蔵製作所は空爆を受けた。そこで吉一は夜間の空爆を恐れ、24時間3交代の工場寮生活を送っていた女子部の生徒を校内の寮に引き揚げさせ、南沢から1時間かけて歩いて通わせることとした。生徒にとっては大変な通勤となったが、これができたのは同製作所の工場長が生徒の親だったこともあるらしい。

さらに、都心より安全と思われた南沢でも空襲があり、11月24日には校舎の窓ガラスが割れた。そのため女子寮内にあった初等部の「南沢疎開寮」も閉鎖された。12月3日には女子部高等科3年生の川田文子が武蔵製作所で勤労動員中、空襲を受け防空壕内で死亡する。吉一は遺体を「なんとか南沢へ連れて帰りたい」と言って、工場からの出棺の際、校旗「自由の旗」で柩を包んだ。16日に学校葬が行われた。吉一は生徒を少なくともキャンパス内に置こうと考え、軍需工場まで通うのではなく、学校そのものを工場化しようとした。それは工場の分散疎開といわれ、政府も打ち出していた方針であった。食料が乏しい中でも南沢には畑があり、豚もいた。

ほかにも広島で原爆により亡くなったり、戦時中に病気で亡くなった生徒がいる。戦死した者もいる。当時、身近にいた人の談話では、出征した男子部卒業生の悲報が入った時、吉一は人から見えないあたりに行き、袂から白いハンケチを取り出し、目頭を押さえていたという。太平洋戦争で戦死、戦病死した男子部卒業生は11名、「ミスタ羽仁の虎の子部隊」とも言われ、

初期の少人数の手塩にかけた生徒たちで、羽仁夫妻にとっては耐えられないことだった。

今、学園の図書館南側のケヤキの木のそばに、戦争の犠牲となった女子部生徒の慰霊碑が、正門右手には男子部卒業生の慰霊碑が建てられている。ここに、戦死・戦病死者の名前を挙げておく。石川安次、植竹誠郎、大倉裕利、木下恰作（以上1回生）、芦澤久直、木下廣雄、後藤光男、舟越純一、安田文信（以上2回生）、坂田慶二（3回生）、辻信一郎（4回生）

１９４６年の夏、吉一はやっとこう書く。「一回生の植竹誠郎は比島沖、大倉裕利は沖縄、石川安次はマニラで、二回生の芦澤久直は大宮島、舟越純一は東支那海、安田文信は内地、四回生の辻信一郎は山西（中国）で、多くの夢をその前途に抱いたまま、惜しくも散っていった」「那須農場の創建にたくましい足跡を遺していった一回生の續木満那は、中支方面の激しい作戦で二回までも負傷し、一時は戦死の噂さえあったのに、このほど無事に京都の家に帰ってきた。……恰作や廣雄や二人の木下が、續木のように、ひょっこり帰って来たらと、一縷(いちる)の望みをそこに掛けているのは、われわれの愚痴だろうか」（１９４６年7・8月）。しかし帰ってこなかった。

これは自由学園男子部が7年の課程があったにもかかわらず、中学校の認可を受けていなかったので、徴兵制の猶予がなかったこと、また幹部候補生の試験を受ける資格がなく、小学卒業の一兵卒として過酷な前線に送られたこともあるだろう。１００人少しの男子部卒業生のうち、11名というのは少なくない。

[上]那須農場の初収穫、陸稲の刈り入れ。「11月2日、自由学園全員600名は、日本晴の那須農場に集り、山と積まれた新穀二百俵を囲んで、歓びにみちた収穫感謝祭を行った」と、1943年1月号にある。農場の穀類や豆、芋などは戦下の食糧難を支えた
[下]那須農場での羽仁吉一ともと子。一緒に滞在することは稀で、一人ずつの写真。 山口曜さん所蔵のアルバムより

32 敗戦から立ち上がる

1944年9月10日、初等部5、6年生が那須にある農商務省馬政局馬事研究所の官舎に疎開。1945年4月10日には、4年生28名が同地に疎開した。

「毎晩のように空襲警報が発令された。私は学園の防空責任者として、警戒警報が鳴ると、ただちに家からミスタ羽仁のお宅にかけつけたが、いつもミスタ羽仁は二階の窓をあけて、様子を見ておられた。当時、学園内には五十数カ所の防空壕があったが、工場動員になって、南沢で働いていた男子部・女子部の生徒たちが「一人残らず所定の防空壕に入りました」との報告がくるまで、ミスタ羽仁は決して羽仁先生の防空壕に入られることがなかった」（宮嶋眞一郎、男子部1回生）

世界に目を転ずると、1月17日ソ連軍ワルシャワを解放、1月27日ソ連軍アウシュヴィッツ強制収容所を解放、2月4日チャーチル、ルーズベルト、スターリンのヤルタ会談、2月13日連合国軍ドレスデン空爆、3月3日米軍マニラ占領、と情況は動いていた。パラグアイ、エジプト、シリア、レバノン、トルコ、サウジアラビア、チリなどが枢軸国に対して宣戦布告した。

3月10日未明、下町を中心に東京大空襲が行われ、一晩で10万人以上の死者を出した。筆者の母はこれに浅草で遭遇、九死に一生を得ている。市街地空襲は米軍による無差別非戦闘員殺戮である。3月26日、硫黄島守備隊全滅。以後、ここを米軍は日本への爆撃の足がかりとし、続いて慶良間(けらま)諸島の座間味(ざまみ)島に上陸。同じ頃、北京にいた羽仁五郎が、治安維持法違反容疑で検束。日本に移送され、再び収監された。妻の説子も一時連行された。

　空襲は日を追うごとに激しくなり、4月13日夜半の空襲で、目白の明日館と婦人之友社は辛うじて助かったが、友の家は全焼した。交通も通信も遮断される中、男子部5回生だった清沢瞭は田園調布の先から歩いて南沢に向かう途中、婦人之友社に立ち寄り、友社からの手紙を南沢のミスタ羽仁に届けた。手紙は友社の無事を告げるとともに、「講堂は上り屋敷町会の罹災者の避難所になり、百人以上来て、炊き出しなど始まりました。出動した軍隊の一部も明日館に一時休み、鉄道教習所の生徒たちも焼け出されて一室をお貸しし、一時休んで居ります」。加えて吉一の弟賢良の無事も伝えた。

　4月7日、昭和天皇は鈴木貫太郎に組閣の大命を下し、この老臣が終戦へ向けて奮闘することになる。鈴木の妻たかはかつて昭和天皇の養育係で、夫妻で信任が厚かった。2・26事件の際も、家を襲った青年将校らに対し、たかは豪胆な判断で夫の命を救っている。4月28日ムッソリーニ銃殺、4月29日米軍ダッハウ強制収容所を解放、4月30日ヒトラー、愛人エヴァ・ブラウンと自殺。5月1日ヒトラーの腹心ゲッベルス首相夫妻子供たち6人を殺害のうえ自殺。5月9日ドイツ降伏文書批准式、7月26日ポツダム宣言発表。8月2日ポツダム会談終了。

　8月6日広島に、9日長崎に、原子爆弾が落とされた。

勇気百倍

8月15日、ポツダム宣言を受諾した日本は無条件降伏。天皇の玉音放送を羽仁吉一と生徒たちは南沢の講堂で聞いた。同じ放送を、もと子は那須農場で生徒らと一緒に聞く。もと子は「よかった。有り難い有り難い」と繰り返し、「落着いて賢く前進しよう」と言ったという。後年の生徒の記憶では、吉一は生徒たちを労って半分ずつ、1時間くらいの昼寝をさせたそうだ。

もと子はさっそく東京に向かい、16日朝、南沢に着くと、「ただいま！」と大きな声で言ったかと思うと、もっと大きな声で「勇気百倍」と言った。これは娘の羽仁恵子が「羽仁もと子評伝」（著作集21巻）に書いているエピソードで、ほかにも目撃証言がある。私はかねてより、この「勇気百倍」は教育者として、雑誌の主筆として戦争に加担してきた女性にしては、あっけらかんとしすぎと感じていた。

そこまで考えて発言したものではなく、もう空襲警報におびえなくてもよい、生徒を戦場に送らなくてもよい、という正直な気持ちだろう。もと子は71歳、吉一は65歳、高齢の羽仁夫妻は疲れ果てていただろう。羽仁もと子はいつ、日本の敗戦を確信したのだろうか。彼女の周りには政権中枢の動きに詳しいジャーナリストや評論家も多かったはずだ。

『婦人之友』は戦争終結の前にはわずか32ページになっていた。7月1日付で発行された6・7月合併号（内容からは終戦の8月15日以降の発行と思われる）の巻頭言は「世界史上に新日本を創造れ（つくれ）」である。「数日前まで私は一図に思っていた。もしこの戦いに負けたなら、君のため

勝利のためとひと筋に敵中に身を棄てた特攻隊にすまない」

もと子は科学の粋を駆使したアメリカの原子爆弾の威力と、簡単至極な飛行機で「崇高な誠」だけで戦った日本の特攻隊の威力を対照する。原爆の反倫理性も彼女は問わないし、「特攻隊の若者を返せ」という怒りもない。「狭小なる民族主義と、世界制覇の帝国主義とを、完全に葬り去れ」というのが「新しき天の審判」だと結論づける。

ただ「絶対に大切な君臣父子の国体は無疵のままに残っている」。この天（神）の審判と天皇制護持の両立にはついて行けないものを感じる。「何とよい時がこの日本の国に来りつつあることか」「創造せよ。汝等の伝統の上に、改めて世界平和のための新日本を」。これは敗戦に至る過程を検証しようともせず、状況に呼応しただけのように思える。

そして8・9月合併号の巻頭言は「恒久平和のために与えられているこの一歩」。彼女はまた180度転換して元の絶対的平和主義者に戻った。

一方で、戦後になっても、もと子の反共主義は変わらない。「ソ連来りてわが国内に共産主義を播き散らすならば、軽率な同胞がその思想的捕虜になることを心配するひまに、私たちは特に大いに奮い起ち、家族国家の新しき経済組織を確立しよう」（6・7月合併号）

羽仁吉一は終戦の日、生徒の代表を伴い、宮城（皇居）前に赴いた。宮城前には戦争に負けたことを自分たちに帰して、天皇にお詫びをするために土下座して嗚咽する人々が多くいたはずだ。吉一は、食糧生産に力を入れた。「学園の敷地三万坪の中、約九千坪すなわち約三分の

一近くが畑になっている。学校工場のひまひまには、全校を上げて農業労働に汗をしぼった。そのお蔭で毎年の冬枯時にも、いつも青々とした野菜が三度の食膳にのぼり、野菜飢饉の市内から来るお客様を羨(うらや)ませがらせたりした」。女子部1年生は敗戦の夏、7000個のトマトを収穫し、さつま芋掘り、稲刈り、そして麦蒔きが始まった（「雑司ヶ谷短信」1945年10月号）。

連合軍進駐

9月2日、戦艦ミズーリ艦上で日本が降伏文書に調印。日本政府首席全権は二度目の外務大臣重光葵(まもる)であった。重光も1932年、上海天長節爆弾事件で右足を失っていた。杖をついた姿は痛々しい。しかも彼は翌年、東條内閣の外務大臣を務めていたことでA級戦犯となり、巣鴨プリズンにとらわれることになる。

マッカーサーが上陸、最初は横浜のホテルニューグランドを執務室とし、そこからお堀端の第一生命ビルを接収して、ここをGHQ（連合国軍最高司令官総司令部）とした。その直前に昭和天皇はマッカーサーを訪問している。気楽に腰に手を当てた長身のマッカーサーと正装で直立不動の昭和天皇の写真からは勝者と敗者の姿が見て取れる。天皇は翌1946年元旦に人間宣言を行い、現人神(あらひとがみ)であることを自ら否定した。GHQは超国家主義団体を解散させ、農地解放、財閥解体、女性参政権の付与と矢継ぎ早に民主化政策を推し進めていく。

戦後、軍人、政治家、行政職、また影響の大きかったメディアの幹部らが次々と公職追放に

なった。閣僚や官僚も公職追放され、日本政府は機能不全に陥った。また日本人の中からも戦争責任を追及する声があがり、戦争画を描いた画家たち、戦争賛美の詩を作った詩人歌人たち、従軍作家たち、教育者たち、各分野のリーダーに対しても強い批判が浴びせられた。この中で、内省し、責任を取ったといえるのは花巻の山小屋に自己流謫(るたく)した高村光太郎くらいだろう。

秋も深まる11月26日に三宅雪嶺が85歳でこの世を去った。三宅は長いこと『婦人之友』の常連執筆者で、羽仁夫妻の後ろ盾であった。春頃から学園町に移って、好物をお裾分けすると「冥加のいたり」と喜んだという。この人は薩長藩閥政府の専制とやみくもな欧化主義に反対して、日本文化の保存と「真善美」を訴え、最後まで自分を曲げなかった。

戦時中の女性リーダーとして公職追放になった一人は、東京女子医学専門学校の校長で、もと子とも関係の深い医師吉岡弥生である。愛国婦人会評議員、大日本連合女子青年団長、大日本婦人会顧問など数々の要職に就き戦争協力した。他にも教育者では松平俊子(日本女子高等学院院長)が公職追放を受けている。

同様にいくつかの政府の委員を務め、生活合理化や教育者として戦争に協力もした羽仁もと子が公職追放を受けなかったのは運がよかっただけのように思える。GHQはもと子の戦前、戦中からのアメリカを始めとする連合国側の教育関係者などの交流を知って、戦後日本の再建に「活用」しようと考えたのかもしれない。もう一人の公職追放者は大日本婦人会の審議員を務めた評論家市川房枝だが、彼女は追放が解けてから参議院議員になって活躍し、長生きして

清廉潔白なリベラリストの印象を残した。彼女が亡くなる頃には多くの人は、市川房枝が戦争協力で公職追放されたことなど覚えていなかっただろう。

同じ頃、もと子は意気軒昂に戦後の「民主的な平和国家建設」を語っていた。その中にはこんな言葉もある。「以前にマルキシズムを通じてきたサタンの働きを思い出してみましょう。この中に大切な多くの若者をさらっていきました」（1945年12月号）。戦争に反対した学生たちを弾圧したのは政府なのに、主客逆転している。たしかにソ連の対日参戦、千島列島と南樺太の領有布告（1946年2月）は「日本がアメリカとソ連に二分割される」といった恐怖心を生んだ。これは朝鮮半島、ドイツでは現実となった。

赤化を恐れたGHQが天皇の責任を問わず、天皇制を温存したことは、もと子の深く安堵するところだったであろう。「天皇は神であり、日本は神国であるという牽強付会な右翼思想の横行は、どれほど皇室のためにもご迷惑であったか、国のために有害な物であったか、個人の自由、思想の自由を圧迫したか」（1946年2月号）と述べるが、もと子自身も「神風が吹く」とか、皇室中心の「家族日本をつくりましょう」と言っていたのではなかったか。

弾圧されていた農民や労働者は組織を作り、労働組合法が施行、大衆行動も盛んになった。インフレはひどく、人々は家を失ったうえに、わずかな貯金も旧円封鎖で紙切れ同然になった。飢えた民衆は1947年に2・1ゼネストを打とうとしたがGHQに封じられた。こうした動きにももと子は恐怖を感じたらしく、「軍国主義の虎の代りにゼネストの狼をつくり出しては

ならない」(「詩と田」1946年10月号)と書いている。残念ながら、もと子の思想はGHQが初期に進めた戦後改革にも逆行し、年とともに後退しているように思われる。

女たちの戦争責任

ここで女性たちの戦争責任について概括しておきたい。市川と一緒に大正時代に「新婦人協会」を作った平塚らいてうが、戦時中に書いた文章には天皇賛美の家族主義を唱導する内容が多く見られる。『婦人之友』にもかなりの回数、執筆しているが、表には立たず、賢く早々に疎開した。らいてうももと子同様、過去に興味を持たない未来志向の人だった。過去の言動への反省のないまま、戦後は「婦人民主クラブ」(1946年3月16日結成)などの看板に推された。『赤毛のアン』の翻訳者として知られる村岡花子は、ラジオで「立派な兵隊さんになりましょう」と訴えた。NHKの朝の連続ドラマでは村岡が「心ならずも」戦争に協力させられたように描いていたが、私は村岡が子供に戦争賛美を訴える映像を見たことがある。それは確信犯の口ぶりであった。そのフィルムは国立映画アーカイブセンターに残っている。

与謝野晶子も明治時代の日露戦争では「君死にたまふこと勿れ(なか)」で出征する弟に「生きて帰れ」と謳ったが、日中戦争では息子に「水軍の大尉となりてわが四郎み軍(いくさ)に行くたけく戦へ」と詠んでいる。四郎とは四男のアウギュストのこと。晶子は1942年に死去して敗戦を見なかったが、生きていればもっと多くの戦争詠を作ったかもしれない。林芙美子、吉屋信子は従

軍作家となり、功名心から漢口一番乗りを競ったりもした。

一方、戦時中にもと子のしたことは、出征兵士家庭の援護、生活の合理化、物資欠乏の折に無駄をなくしどう繰り回すか、行政との調査や協働が主である。行政に統合された「大日本言論報国会」の評議員を務めた。戦争協力は人によって形式と度合いが異なるが、教育者であり、『婦人之友』巻頭言で毎号「聖戦に勝つ」ことを訴えた羽仁もと子に責任がないとは言えない。もと子の美質は在野にあって、権威におもねらず言いたいことを言うことだったのに、東北農村生活合理化運動の頃から、行政との協力、時には県知事から補助金をもらい、皇族から御下賜金をもらうということに馴れてきてしまったのだろうか。

巻頭言のタイトルだけを挙げても「撃ちてし止まむ」「新使命への発足」「重大時局下の日本婦人」、戦争末期の「勝利（かち）はわが手にあり」「自愛せよ自重せよ日本国民」「清きものは強し」「人事を尽して天の大道を行く」「徹底的に戦いましょう　天を仰ぎ地に伏して祈りましょう」と空しくエスカレートしていった。残念ながらこうした言動について、戦後、もと子が反省や謝罪をした形跡はない。「戦争中だから仕方なかった」で終わりにするのは、むしろ当事者に失礼だ。あとの世代は、前の世代の誤りを批判しながら進むのが礼儀というものだろう。

自らを検証する試み

これについては『婦人之友』2003年8月号の「歴史の光と影――『婦人之友』と戦争」

が、考える素材を多く与えてくれる。自由学園最高学部（大学部）の研究室では1999年から「戦争・平和・宗教」というテーマで共同研究を行った。その後、学生二人が一次資料にあたり、自由学園の戦時中の行動を直視して、卒業論文を書いたという。

『婦人之友』も座談会や資料を載せ、自社の過去の戦争との関わりについて外部の研究者たちに自由に発言させている。銃後史研究の加納実紀代氏は「戦時中の『婦人之友』の問題点の一つは、キリスト教の立場をとりながら、戦争に協力してしまったというところにあると思います」「日本国民は一九四五年だけで約二百万人死んでいますから、せめて四四年末までに女性たちがパニックを起こしていれば、沖縄戦も原爆もなかったかもしれない。そして、殺さなくていい人を殺さずにすんだかもしれません」と述べている。

またBC級戦犯の研究者内海愛子氏は、『婦人之友』の「巻頭言を読む限りでは、戦時体制に積極的に呼応していく」と述べながら、「戦争体験を掘り起こす会」に寄せられた証言を紹介している。「北京から帰った羽仁説子が、（出陣学徒の）壮行会に駆けつけて、北京の日本軍部は高慢、横暴かつ頑迷で、とても正義の戦争とは思えない。勉強中の貴方を軍に送り出すことはしのびがたいが、軍務につかれる以上、軍の内部から間違っていることは改め、正しい方向に導いてゆく努力を命がけでやってほしい、こう壮行会ではっきりと言い切ったというのです。一九四五年二月です」とも述べている。羽仁もと子と説子の思想を一体のものとは考えにくいし、羽仁説子も1941年には大政翼賛会の調査委員、大日本婦人会理事、中央協力会議

員にも選ばれている。だとしても、終戦前のこの発言は貴重だ。

一方で戦争に加担せずに苦しい時代を過ごした人々も、ごく少数ながらいた。二度、拘置所に入れられた羽仁五郎もそうだろう。文学者小林多喜二や今野大力は権力によって殺された。山本宣治は治安維持法改正反対の演説をしようとして阻止され、その夜に暗殺された。斎藤隆夫は反軍演説により国会を追放された。ダダイスト辻潤は戦争と関係せずアパートで餓死した。哲学者三木清は戦争後に獄中で病死した。社会主義の評論家山川菊栄は戦争協力をせず、ウズラを飼って、その卵を売って戦時中を乗り切った。だからこそ、ＧＨＱは経歴に「戦争協力」の傷のないまれな女性リーダーとして、山川を戦後、労働省婦人少年局長に抜擢したのである。

また１９４６年４月10日に第22回衆議院選挙が行われ、初めて婦人参政権を得た女性たちは39人もの婦人代議士を誕生させた。１９４６年３月号で、もと子は「誓って棄権しないこと」と、初めての婦人参政権の選挙に臨む心構えを述べる。

11月には戦争放棄を掲げた憲法９条を持つ日本国憲法が公布された。この頃、自由学園でも戦後民主化の影響もあって、改革を求める運動が行われた。

１９４７年には、羽仁五郎が推されて参議院選に出て当選した。彼は１９５６年まで議員を務め、この間、国立国会図書館の設立に尽力し、そのホール正面の壁に「真理がわれらを自由にする」というヨハネ伝８章に基づく言葉を掲げた。これは自由学園の校名の元となった言葉でもある。彼は大学には属さなかったが、学術会議の会員も務めた。

やがて、逆コースが始まる。東ヨーロッパの国は次々に社会主義国となり、戦後の世界はアメリカとソ連という二つの思想の違う超大国を軸に二分され、冷戦構造になっていく。1948年にはロイヤル米陸軍長官は「日本を極東における共産主義に対する防壁にする」と言い出す。9月9日には朝鮮民主主義人民共和国が成立した。11月12日、戦争犯罪を裁く東京裁判が結審し、東條英機をはじめとするA級戦犯7名は「平和に対する罪」で絞首刑にされた。しかしGHQの対日占領方針が変わると、今度は日本でも右からのバッシング、レッドパージが始まり、A級戦犯被疑者として収監された岸信介（しんすけ）が巣鴨プリズンから助け出されて、戦後の政界のトップによみがえっていく。

[上]1944年3月号の表紙は「女子挺身隊」。陸軍省の要望で「撃ちてし止まむ」の掲示が
[下]同年4月号の表紙は「家庭工場」。「生活雑誌」の判が押されている。いずれも吉岡堅二・画

33 引揚援護活動

1945年の『婦人之友』8・9月合併号には「手をとりあって復興へ」という、東京・赤坂区の戦災救護活動の実例が取り上げられる。傷んだ大豆でお腹（なか）をこわすことが多い、大豆を粉にして配りたいという区長に、老舗虎屋の主人黒川氏がボランティアでふかしパン「赤坂まんじう」を作るというほほえましい記事がある。

また高桑布団工場は、焼け出され、布団のない家族のために布団を作り格安で売った。「戦災孤児を浮浪の群から救うために」（11・12月合併号）は記者（東北農村生活合理化運動でも活躍した盛岡の吉田幾世）が上野の山の子供たちと語り合ったルポである。両親を亡くし、腹を減らし、かっぱらいと物乞いで雄々しくも生きている浮浪児たちの生態とその救済を描いている。浅草東本願寺の地下に彼らのねぐらがあったことを初めて知った。当時、東京の戦災孤児は1200人といわれた。

660万、外地に残された人々

戦後、実践家としてのもと子は手をこまねいていたかというとそうではない。隣人が困っていたら助けずにはいられない。「やってみよう」というのが、羽仁もと子の口癖であり、いちばんの美質である。

１９４６年３月号には「わが家の如くに引揚げの友を迎えよう」が載る。敗戦時、国外にいた日本人は、軍人３５３万人、一般人３００万人、約６６０万人だった。彼らがどっと帰国してしては、にわかに日本は人口が増え、食べるものが足りない。混乱した政府は最初、「居留民はできる限り現地に定着させる」という方針だった。国策で植民地だった満州、韓国、台湾などに行かせ、太平洋の島々にも移民させながら、帰国は歓迎しないというのは「棄民」であり、なんとも無責任である。

これに対しＧＨＱ等の命令で、まずは軍人が、続いて民間人が引揚げることになった。帰還に際しては、現金１０００円と自力で運ぶことができる若干の荷物しか許されていなかった。しかも帰れば引揚げ者に対する差別もあった。１９４６年３月号では愛知県の竹内ふじゑが体験談「朝鮮より引揚げて」を書いている。

「日本へ帰りついてからの生活難!!……まず家がありません。日本の人達、殊に空襲にあわなかった人達は狭い心でいられます」「少々の手持現金がいつまで続きましょう。水のような雑炊を親子五人がやっとすすって生命をつないで……」「働く仕事の与えられんことを祈りつついます」と訴えている。

このように、多くは家なし、金なし、食料なし、仕事なしで、希望の見えない毎日を送っていた。引揚げ途中で物品を奪われ、夫とははぐれ、子供は死なせ、ようやく一人帰り着いた女

性たち。長旅で疲労困憊(こんぱい)、感染症や胃腸を病んで衰弱していた。こうした引揚げ船が着くのは日本の18の港だが、中でも人数が多かったのは佐世保と博多である。

引揚げというと「岸壁の母」で有名な舞鶴が思い起こされる。ここはソ連抑留からの軍人が多く引揚げた港だ。ソ連では60万人近くが捕虜となり、捕虜をシベリアなどで強制労働に使ったことはソ連の戦争犯罪といってよい。5万人以上が亡くなったといわれる。私は舞鶴の引揚記念館に行き、「岸壁の母」ばかりでなく岸壁の妻や妹も多かったこと、シベリア抑留者の白樺の木肌に書き残した資料などがユネスコ世界記憶遺産になっていることを知った。舞鶴の引揚げ者は66万人だが、博多は139万人、佐世保も139万人、それぞれ実に舞鶴の2倍強で、こちらは民間人が多かった。

佐世保での引揚援護

1946年2月、佐世保友の会会員、西村二三子(ふみこ)に羽仁もと子から電報が届いた。「会員は何名か」「佐世保援護局に手を入れよ」と書かれていた。西村は尋ね回って10名を把握した。そして針尾にあった援護局に赴くと、見渡す限りの原っぱにカマボコ兵舎が立ち並び、米兵が銃を持ってウロウロしていた。

引揚援護院初代長官斉藤惣一はYMCA同盟総主事、羽仁もと子の古くからの友人で、彼女を通じて「重大な秘密を要する仕事」を頼んできた。それは「人種の違う者から受けた性病は悪質であるために、今後亡国病ともなる危険を未然に防ぐ」。つまり防疫である。それで「引揚船から上陸する婦人三、四百人をまとめて広い板敷きに座らせ、性病の恐ろしさを話し、凌辱を受けた人、性病の懸念のある人、非合法妊娠で悩んでいる人は遠慮なく申し出るようにと話し、その後は各室に分けて極秘に、しかも一人も漏らすことないやり方で」相談に乗る。そして必要な処置を行うというのである。処置とは当時、非合法だった堕胎である。その多くは、参戦によって中国や朝鮮国境を越えて入ってきたソ連兵の暴行によるものだった。中には日本人、朝鮮人、中国人などによる暴行もあった。

　佐世保と福岡友の会は、46年の4月から引揚援護局の委嘱を受け、この満鮮引揚げ婦人相談所を担当、入船ごとに一人一人に会って相談に当たるという大変な任務を引き受けることになった。

「最初に扱ったのは北鮮の興南引揚者で、暗夜に乗じて三八度線を越え、そのためには泣くわが子を殺し、衣類らしい物もまとわずアンペラ（草で編んだむしろや砂糖袋）を引っ掛けたり、女子学生の一団は集団凌辱を受け、または親の目の前でそのようなことを受け、……汚れと垢で臭気フンプン言語に絶する有様で、私どもは怒りと悲しみでただただ握りこぶしを固くするばかりであった」（『全国友の会70年の歩み』）

　引揚げ女性にとっては聞き取り調査そのものが二次加害になるかもしれず、調査を担当する側にも過酷な仕事である。

引揚げ船第一号を扱ううちに、友の会大会は近づき、西村は一昼夜以上かけて上京。5月10～12日、4年ぶりの大会で羽仁もと子は、「生き残りの友の会は幾つあるか」と壇上から一堂を見回した。続いて西村が、佐世保での引揚げの実情を20～30分も話した。するともと子は突然立ち上がり、「東北セツルメントや北京生活学校に続いて、今年度は全国友の会の仕事として、佐世保を援けて引揚援護の仕事をしたい」と提案した。割れるような拍手が起こり、「私は壇上で茫然となった」と西村は書いている。

佐世保に戻った西村は、相談だけでなく全国から集まる衣類を、子供服やおむつ、下着などに縫い替える仕事の働き手を組織。「性病や妊娠の人は当分帰郷することができず、佐賀県の元陸軍病院中原療養所に入れられた」。その人たちの生活や授産指導も友の会は引き受けた。婦人相談所はおよそ2年続き、１９４８年に閉じられた。

佐世保援護局が閉鎖される際、友の会もその式典に出席し感謝状を受けた。「友の会はその仕事の重大性をよく理解して秘密を守り、黙々とあらゆる困難を乗り越え二か年の長い間をよくやってくださいました」と礼を述べられた。

ここには書かれていないが、調査で妊娠が判った女性たちは、病院で麻酔もされず堕胎手術を受け、胎児は殺された。中には手術で死んだ女性もおり、9カ月の胎児もいた。優生保護法制定以前の闇堕胎である。友の会はそれには関わってはいない。もちろん被害女性たちは「青い目の子」を連れては故郷に帰れなかっただろうし、彼女たちの生活再建のため、やむにやまれぬ処置だったのかもしれないが。

しかし政府にとっては「敗戦によって凌辱され妊娠した日本人女性があったことを闇に葬る」「性病を国内で蔓延させない」ことの方が優先で、女性たちの人権や健康を守ることは後回しだったのではないか。そもそも自国の間違った植民地・移民政策や戦争に起因するもので、「違う人種に蔓延する性病は悪質」という言葉の意味もよくわからない。

佐世保に先発隊として派遣された福士房（宮城県出身、自由学園女子部15回生）は、その後、佐賀中原療養所で被害女性たちに寄り添い、自立のための授産や生活指導を行った。また長らく東北地方の藤尾や鎌田での農村友の会の活動に関わった。

福岡の引揚げと孤児の聖福寮

北朝鮮からに続き、満州引揚げの船が次々と佐世保や博多に入ってきた。

『婦人之友』6月号には山室善子の取材記事「佐世保、博多に還る人々」がある。帰って来た女性はみんな髪を短く切り、男装して襲われない用心をしていた。婦人相談所は九号兵舎二階の一角に開かれていた。「皆様、御苦労様でした、どんなにお疲れでしたでしょう。お心細くいらしたでしょう」と声をかける。しかし中には心を開かず、反抗や冷笑を示す女性もいた。

被爆地長崎から見学にきた友の会員もいる。「私らは錦州友の会の者です」と名乗られ、手を取り合って無事を喜び合う。博多の援護局へ行くと、母を亡くした骨と皮のような姉妹を診

るなり若い医者が「ひどい栄養失調だね」と吐き出すように言う。どのくらいで回復するかと聞くと、「どのくらいで駄目かを数えた方が早い」とさらに暴言を吐いた。臨時孤児収容所となった博多崇福寺では、孤児たちがボンヤリ石段にかけていた。垢じみた服、頭シラミ、うつろな瞳……。

見るに見かねた福岡友の会は、引揚孤児の家「聖福寮（しょうふくりょう）」に協力する。博多きっての古刹聖福寺の境内ゆえこの名がある。すでに引揚援護局や県当局により、松風園、青風園などもできていたが、「とくに著しい栄養失調にかかっている孤児を回復まで見守る」との趣旨で、1946年夏、援護局によって開かれ、福岡友の会が実務を担当した。京城大学医学部小児科部長だった山本良健博士が寮長を務めた。

自由学園女子部15回生の石賀信子は当時、福岡女学院の教師を務めていたが、羽仁もと子に依頼され、聖福寮の責任者に転じた。彼女の報告（9月号）によれば、8月9日に長春（元の奉天）からの孤児集団引揚船が2隻入港。「父親は大抵現地召集か終戦後行方不明となり、母親は旅の途中で発疹チフスや結核などで倒れたものである」。すでに長春の宗教団体関係の保育園で相当の期間養育されて、健康もある程度回復し、集団生活にも慣れていた。子供は「いつかは父親に逢える」という望みを持っているので、孤児という言葉は子供たちの前では決して使わないようにした。

急造された寮は、一本の長い廊下を挟んで、両側に6畳の部屋が15、6マッチ箱のように並ぶ。44人の子供たちを、兄弟姉妹は一部屋に、目の悪い子、皮膚病の子は一部屋にと部屋割り。自らも引揚げ者である笠村田鶴子、自由学園の若い卒業生の山際陽子、元福岡友の会青年班の内山和子ほかで4部屋ずつくらい受け持つ。しかしこの小分けにされた間取りは全体の見通しが悪く、監督は大変だった。24時間不眠不休の世話が始まる。

泣くと脱腸する子供、下痢をしている子供だけで15人、毎晩嘔吐をする子供もいる。リュックサックを開けると満州以来一度も洗濯した様子がない衣類が出てくる。亡くなった母親が作ったお人形や腹巻きの金入れも出てくる。どんな気持ちで母親は死んだのだろう。ある子供は小さな白木の箱を大事にしている。引揚げ途中で死んだ母や弟妹の骨が入っている。死ぬ前に母が首にかけてくれたお守り。どの子も栄養失調で年齢より二つ三つ年下に見える。「完全に骨と皮ばかりの子供、全身疵（きず）だらけの子供、大きなおでき、あちこちのただれ、真赤な目、疥癬（かいせん）」「四五年の男の子達が数人、蒙古語の歌などを口づさみながら遠城寺さんと楽しそうにお風呂炊きをした」「今日は御飯とあんかけ豆腐、お食後に黒ぶどうがついている」「隣接の聖福寺の鐘がゴーンゴーンと六時の時を知らせている。夕食をすませた子供達が夕焼空の見える一番西側の娯楽室で今日女学生達が慰問に持って来て下さった本や雑誌を読んでいたが、ふと一人が

兎追いし彼の山小鮒釣りし彼の川

とうたい出した。

夢は今もめぐりて忘れ難きふるさと

皆がそれに合わせてうたう。その声が廊下まで流れて来、胸にしみ渡る気がした」

石賀の報告を読んでいると、1946年秋の福岡にいきなり連れて行かれる感じである。

それだけではない。引揚者洋裁講習会を開き、生活授産の指導をする。また性病や妊娠した女性が入っている佐世保援護局療養所では、佐賀友の会が活躍した。軽症者と付き添い者は不要軍服の更生をして、一人一日5円の工賃で資材課が買い上げてくれる。製品は後からくる引揚げ者に配られる。療養所内にも自治組織が作られた。

聖福寮の報告は続く（11月号）。「先日大きい子供達がはじめて遠足をして浄水池の山から遠く博多湾をのぞみ、港に入って来る引揚船を感慨深げに眺めたり山をかけ廻って野の花を取ったりして大喜び致しました。小さい子供達もその日は初めての外出で東公園まで遠足致しました。また中秋の名月には庭にござをひいて、子供達一同、山本博士も混じられてお月見を致し、月見だんごを頂きながら、月の光の下で学芸会をし、楽しい一時を過しました」

この晩、5日前に入寮したばかりの2歳の富夫ちゃんが息を引き取った。最初の犠牲者であった。

この頃、福岡の幼児生活団の子供たちと卒業生が慰問し、引揚げの子供たちと交流した。生活団の独唱、合奏、合唱などを聞いた聖福寮の子供たちは以来、「音楽が好きになって朝から晩まで歌声がたえません」。一方、痩せこけた孤児が悪びれずに独唱するのに、生活団の子供

たちは驚いた。寮の子供は160名になった。

『婦人之友』の読者はこうした記事を読んで、進んでカンパしたり、衣服を送ったり、時には現場に応援に駆けつけたりした。

聖福寮については、戦争に関する番組を作り続けたテレビのディレクター上坪隆の著『水子の譜(うた)―ドキュメント引揚孤児と女たち』がある。それによれば、文化人類学者泉靖一の果たし

[上]1946年11月に聖福寮で。孤児の生活を支えた福岡友の会の女性たちと。1947年7月号より
[下]保母の中心となった20代の3人。左から石賀信子、山崎邦歌、内山和子さん。2020年8月号より

た役割も大きい。泉は京城帝国大学の教授の息子で、自らもここで学び、戦後博多に引揚げた。独特の魅力と組織力を兼ね備え、敗戦前から引揚げや女性たちのこうむる惨苦を予期し、戦後、聖福寮の設立に貢献した。古代アンデス文明の研究者でのちに東京大学教授となるが、55歳で急逝。ほかにも京城帝国大学時代の医師たちが経営に尽力した。

笠村は北平（北京）友の会のリーダーで若い母親でもあった。石賀は「聖福寮七ヶ月の記」（1947年7月号）に綴る。

「聖福寮は博多港への引揚終了と、博多引揚援護局の閉鎖とともに今年二月をもって一とまづ孤児収容所としての任務を果した。昨年八月より今年二月まで、七ヶ月間に私どもが世話した子供たちは合計百六十四名、年令は生後一ヶ月から十八才までであった。その中身寄の者に引き取られたものは百四十三名で、北は北海道の端から南は九州のはづれまで名残りを惜しみつつ別れて行った」。聖福寮はその後、託児所になり、石賀は幼児教育に一生を捧げ、2019年に102歳で逝去。寮長だった小児科医山本良健は近所に開業して地域の健康に尽くした。

この援護活動は、佐世保、福岡の友の会、そしてそれを支援した全国友の会が実働したことだが、羽仁もと子、最後のリーダーシップともいえよう。

しかし、戦争に苦しんだ女たちの平和への祈念も空しく、1950年には朝鮮戦争が始まり、米ソ二大超大国の冷戦時代の中で、日本もまた再軍備のかけ声が強くなり、同年8月には現在の自衛隊の基となる警察予備隊が発足するのである。

34 二人手を携えて

羽仁もと子は終戦時72歳だった。発動機のようにエネルギッシュな彼女も、目を病み、体調の思わしくない日もあった。幸運だったのは目白の自由学園明日館や婦人之友社も、南沢の校舎もほとんど空襲で焼けなかったことである。

戦後の激しい変化の中で、オールド世代のもと子はとまどっていたように見える。１９４６年1月には、天皇が、自分は神ではない、と人間宣言をした。それでも、もと子の天皇中心の社会観は変わっていない。卒業生の一人は「天皇家は日本人の本家みたいなものだから」というもと子の言葉を印象的に覚えている。

「わが皇室の祝福された本質が純粋無碍に成長しつつ、いつまでも渝らずにわれらの中心であるように。御軫念多かるべきこのごろを、民安かれと祈らせ給う、天皇陛下の御安泰を、すべての民が一つ心で祈り得る国になりたい」（『婦人之友』１９４６年2月号「夕あり朝ありき」）。

自由学園では戦後も毎朝、必ず国歌「君が代」を歌った。「君が代」は天皇制が「千代に八千代に」長く続くことを祈る歌であり、朝の国歌斉唱がいやだったという生徒もいる。これも、もと子の天皇への絶対的な敬意から来るものである。さすがに今は歌われてはいない。

私は明治20年代に生まれた人を最年長として、この40年間にたくさんの聞き書きをしてきた

が、この世代の人々は天皇制が体にインプットされているようである。必ずのように天皇や皇族との関係や、思い出が話の中に出てくる。逆に言えば、江戸時代は天皇の存在をほとんど気にかけなかった民衆に、維新以降の短期間に、これほど天皇制が「日本人の御祖（みおや）」として内面化されたことに驚かざるを得ない。

戦後のインフレの中で

１９４６（昭和21）年、政府は預金封鎖を告知、国民の預金はインフレの中で紙くずになっていった。４月の第22回衆議院議員総選挙で女性議員が誕生したことを、もと子は「玉石混淆（ぎょくせきこんこう）の三十九人」と評している。「言葉は出来なくても親しくなれる、アメリカの女の人と一緒に二本のウイスキーを飲みほしたのだからと、大得意になって話しまわる女代議士もあるといい、……」と否定的である（４月・５月合併号「久遠（くおん）の女性をおもう」）。せっかくの婦人参政権獲得に水を差す物言いではないだろうか。

同年３月には労働組合法が施行され、５月１日にはメーデーが復活した。８月には日本労働組合総同盟結成、５月19日には食糧メーデー（飯米獲得人民大会の通称）で「…朕（ちん）はタラフク食ってるぞ、ナンジ人民飢えて死ね…」という昭和天皇を皮肉るプラカードを掲げた人が不敬罪で起訴された。こうしたことについても、もと子は「軍国主義の虎の代りにゼネストの狼をつくり出してはならない」（10月号「詩と田」）と、デモやストライキに懐疑的である。ゼネスト（総同盟罷業）は労働者の権利であるのだが。

GHQの行った主な改革として、婦人参政権、農地解放、財閥解体、さらに労働組合結成の推進、言論・宗教の自由、自由主義教育などが挙げられる。またGHQは「言論の自由」を掲げているが、実際にはメディアの言説に対し厳格な検閲を行った。進駐軍に関するマイナスの言説はチェックされ排除された。『婦人之友』も戦前の軍部に続き、戦後も検閲の対象になっていた。さらにGHQそのものの政策も内部抗争によって相当右にぶれていく。

1946年3月16日、宮本百合子、佐多稲子らが提唱した婦人民主クラブが結成されると、自由学園関係者でも次世代の山室民子、山室善子、羽仁説子、松岡洋子らは、参加している。「平和と暮らしを守り、子どもの幸せと女性の地位向上をめざす」団体だったが、残念ながらのちに分裂してしまう。

最高学部の設立

自由学園は1949年に男子最高学部（大学部4年制）、50年には女子最高学部（2年制）を創設、後からできた男子部の方を先行させている。それはなぜなのか。なぜ男子は4年で女子は2年なのか。誰もが持つ疑問だろうと思う。

これについては羽仁説子の書き残したエピソードがある。

戦後、説子は最高学部の設立についてもと子とゆっくり話し合ったことがあった。その時ふ

と、「男子の方は四年制、女子は二年制でいい」ともと子が言い出した。説子はびっくりして「女の方がこれまで勉強が不十分だったので、余計勉強しなくてはならない」と反論した。もと子はすぐに「結婚の問題があるよ」と言い出す。説子は「外国では、学生結婚ということさえ多くなっている。まして自由学園の生徒の場合にはやっていけると思う。産婦人科医学の進歩で、高齢出産を恐れなくてよい現在だから四年制は少しも無理ではない」と言い張った。

するともと子は「私は長い間教育の中で見てきて、やはり男の子に比べて女の子は劣っていると思うからだよ」と言い出した。あきれた説子は「あなたはどうなの？」と聞くと「特殊だったね」と答える。「特殊という言葉は教育を否定するものです」と憤慨しながら、説子はすっかりさみしくなり、それは「自由学園で仕事が出来ないと思うほどの打撃であった」と正直に書いている（『妻のこころ』）。結局、男子は4年、女子は2年ということで最高学部はスタートしている。その後も最近まで男女別学を続けていた（1999年度から共学になった）。

説子は「母のあの自由な独創性は、学園創立の時のあの意気は、逆説的な反抗の鋭さは、自由学園の成功と共に、なぜか少なくなってゆくのを、私はほんとうに不安に思っていました」とも書いている。説子は自由学園からだんだん距離をとり、1952年には「日本子どもを守る会」の設立に関わる。

結局、もと子自身長らく「夫と対等に話し合い、家庭を作っていける生活力と教養ある主婦を育てる」ことに腐心してきた。自分が編集者や学園長という立場で社会で活躍しながらも、

「女性は家庭に」という考えを崩せなかった。その頃の社会一般がそうだったからである。

世界で賞賛される小津安二郎の映画なども、すべて男女性別役割分担が前提となっている。会社から帰ってきた男をエプロンをかけた妻はお帰りなさいませ、と迎え、鞄と帽子を受け取って、「あなた、お風呂になさいます」といざなう。会社では女性に「いくつだ」と重役が聞く。「23ですわ」「そうか。もうそろそろ嫁に行かんとね」。このような会話は、何度繰り返されるだろう。中産階級の女性は外で働くことを恥だと感じている。戦死した旧友の妻には縁談を世話しないといけない。妻を亡くした中年の男は家事のために後妻をもらう必要がある。こうした規範の中で、もと子も生きていた。どころか、私が大学を卒業した1977年に至っても男女雇用機会均等法はまだなく、四大生女子の求人も全くといっていいほどなかった。私も大学の就職課の職員に「永久就職したらどうですか」と言われたのを覚えている。会社に就職しようとする女子は、むしろ短大を選んだ。

こうした矛盾を抱えつつも、戦後は、羽仁もと子にとっては世俗的に言えば名誉なことも多かった。その一つは自由学園が1951年に創立30周年を迎え、高松宮、東久邇聰子さん、吉田茂首相、天野貞祐文相の出席で祝うことができたことである。この時の羽仁夫妻の満面の笑みを浮かべた写真がある。

天野貞祐はオールドリベラリストの哲学者で、第一高等学校校長や獨協学園園長、吉田茂に乞われ文部大臣を務めた。もと子の死後、自由学園理事長となっている。吉田茂も英米派の外

交官だったため戦時中は不遇で、開戦阻止工作、終戦工作を担い憲兵隊に逮捕されたりもしたが、戦後はそれだけに活躍の場が与えられた。日本自由党の結党後、鳩山一郎が公職追放されたため首相となった。自由学園は戦時下にも「自由」を冠し校名を変えなかった。そのことが戦後の民主化の時期にはむしろプラスに働いた。吉田茂は「自由」党の総裁として自由学園を訪れたのである。また吉田夫人雪子が『婦人之友』の長い読者だったこともあった。

同年1月、自由学園30周年を記念して、羽仁夫妻は神奈川県二宮に家を贈られる。「友情庵」と名付けられたその家で、もと子は過ごすことが多くなった。目の前にまっさおな海の見える敷地1200坪の家であった。もと子は学園の卒業生や上級生に手を引かれて、大好きな散歩をした。北京生活学校に派遣されていた吉川奇美が近くにいて、何くれとなく世話をした。

この年9月にサンフランシスコ平和条約が調印され、翌52年4月の発効に伴い、GHQの占領は終わる。

1953（昭和28）年、婦人之友社は建業50年、全国から4000人の愛読者を南沢に迎えた。友の会は戦後の近代化、合理主義の社会の中で、ますます会員数を増やしていった。1954年、もと子は国家から公共のために貢献した人に与えられる藍綬褒章（らんじゅ）を授けられ、皇居での園遊会にも招待された。皇居に向かう車中のもと子は黒の留袖を着てショールにくるまり、満悦の表情を浮かべている。81歳であった。

年下の伴侶を失って

背が高く英国紳士のような端正な吉一と、背が低く和服姿のもと子は近代、まれに見るパートナーといえよう。二人は報知新聞時代からの長い同僚であった。

「ミセス羽仁はお宅の二階の日当たりのよい南側の部屋で原稿を書かれた。ミスタ羽仁は北側の部屋だった。原稿を書き終わると、ミセス羽仁は座卓の前に座ったまま、振り向きもせず、「父さん、あいあい」と原稿を肩越しにかざす。そうすると、ミスタ羽仁が「あいあい」と立ち上がって、ミセス羽仁のところに行って、原稿を受け取り、自分の机にもどられ、原稿を推敲する。ミスタ羽仁のジャーナリストとしての才能は大変なものだから、原稿は時として真っ赤になるくらい、朱がはいる。時には赤字でなく、万年筆のときもあった。ミスタ羽仁の編集は、自分の考えや文章でミセス羽仁の原稿に加えて直すのではなく、あくまでミセス羽仁の文章として、このように表現した方がより適切にミセス羽仁の考えが表わされるとの非常に細かい配慮のもとでの修正だったのだろう」(『自由学人 羽仁吉一』宮嶋眞一郎、男子部1回生)。

この回想は戦中、あるいは終戦前のものだろうが、二人の間柄を示して、私の最も好きなものである。そういう二人三脚であったのだ。

夫妻の日常についてもう一度書いておく。吉一によれば、もと子は夏も冬も朝5時に起きて、長寿刷毛で全身を摩擦し、窓を開け放って自己流の体操をする。床をたたみ、着物を着替え、聖書を読み、食事、後片づけ「その手順がやかましく、恐ろしく丁寧を極める」。毎朝、生徒

の委員は朝7時に玄関の前で挨拶をし、8時からの礼拝には暖房のない講堂に夫妻も足を運んだ。午後は雨の降らない限り、一時間以上も周辺の田園を散歩した。一日に2クラスくらいは教え、それを楽しみにしていた。電車に乗ると窓につかまって外の景色を見る。

夜になると生徒の委員は応接間で一日のことを報告し、夫妻は助言やねぎらいの言葉をかけた。そんな風で疲れるので、夜は9時には床につき、熟睡する（「雑司ヶ谷短信」より要約）。

1955（昭和30）年10月26日、長年の伴侶、吉一が心筋梗塞のため二宮の友情庵で急逝した。75歳。7歳年上のもと子は、自分が先に逝くと思っていただろう。「誰でも考えて居る通り、ミスタとミセスは二つであって実は一つである。……ミセス・羽仁の天来の霊想に駆られて、高い調子ではあるがほとんど衝動的（失礼な表現を御許し下さい）とも言うべき御話のあとに、ミスタ・羽仁の物静かな説得的な合理的表現によって、常に完璧な構想が湧き上がって来るのを、芸術的鑑賞とでも言いたいような程度まで、深くエンジョイさせて頂いた」。文部大臣を務めた前田多門はそう語っている。前田は後藤新平の弟子、ジュネーブのILO日本政府代表を新渡戸稲造に続いて務めた。フランス文学者の前田陽一と、精神科医の神谷美恵子の父である。

高村光太郎は「追憶」という詩を寄せた。

柿の實の赤くひかるころ、
生死のさかいをいとも静かに
かろくまたいでいつた人、
巨大な夢を南澤に築き、
神のしもべもと子を支えて
自由育成の難行に精根をつくした人
秋の銀河にかろく歩いていった
その人、羽仁吉一。

この簡潔な詩句になにも継ぎ足す言葉はない。

吉一は常にもと子を前に立てていたのではない。男子部の創立や、その育成は吉一が独自に主導的に果たした事業だろう。北京生活学校も吉一が力を傾注した。南沢にキャンパスを移し、その周りに広大な土地を求め、それを分譲して学園を中心にした美しい、緑豊かな町並みを作ったのはまさに、羽仁吉一の設計と経営の手腕によるものである。吉一は毛利家の庭園を造った父の能力を受け継ぐ、優れたアーバンプランナー、ガーデンプランナーでもあった。歴史の上にあまり名前が残っていないのは残念だ。

長女説子の以下の回想も捨てがたい。

「家の行事のことばかりではなく、日常のことに関しても父と母は何もかも反対、食べ物の好みも全く反対、その上に考え方や性格までが百八十度違っているのです。……母にとっては外出するとき雨が降りそうな空模様であるかどうかということは全く念頭にのぼって来ない。降り出したときはそのときのこと。濡れたら濡れたでよいではないかという考え。父にとっては雨が降りそうなときは雨に濡れない用意をしていかなければならないという考え。そして母に雨傘をもたせようとする。万事がこんな風で、今の歳になっても言い争いをするのです」（大槻正男京都大学元教授が説子から聞き書き）

朝はもと子はご飯に味噌汁、吉一はパンに珈琲を好んだようである。本州北端の女と南端の男が東京で出会い結婚した。封建制の時代ならこの二人は絶対に出会うはずはなかった。羽仁夫妻の良さは、こうした生身の人間の姿を、婦人之友社でも、自由学園でも人前にさらして隠さなかったことである。南沢にいる時、説子の家にひょこっともと子が顔を出して「父さんと私の結びつきは不幸だった」などと唐突に言い出すこともあったらしい。徹底的にケンカもし、言い争い、それでも別れない。『自由学人 羽仁吉一』には、そういう二人の姿がたくさん登場する。

「ミセス羽仁は猪突猛進婆と、孫の羽仁進さんが書いておられますが、たしかにそうで、そのピュアな無私無欲なところを大事にしたのがミスタ羽仁だったと思います。この純粋さを守ろうと。だから二人三脚というより、ミスタがミセスを守っていた。ミスタ羽仁が亡くなられた時、『私は愛が足りなかった。愛の性質がよくなかった』と言われたんです。それを聞くと、私たちはミセスをまた好きになるのでした」（前出・山岡正子さん談）

吉一が亡くなった時、もと子が棺にハッキリと「はい、さようなら」という声が聞こえたという。そしてもと子は俄然、生きる意味を失った。老齢の彼女の暮らしを娘たち、そして学園と婦人之友社に連なるみんなが支えた。

「おばあちゃんは間もなく呆然としたまま床につくようになり、ほとんど声も出さなくなって、死ぬまで静かに寝ていた」（羽仁進氏回想）

自分の頭で考える

1957年4月7日、もと子死去、83歳7カ月だった。自由学園は三女の恵子が継いだ。翌年2月、雑司ヶ谷霊園に吉一と共に、葬られる。墓所は彫刻家の清水多嘉示の設計である。「思想しつゝ、生活しつゝ、祈りつゝ」というもと子の言葉が刻まれているが、これは羽仁もと子その人の人生だった。彼女はいつも走りながら考え、決断し、暮らし、そして祈った。現在進行形の人生だった。

この連載を始める頃に聞いた、高橋和也自由学園学園長（当時）の話を思い出す。

「羽仁もと子の女性解放における位置づけもまだされていない。戦前の座談会の中で、河井道（恵泉女学園創立者）など大学の先生方が、女がもっと活躍できる社会にしたい、男性社会の中

に女も入っていくべきだ、と話す中で、もと子は『どうしてそう男の後ばかり追って行かなくてはならないでしょうか。…もう行き詰ってしまった男の世界に。女にはその天性に適したもっとよい新しい天地があります』と言っています。だからもと子は「友の会」への期待が大きかった。それを通じて家庭を変え、地域を変えていくと……」

「友の会」で羽仁夫妻に共鳴した家庭から、自由学園へ生徒が送り出された。それはジャーナリストの夫妻が創った、ホームメイドの小さな学校で、すべてが生徒自身の発意と企画、工夫で運営されていた。当番は朝5時には起きて、みんなの食事を作る。校内では畑があり、豚や鶏を飼っていて、食材すらも自主調達した。そこで焼いたパンやクッキーは地域でも買うことができた。「素直で本気であることが学園人の真面目（しんめんもく）だよ」と、もと子は口癖のように言った。吉一は「われわれはよい社会を創造しなくてはならない」と、その基礎を教育に置いた。

自由学園最高学部（大学部）は大学設置基準によらない学校で、卒業しても学士の資格はないが、社会では大学卒業程度と認め、新聞社、放送局をはじめ、たくさんの職場に散らばっている。写真家、映画監督、女優、ミュージシャン、文筆家など芸術系の分野にも卒業生はいる。海外にも出て行き、彼の地の大学で学び、研究者になった卒業生も多い。会社に入った時も、自分の頭で考えることができ、企画を立て、人を動かして事業を推進するのに慣れているので、頭角を現す。

そのおおもとを作ったのが羽仁もと子だった。70代のもと子を見た外国人が「この腰のかが

自由学園創立30年の記念式典で。左から東久邇聰子夫人、高松宮殿下、ミセス羽仁、吉田茂首相、ミスタ羽仁。1951年7月号より

んだ老婦人がいまも学校にみなぎるインスピレイションの原動力である」と書いたように。

羽仁進さんは言う。「『婦人之友』もおばあちゃんを称えているけど、お行儀のよい先生みたいな扱いをすると面白くない。あんな身分の低い女性が八戸から出てきて、工夫と努力であれだけの仕事をした。立派な先生なことは確かだけど、あのしわくちゃのおばあちゃんが突発的にすごいことをいうところが面白いのであってね。僕はかわいくて、ユーモラスなおばあちゃんが大好きだった。あの人は『自分の頭で考える』ということですよね」

その通り、本当に大事なのは、「自分の頭で考える」ということだ。教わった知識、社会の常識に屈さない。わからないことには納得しない。

最後に、自然を謳う次の一文を引いて終わりにしたい。

「幾年月もこの武蔵野の奥に棲み、あたりの風物と四季の移りかわりを楽しみながら、今年の春ほど新緑の美に感動したことはなかった。秋が来た。あちこちと色づきはじめる草や木に心づくようになると、銀杏の葉が黄色になった。どうだんが真赤になった。麦の芽が伸びてくる。豊かな田園が遠く近く大きな城壁のような茶色の森に囲まれてゆく。そのあわただしさと美しさはどこからくるか。数かぎりなき木の葉草の葉、その一つ一つがそれぞれに生きて、そうして息づいているからである」（1949年11月号「生命のかがやき」）

この感懐は、羽仁吉一との長い生活でもたらされたものかもしれない。今、都市が資本の経済活動の自由にまかせて、公園、並木ともども破壊されようとする時、人生は生活を楽しむものであるということ、そのためには緑の環境は必須条件であるということを、この文章は教えてくれる。

（完）

自由学園の講堂前に立つ羽仁夫妻。1950年の初夏

あとがき

今まで私ほどよく働く女はいないのではないかと思っていた。しかし本書に取りかかって、羽仁もと子には負けた。小柄ながら健康だったのだろうし、精神力も強かった。ただもと子の寸分も休まない勤勉さにはやや辟易するところもある。よく働く、体の健康なことは似ている。しかしそれを過信して、時に大病をするのも似ている。目の酷使から年とともに目病みになるのには同情共感した。アイディアを次々思いつき、やってみたくてうずうずするのも似ている。私も東北ルーツで、味は東北風でやや塩辛いのが好き。身なりには構わず、化粧もしない。

一方、私は、もと子ほど理数に強くない。反対に、もと子ほど不器用ではない気もする。料理も裁縫も得意なほうだ。だけど整理整頓は不得意。逆にもと子は片づけものが大好きだったらしい。もと子は私の曾祖母くらいの年代にあたり、当時の家事は大変だったろう。私が所帯を持った頃には電化製品が多くあって、どうにか家事を人に頼らないでやってこられた。

かなわないのは、アイディアを形にして猪突猛進、大きな運動にしてしまうこと。それには人を動かす力が要る。私はこれほどまでに、他人を自分の考えに巻き込み、行動に導くことは

あとがき

できない。それは「神の思し召し」という召命感を私が持っていないからだろう。だから企業や学校の経営には向いていない。それでずっと一匹狼でやってきた。

決定的に違うのは、もと子には吉一という生涯の伴侶がいたことだ。資質は真逆ながら、もと子の麗質を見抜き、伴侶として選び、清潔で勤勉な家庭を陣地に、二人三脚で大事業をいくつも成し遂げた。もと子を前面に押し出しながら、吉一が主導し、大きく寄与した事業は数多い。南沢のキャンパス計画と住宅分譲、北京生活学校、男子部の設立、那須農場計画など。

連載が進むにつれ、だんだん楽しくなってきた。『婦人之友』の経営者としても、彼女は家庭生活の合理化、家計簿の考案、洋服の提唱、使いやすい道具や家具の開発と販売、など先駆けの事業を次々実現していった。続いて自由学園を創り、『婦人之友』の読者を「友の会」として組織し、格段に行動は広がり、規模が大きくなった。関東大震災の救援に始まり、東北飢饉の際の農村生活合理化セツルメント事業、戦時中の北京生活学校、そして引揚女性と子供の援護活動。これら四つの大事業について、私はほとんど知らなかった。すべて世界史の激動の中で行われ、もっと知られてよい。

批判もあるだろう。よそものが東北の農村の実情を知らずに、都会の近代主義の論理を持ち込んだだけではないか。北京生活学校は戦争と植民地主義のうえに乗って行われた学校事業ではないか、引揚援護だって時の政府やＧＨＱに利用されたに過ぎないではないか。それぞれ聞くべき意見だが、実際の当事者の悩みを解決し、助け、喜ばれたことも確かである。

ほかにもチャリティバザー「友愛セール」、絶対音早教育、デンマーク体操の導入、工芸研究所、消費組合、協同炊事など、彼女が思いつき、提案し、よいと信じて行った先駆的な事業は多い。「よいことはすぐしましょう」というスピード感には感嘆するしかない。しかもそれは必ず、事業としての収益も伴った。「ぼろもうけしてはいけないが、採算が取れなくては」という倫理感覚がはっきりしていた。やはり文筆家というより、事業家である。

この仕事に導いてくださったのは自由学園男子部卒業の写真家、本橋成一さんだ。「誰か関係者以外が書くといいんだがな」と本橋さんは推薦してくれた。その本橋さんは在学中に羽仁夫妻にじかに接している。「吉一先生がトイレに入ってこられて並ぶと、緊張して出ないんだよね。和服を着て、煙草の匂いがした。あれがいちばんの思い出。それと雲水机を作らされた。自分で勉強する机は自分で作る。これがまあ、さっさと仕上げるやつ、いつまでもできあがらないやつ、机がガタガタすると言ってどんどん足を切っちゃったやつ。今でもありますよ、あの机」。そう言って、うれしそうに笑った。「みんな文句があっても自由学園が好きだった。それは羽仁両先生の存在感が圧倒的だったということでしょう」

取材の際には、各地の「友の会」の皆さんにお世話になった。彼女たちは地域にあって、共同体のしがらみからは上手に距離を置き、活動する意識の高い人々であった。今も過去の経験

あとがき

の上に、阪神淡路大震災、3・11の震災支援・復興から、子ども食堂などまで、献身的に働いている。この「友の会」という行動する読者組織を作ったことが、もと子の最大の成果だったかもしれない。

資料読みのために、池袋駅から通った婦人之友社は居心地がよかった。時々、供せられるお茶や珈琲、お菓子もとても質が高かった。必ずコップには水とおしぼりが添えられ、お盆で運ばれてきた。下町の開業医の家でがさつに育った私には、これまたカルチャーショックであった。

それほど通って『婦人之友』のバックナンバーを読み継いだのに、この本には思ったほど生かせなかった。私の目が50歳の時に発症した原田病の後遺症で、酷使に耐えなかったせいもある。その分、編集部が拡大コピーをとるなど伴走してくださり、このような大きな本を書かせてくださった。もと子の戦争協力はじめ、批判すべき点についても、婦人之友社は寛容に見守って、一度も干渉されなかった。本当に自由に書かせていただいた3年間であった。

連載は新型コロナ流行に始まり、途中、ウクライナへのロシアの侵略が起こり、イスラエルのジェノサイドと言うべきガザ空爆にも心震えながら、筆を進めて来たことが感慨深い。お世話になった多くの皆さんに心から感謝したい。

2024年1月20日　森まゆみ

羽仁もと子略年譜

＊もと子の年齢は数え年

1873(明治6)年　9月8日、小南部藩の城下町、青森県三戸郡八戸町長横町6番地、松岡家に生まれる。祖父忠隆が家長、父登太郎は婿、母は美和。

1879(明治12)年　八戸小学校に入学。

1880(明治13)年　5月1日、羽仁吉一が山口県佐波郡三田尻村に生まれる。

1883(明治16)年　この頃、父登太郎が離縁となる。

1884(明治17)年　全国小学校の優秀な児童に選ばれ、文部省から表彰。

1887(明治20)年　高等科を卒業、女子ではただ一人。

1889(明治22)年　2月、祖父とともに上京。新設の東京府高等女学校2年に入学(現・都立白鷗高校)。

1890(明治23)年　東京のあらゆるものが珍しく、演説会に行くが学校に禁止される。築地明石町の教会に通い、洗礼を受ける。　17歳

1891(明治24)年　3月、東京府高等女学校卒業。東京女子高等師範学校の受験に失敗。4月、明治女学校高等科に入学。巌本善治校長の計らいで月謝免除、『女学雑誌』の校正の仕事をもらい、生活費に充てる。一番町教会の植村正久や、白蓮社の島地黙雷の説教を聞く。

1892(明治25)年　夏休みに帰郷して、そのまま明治女学校をやめる。

1893(明治26)年　1～8月、八戸小学校(現・吹上小学校)教師となる。9月、盛岡女学校(現・盛岡白百合学園)の教師となり、国語と修身を教える。　20歳

1896(明治29)年　盛岡女学校を退職。最初の結婚をして京都に住むが、半年後離婚。自活を決意、上京して吉岡弥生家の女中となる。築地の女子語学学校附属小学校の教師となる。

1897(明治30)年　「報知新聞」の校正係に応募、さらに記者となり、訪問記事を書く。谷干城夫人の養蚕談など。

1899(明治32)年　岡山孤児院と石井十次、八戸出身の西有穆山などを取材。弟松岡正男に慶應義塾を薦め、姉弟で芝区三田四国町で暮らす。

1900(明治33)年　羽仁吉一、報知新聞社に入社。

1901(明治34)年　12月、羽仁吉一と結婚、退社。28歳

1902(明治35)年　もと子は大日本婦人教育会の機関誌を編集。吉一は越後の「高田新聞」に赴任するも年

末には退社。

1903(明治36)年　吉一は「読売新聞」に勤務。4月2日、長女説子誕生。この頃は赤坂新町に住む。4月3日『家庭之友』を内外出版協会から発刊。創刊号は36ページ。もと子が主筆で、吉一は協力。11月、吉一は「電報新聞」に移籍。　30歳

1904(明治37)年　2月、日露戦争始まる。『家計簿』を考案・発行。よく売れる。8月21日、次女凉子生まれる。

1905(明治38)年　この頃は麹町区を転々とする。

1906(明治39)年　1月、買物部を設置(通信販売のはしり)。3月31日、1歳8カ月の凉子を肺炎で亡くす。このことで信仰を深める。雑司ヶ谷墓地に葬る。小日向台町に引越す。4月、自主事業として『家庭女学講義』を創刊。吉一の勧める「電報新聞」は大阪毎日に買収され「毎日電報」となる。

1907(明治40)年　『主婦日記』を発行。『家庭女学講義』を『婦人之友』と改題すると発表。吉一は、もと子の弟松岡正男と『青年之友』を発刊。

1908(明治41)年　1月『婦人之友』創刊。6月9日、三女恵子誕生。12月『家庭之友』の編集を辞任。『青年之友』も休刊に。夫妻で『婦人之友』に全力を傾ける。鎌倉に引越す。　35歳

1910(明治43)年　3月、鎌倉を引上げ、凉子の墓に近い雑司ヶ谷に住む。4月、説子が日本女子大学校附属豊明小学校に入学。

1911(明治44)年　6月『婦人之友』の表紙をカラーにする。9月、平塚らいてうら『青鞜』創刊。

1912(明治45)年　7月、明治天皇死去。10月、育ての親の祖父松岡忠隆死去。葬儀に八戸へ帰る。

1913(大正2)年　雑司ヶ谷に2000坪を借り、社屋と住居を建てる。11月、「今後の社会と婦人の職業」を書く。　40歳

1914(大正3)年　『子供之友』創刊。7月、第一次世界大戦始まる。

1915(大正4)年　4月、『新少女』創刊。5年のち『まなびの友』となり、1921年に廃刊。

1916(大正5)年　5月、愛読者の子供たちを招き、婦人之友社運動場で大運動会を開く。

1917(大正6)年　「婦人独立自活号」。ロシアで2月革命、ニコライ2世退位。10月革命。

1918(大正7)年　「婦人職業特集号」で、仕事を持つ主婦の像を打ち出す。4月、手芸展覧会を開く。8月、富山の魚津の主婦たちを皮切りに米騒動が起きる。11月、第一次世界大戦が終わる。世界的にスペイン風邪流行。

1919(大正8)年　1月、「主婦の会」の提唱。4月「女学校同窓連合会」の発起人となる。女学校を出た後の女性の生涯教育を考える。学術講演会を開く。この年、平塚らいてう、市川房枝らが新婦人協会を

発足。

1920（大正9）年　9月、「坐食より勤労へ」を書く。

1921（大正10）年　4月、自由学園創立。本科は26名。5月に文学科・家庭科59名入学。　西村伊作が御茶の水に文化学院を創立。　48歳

1922（大正11）年　4月、文学科・家庭科を高等科に一本化。新校舎がフランク・ロイド・ライトの設計で落成。『婦人之友』読者組合の結成に着手。

1923（大正12）年　9月1日、関東大震災。罹災者の救援活動を行う。11月、東京連合婦人会に参加。

1924（大正13）年　1月、東京連合婦人会の委員長となる。婦人参政権獲得期成同盟会結成。

1925（大正14）年　東京府北多摩郡久留米村に10万坪の土地を購入。治安維持法、普通選挙法公布。

1926（大正15）年　南沢の住宅地分譲を始める。4月8日、長女説子、桐生出身の森五郎と結婚、五郎は羽仁家の婿となる。

1927（昭和2）年　3月、昭和金融恐慌始まる。4月、自由学園小学校開学。6月、『羽仁もと子著作集』出版計画発表。11月、読者組合を解散し、「友の会」とする。

1928（昭和3）年　2月、第一回普通選挙。3月、3・15事件、共産党大弾圧。10月、自由学園6回生による消費組合の設立。孫の進が誕生。

1929（昭和4）年　7月、羽仁夫妻の住居を南沢に建築、「野の花庵」と名づける。世界恐慌始まる。

1930（昭和5）年　7回生、南沢に農村セツルメントを開く。5月、中産階級の働く婦人のための託児所を開く。「自由大学講座」を開く。10月、恵子、消費組合研究のためイギリスへ留学。11月、第一回「全国友の会」大会。

1931（昭和6）年　9月、満州事変勃発。11月15日～12月5日、「家庭生活合理化展覧会」開催、全国を巡回し、50万人が参観。

1932（昭和7）年　8月、フランスのニースで開かれた「第六回世界新教育会議」に出席、「それ自身一つの社会として生き成長しそうして働きかけつつある学校」と題して講演。その後、ヨーロッパとアメリカを回って年末に帰国。11月、新卒業生（8回生）により工芸研究所発足。

1933（昭和8）年　9月、羽仁五郎拘束（12月に釈放）。　60歳

1934（昭和11）年　9月、自由学園、南沢校舎に移転。目白校舎は卒業生の活動の場となり、「明日館」と呼ばれる。

1935（昭和10）年　2月、東北農村生活合理化運動。凶作にあえぐ東北6県の各1カ所の村を選び、全国友の会の主催でセツルメントを開設。4月、自由学園に男子部創設、23名入学。園田清秀、幼児を対象に絶対音早教育を提唱、明日館でピアノ学校始まる。

1936（昭和11）年　2・26事件、首都に戒厳令。

羽仁もと子略年譜

1937（昭和12）年　7月、日中戦争始まる。「われ等の奉公運動」を始める。9月、「衣を売りて剣を買え」で戦争協力の姿勢を明らかにする。南京陥落。

1938（昭和13）年　5月、北京の貧しい少女の生活教育のため、北京生活学校を始める。国内では6月、「幼児生活展覧会」を全国で開催。大蔵省の国民貯蓄奨励委員に任命される。主婦生活指導隊発足。

1939（昭和14）年　1月、幼児生活団を開く。2月、女子部卒業生の「霜柱の研究」が帝国学士院研究補助金を受ける。6月、東北セツルメント卒業生により4カ所で農村友の会結成。

1940（昭和15）年　大政翼賛会発足。11月、男子部で軍事教練始まる。12月、大蔵省の要請で「楽しき家庭生活展覧会」を開く。

1941（昭和16）年　5月、那須に学園農場を開く。8月、婦人雑誌の統廃合始まる。11月、女子の勤労動員始まる。12月、日米開戦。男子部1回生卒業式（3カ月繰り上げ）。

1942（昭和17）年　2月、大日本婦人会結成。

1943（昭和18）年　1月、野菜の隣組単位の配給制始まる。2月、ガス、電気も消費規制。8月、軍部に協力しなかった文化学院に閉鎖命令。　70歳

1944（昭和19）年　1月、女子部が工場動員。4月、雑誌統合で『婦人之友』は『子供之友』などを合併し、生活雑誌として継続される。9月、初等部は空襲を避けて那須へ疎開。

1945（昭和20）年　3月、東京大空襲。8月、広島・長崎に原爆投下。8月15日敗戦。

1946（昭和21）年　1月、天皇の人間宣言。各地で旧植民地からの引揚げ始まる。友の会の引揚援護支援始まる（1947年2月まで）。3月、アメリカの教育使節団、自由学園を訪れる。6月、北京生活学校から指導者ら引揚げ。11月、日本国憲法公布。

1949（昭和24）年　自由学園は4年制の男子最高学部を設置。

1950（昭和25）年　2年制の女子最高学部を設置。

1951（昭和26）年　5月、自由学園創立30周年記念式典を行う。記念に羽仁夫妻は父母・卒業生らから神奈川県二宮に「友情庵」を贈られ、寒暑を避けることに。

1953（昭和28）年　80歳

1954（昭和29）年　5月、藍綬褒章を受ける。10月、皇居での園遊会に招待される。

1955（昭和30）年　10月26日、夫吉一が心筋梗塞により二宮で急逝（75歳）。

1956（昭和31）年　7月、脳血栓を起こす。

1957（昭和32）年　4月7日、脳血栓後の心臓衰弱のため、83歳7カ月の生涯を閉じる。羽仁恵子、第二代学園長となる。6月、天野貞祐、自由学園理事長に就任。翌年、吉一と共に雑司ヶ谷霊園に葬られる。

主な参考文献

『羽仁もと子著作集』全21巻　婦人之友社

『家庭之友』1903〜1908　内外出版協会

『婦人之友』1906〜　婦人之友社

羽仁吉一『雑司ヶ谷短信』上下　婦人之友社　1956

羽仁吉一『我が愛する生活』自由学園出版局　1985

『自由学人　羽仁吉一』自由学園出版局　2006

斉藤道子『羽仁もと子―生涯と思想』ドメス出版　1988

『自由学園一〇〇年史』自由学園出版局　2021

デジタルアーカイブ「自由学園100年＋」　https://archives.jiyu.ac.jp

羽仁説子『妻のこころ―私の歩んだ道』岩波新書　1979

羽仁説子『私の受けた家庭教育―羽仁もと子の思出』婦人之友社　1963

羽仁五郎『自伝的戦後史』上下　講談社文庫　1978

羽仁五郎『私の大学』日本図書センター　2001

羽仁進『自由学園物語』講談社　1984

田澤晴子『吉野作造』ミネルヴァ書房　2006

川端秀子『川端康成とともに』新潮社　1983

「都立白鷗高等学校百年史」　同窓会関係資料　1989

太田愛人『開化の築地・民権の銀座―築地バンドの人びと』築地書館　1989

藤田美実『明治女学校の世界』青英舎　1984

相馬黒光『黙移』法政大学出版局　1961

主な参考文献

野上弥生子　『森』新潮社　1985
島本久恵　『明治の女性たち』みすず書房　1966
島本久恵　『花と松柏』筑摩書房　1976
巌本記念会編　『若松賤子—不滅の生涯』日報通信社　1995
『報知新聞百二十年史』報知新聞社　1993
春原昭彦ほか　『女性記者—新聞に生きた女たち』世界思想社　1994
山縣悌三郎　『山縣悌三郎自伝 児孫の為めに余の生涯を語る』弘隆社　1987
大久保美春　『フランク・ロイド・ライト—建築は自然への捧げ物』ミネルヴァ書房　2008
遠藤 陶　『帝国ホテル ライト館の幻影—孤高の建築家遠藤新の生涯』廣済堂出版　1997
折井美耶子・女性の歴史研究会編著　『女たちが立ち上がった—関東大震災と東京連合婦人会』ドメス出版　2017
『全国友の会70年の歩み』全国友の会中央部　2000
森まゆみ　『聞き書き関東大震災』亜紀書房　2023
『農村生活合理化運動 東北セットルメントの記録』全国友の会中央部　1989
吉田幾世　『東北セツトルメント物語』学校法人向中野学園生活教育研究所　1994
吉田幾世　『私の社会探訪記』学校法人向中野学園生活教育研究所　1996
山崎朋子　『朝陽門外の虹 崇貞女学校の人々』岩波書店　2003
岡野幸江ほか　『女たちの戦争責任』東京堂出版　2004
鈴木裕子　『フェミニズムと戦争—婦人運動家の戦争協力』マルジュ社　1986
高崎隆治　『戦時下のジャーナリズム』新日本出版社　1987
石垣綾子　『わが愛の木に花みてり』ハースト婦人画報社　1987
石垣綾子　『我が愛—流れと足跡』新潮社　1982
吉屋信子　『私の見た人』みすず書房　2010
上坪 隆　『水子の譜 ドキュメント引揚孤児と女たち』現代教養文庫　1993
ほか、満州の引揚げに関する体験記、記録

森まゆみ *Mori Mayumi*

作家。1954年、東京生まれ。早稲田大学政治経済学部卒業。84年に友人らと地域雑誌「谷中・根津・千駄木」を創刊、2009年の終刊まで編集人。歴史的建造物の保存活動などにも取り組み、日本建築学会文化賞、サントリー地域文化賞を受賞。著書『鷗外の坂』、近刊『聞き書き・関東大震災』ほか多数。21年より「婦人之友」に「羽仁もと子とその時代」を連載。番外編が24年春に完結。

取材・写真協力

全国友の会
八戸友の会
学校法人自由学園

撮影 …………… 本橋成一
装丁・本文デザイン … 鳴田小夜子(KOGUMA OFFICE)
装画 …………… 丹野杏香
DTP …………… アトリエMontan
校正 …………… DICTION
編集 …………… 雪山香代子(婦人之友社)

じょっぱりの人 羽仁もと子とその時代

2024年4月25日第1刷発行

著者 森まゆみ
発行人 入谷伸夫
発行所 株式会社婦人之友社
住所 〒171-8510 東京都豊島区西池袋2-20-16
電話 03-3971-0101
URL https://www.fujinnotomo.co.jp/
印刷・製本 シナノ書籍印刷株式会社

ISBN 978-4-8292-1039-0